传统戏曲形体美学探索

——纪念茹富兰先生诞辰120周年

宋捷◎著

中国文联出版社

图书在版编目（ＣＩＰ）数据

传统戏曲形体美学探索：纪念茹富兰先生诞辰120周年 / 宋捷著. -- 北京：中国文联出版社, 2022.7
ISBN 978-7-5190-4862-4

Ⅰ. ①传… Ⅱ. ①宋… Ⅲ. ①茹富兰（1902-1973）②茹富兰（1902-1973）－京剧－表演艺术 Ⅳ. ① K825.78②J821.2

中国版本图书馆 CIP 数据核字(2022)第 066048 号

作　　者	宋　捷
责任编辑	周小丽
责任校对	潘传兵
装帧设计	晓　攀

出版发行	中国文联出版社有限公司
地　　址	北京市朝阳区农展馆南里 10 号　　邮编　100125
电　　话	010-85923025（发行部）　　010-85923091（总编室）
经　　销	全国新华书店等
印　　刷	中煤（北京）印务有限公司

开　　本	710 毫米×1000 毫米　　1/16
印　　张	20.5
字　　数	285 千字
版　　次	2022 年 7 月第 1 版第 1 次印刷
定　　价	68.00 元

版权所有·侵权必究
如有印装质量问题，请与本社发行部联系调换

《石秀探庄》标准图示

图1

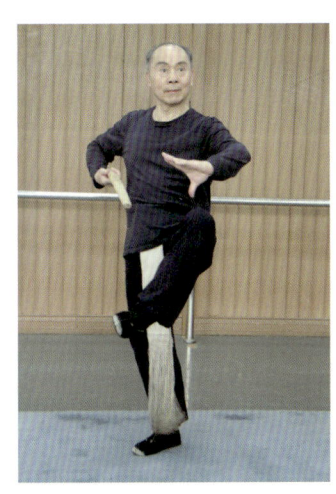

图2

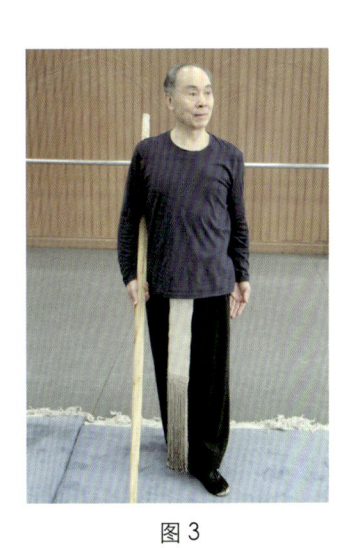

图3

图4

图5

图 6

图 7

图 8

图 9

图 10

图 11

图 12

图 13

图 14

图 15　　　　　　　　图 16　　　　　　　　图 17

图 18　　　　　　　　图 19　　　　　　　　图 20

图 21　　　　　　　　图 22　　　　　　　　图 23

图 24　　　　　　　　　　图 25　　　　　　　　　　图 26

图 27　　　　　　　　　　图 28　　　　　　　　　　图 29

图 30　　　　　　　　　　图 31　　　　　　　　　　图 32

图 33

图 34

图 35

图 36

图 37

图 38

图 39

图 40

图 41

· 5 ·

图 42   图 43   图 44

图 45   图 46   图 47

图 48   图 49   图 50

图 51　　　　　　　　　图 52　　　　　　　　　图 53

图 54　　　　　　　　　图 55　　　　　　　　　图 56

图 57　　　　　　　　　图 58　　　　　　　　　图 59

图 60 　　　　　　　图 61 　　　　　　　图 62

图 63 　　　　　　　图 64 　　　　　　　图 65

图 66 　　　　　　　图 67 　　　　　　　图 68

图 69　　　　　　　　　图 70　　　　　　　　　图 71

图 72　　　　　　　　　图 73　　　　　　　　　图 74

图 75　　　　　　　　　图 76　　　　　　　　　图 77

图 78　　　　　　　　　图 79　　　　　　　　　图 80

图 81　　　　　　　　　图 82　　　　　　　　　图 83

图 84　　　　　　　　　图 85　　　　　　　　　图 86

图 87

图 88

图 89

图 90

图 91

图 92

图 93

图 94

图 95

图 96　　　　　　　图 97　　　　　　　图 98

图 99　　　　　　　图 100

《林冲夜奔》标准图示

图 1

图 2

图 3

图 4

图 5

图 6

图 7

图 8

图 9

图 10

图 11

图 12

图 13

图 14

图 15

图 16　　　　　　　　　图 17　　　　　　　　　图 18

图 19　　　　　　　　　图 20　　　　　　　　　图 21

图 22　　　　　　　　　图 23　　　　　　　　　图 24

· 15 ·

图 25

图 26

图 27

图 28

图 29

图 30

图 31

图 32

图 33

图 34　　　　　　　　　图 35　　　　　　　　　图 36

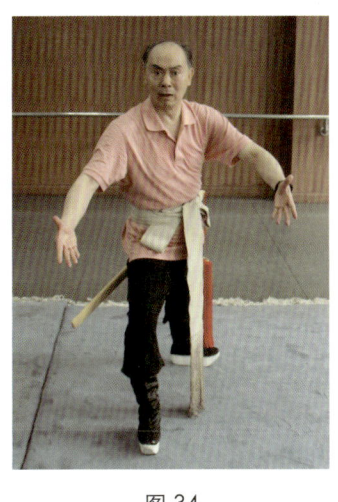

图 37　　　　　　　　　图 38　　　　　　　　　图 39

图 40　　　　　　　　　图 41　　　　　　　　　图 42

图 43

图 44

图 45

图 46

图 47

图 48

图 49

图 50

图 51

图 52　　　　　　　　　　图 53　　　　　　　　　　图 54

图 55　　　　　　　　　　图 56　　　　　　　　　　图 57

图 58　　　　　　　　　　图 59　　　　　　　　　　图 60

图 61　　　　　　　　图 62　　　　　　　　图 63

图 64　　　　　　　　图 65　　　　　　　　图 66

图 67　　　　　　　　图 68　　　　　　　　图 69

图 70 　　　　　　　　　图 71 　　　　　　　　　图 72

图 73 　　　　　　　　　图 74 　　　　　　　　　图 75

图 76 　　　　　　　　　图 77 　　　　　　　　　图 78

图 79

图 80

图 81

图 82

图 83

| 序 |

戏曲艺术守正创新　探寻艺术真谛的新成果

——写在宋捷教授《传统戏曲形体美学探索》出版之际

当我们站在新时代，回眸改革开放以来新创作的优秀戏曲作品，1991年获得首届文华大奖的北京京剧院新编历史剧《画龙点睛》必然在列，本专著作者宋捷教授正是该剧的导演。宋捷是一位兼具戏曲表演、编剧、导演艺术才华的学者型艺术家，是我敬佩的一位名副其实的戏曲专家。

我与宋捷教授共事，是在2002年他被引进到上海戏剧学院，并主持开创上海戏剧学院戏曲导演专业之时。从专业院团进入专业院校，他在新的领域延续着"画龙点睛"的追求。如若把宋捷教授创建上海戏剧学院戏曲导演专业视作"画龙"，那么由他主持的教学改革与课程创新则是"点睛"。根据戏曲教学多元综合的特点，他开创了"诗词意境"系列小品特色课程，从角色塑造、感悟写意舞台境界、掌握运用音乐或音响处理舞台时空及创作听觉形象的规律和技能等方面培养学生。他引领戏曲表演、导演、音乐、舞美各专业，打破专业界限，推进课程改革，协同艺术创作，开创了高等戏曲院校学生在教师指导下自编、自导、自演毕业大戏并获成功的先河。由他主持创作并任总导演的《印象·墙头马上》《培尔·金特》《倩女离魂》《南柯梦记》等十多台大戏，均获赞誉。他任教期间荣获上海市高等学校教学名师奖、优秀教育工作者、优秀教师奖、上海市小剧目比赛优秀创作奖，导、表演一等奖等诸多奖项。退休后，他在继续为研究生授课的同时，对京剧茹派表演艺术和教学法进行全方位的研究。他推辞和放弃了许多戏曲院团导戏的邀请，潜心专注于传统戏曲形体美学真谛的探寻。今年他还抽出时间完成了中国京剧艺术基金会"京剧老教师教学法"项目的录制，向艺术院校京剧中青年教师一字一句、一招一式地传授他研习茹派表演艺术和教学法的心得。

2020年10月23日，习近平总书记给中国戏曲学院师生的回信中提出了"全面贯彻党的教育方针，落实立德树人根本任务，引导广大师生坚定文化自信，弘扬优良传统，坚持守正创新，在教学相长中探寻艺术真谛，在服务人民中砥砺从艺初心，为传承中华优秀传统文化、建设社会主义文化强国作出新的更大的贡献"的殷切期望。宋捷教授《传统戏曲形体美学探索》专著的出版，可谓正逢其时，这是戏曲工作者对习近平总书记殷切期盼的响应，也是戏曲艺术守正创新、探寻艺术真谛的新成果。而由宋捷教授来总结、研究京剧表演艺术家茹富兰先生的表演艺术和教学法，进行传统戏曲形体美学探索，也可谓适逢其人。

宋捷教授出生于梨园之家，他的母亲张正芳是一位闻名遐迩的京剧旦行表演艺术家、京剧教育家、京剧"正"字辈有代表性的艺术家。宋捷自幼随母学艺，1959年进入中国戏曲学校，学习京剧表演艺术，师从前辈名家茹富兰先生，打下扎实而规范的专业基础。茹富兰先生的谆谆教诲，使他对京剧艺术的内在之美，有了更高层次的认识。

守正创新的"正"即正道，是事物的本质和规律，守正是创新的根基。戏曲艺术的守正创新，就是要在完整地继承前辈艺术家所创造和积累的艺术成果，准确地理解历代大师的精辟见解和成功经验的基础上，勇于开拓，善于创造，不断推陈出新。戏曲具有综合性、虚拟性、程式性的艺术特点,"以歌舞演故事",通过唱念做打等特有的形式来表现生活、抒发情感。概括来说,唱念是"歌"的范畴,做打是"舞"的范畴。长期以来,在戏曲理论研究方面,以对戏曲史论和对戏曲各流派"歌"的研究居多,而对戏曲"舞"的研究还是一个亟待深入的领域。茹富兰先生作为一位杰出的京剧武生、小生表演艺术家和教育家,其功架严谨漂亮,唱念规范讲究,表演细腻传神,注重人物刻画,教学严整有度,因材施教,循循善诱。茹派表演艺术特别是茹派身法堪称戏曲表演艺术之圭臬,是中国戏曲艺术的一颗璀璨明珠。但遗憾的是,对于这样一位艺术大家,对于京剧发展史上四代相传、影响极大的茹派表演艺术的研究却近乎缺失。其中,既有历史原因,传承人离世,艺随人走,以及戏曲形体身法保存的媒介甚少,资料缺失等,也有研究难度等多重因素。活态传承是戏曲艺术传承的主要途径和主要形态。以茹派表演艺术的传承和研究为例,有理论无实践传不了,有实践缺思辨传不好,也有的一知半解,难免传承有误,给传承与研究带来了挑战。现今健在并得到过茹富兰先生亲授的老艺术家大多年已耄耋,有的健康状况欠佳,力不从心。宋捷作为茹派的亲传弟子,见过"真佛",得过真传,有传承,有实践,有感悟,能著述,能教学,能示范,是担负起茹派表演艺术和教学法研究、传承的一位上佳人选。其茹派身法运用贯通从其出演的《盗仙草》《雁荡山》《三岔口》等剧目的影视资料就可见一斑。不仅可以看到其深厚扎实的功底,娴熟准确的节奏,更能看到他在武打中一招一式、规范流畅、富有神韵的茹派身法。

《传统戏曲形体美学探索》从茹派有代表性的《石秀探庄》《林冲夜奔》《八大锤》三出戏入手,以"身段谱式"的方式,用文字记录、解析茹富兰先生精湛的表演艺术有着极高价值的教学法,并在此基础上对传统戏曲形体的基础理论和美学特性进行探索。这是一部既有理性思辨,又有很强实用价值的戏曲表演专论。其戏曲理论研究,是在

作者几十年研习茹派艺术的基础上，从舞台表演的实际出发而展开的，是有根之木、有源之水，探寻的是传统戏曲形体艺术守正创新的内在规律。它的价值在于对戏曲表演理论上的一些空白，起到一定的填补和唤起关注的作用。

以余浅见，窃以为《传统戏曲形体美学探索》这本专著有以下几个特点。

一是作者对茹派表演艺术特点的解析真切实在。作者通过在茹富兰先生的耳提面命下受到的教诲与打下的基础，以及毕业后自身在舞台实践中得到的感悟，对茹富兰先生严谨而高规格的舞台表演手、眼、身、法、步身段和形体程式，对其表演和教学中沉积的中华美学观念和潇洒儒雅的艺术风格，以及讲究人物"以神统形""张弛有度""中和协调"等充满着辩证思维的艺术理念，作了比较充分的阐析，使读者能够立体地感受到茹派表演艺术的神髓，为后来者探寻茹派表演艺术的"韵外之致，味外之旨"提供了一个很好的基础。

二是作者对茹派教学法则的传授精到细致。活态传承的戏曲表演艺术如何用文本的方式记录、保存，以供传承与研究，是一个尚待解决的课题。本专著作者以"身法谱式"的方式，记录了他向茹富兰老师学习《石秀探庄》《林冲夜奔》《八大锤》三出戏的一些感悟，其中也有他本人在舞台实践中的收获，其诠释的精到细致度令人惊叹。仅以《石秀探庄》的讲授为例，从第一场石秀幕内喊"啊嘿"起始，定场诗 28 个字，第一段白口 37 个字，每个字都按茹富兰先生教授"念大字"的训练要求，从"四呼""五音"到字头、字腹、字尾，字字有分解，句句有传授；身段动作从出场前准备动作起，到出场后的每一个手法，每一处眼神，每一个脚步，每一下锣经，数百处动作都有详尽的解析提示。书中还配有作者古稀之年专门拍摄的标准图示照片 183 张之多，一招一式地亲自示范，为读者学习、理解、掌握茹派表演艺术之精妙提供了更直观的帮助。其阐述之全面、分解之详尽、图谱之丰富、示范之清晰，为余平生所仅见。这是茹派表演艺术真谛"口传心授"教学方式的理性梳理与书面再现，堪称教科书式的范本，值得京剧表演从业者和艺术院校师生细细研读。

三是作者对传统戏曲形体表演理论探索的切入点选取恰当。面对博大精深、流派纷呈、浩若繁星的戏曲表演艺术，从何处着手进行美学理论的梳理，是很有学问的。作者特意选取"艺诀"作为研究、探索的切入点，这是很智慧的。京剧界有关表演与教学的戏谚艺诀，是百多年一辈辈老艺术家苦心揣摩、口口相传的经验结晶，凝聚着无数前辈的心血。戏曲谚诀简明生动，深入浅出，十分传神，言简意赅，好懂易记，是非常宝贵的艺术财富。但是，目前戏曲界（包括艺术院校）对"艺诀"价值和作用的认识还是十分不足的，对"艺诀"的整理与传承更显薄弱。作者提出并推动戏曲"艺诀"的整理与研究，且在此基础上进行传统戏曲形体美学的研究，是很有见地的。

例如，"以神统形"是茹富兰先生传授的一条十分经典的"艺诀"。同样的手、眼、身、法、步表演程式，以每一个人物独特的"神"来统领，就能塑造出性格鲜明、栩栩如生的各式各样的人物，展现出强大的表现力，达到神奇的艺术效果。作者在总结研究茹派表演艺术时，对茹富兰先生教学中别具特色、行之有效的"艺诀"导引的教学方法作了比较充分的阐述，把对戏曲谚诀的整理、解析作为研究的一个重要内容，把散布于手、眼、身、法、步各个环节的"艺诀"精髓进行提炼和梳理，犹如把一颗颗蕴含智慧光亮的艺术珍珠连缀在一起，形成饱含光华的艺术珠链，这对京剧艺术的传承和传统戏曲形体美学的探索，是确有必要也是很有意义的。

在风风雨雨的几十年里，从北京京剧院到上海戏剧学院，宋捷教授一直是一位为戏曲艺术传承发展矢志不渝坚持守正创新、探寻艺术真谛的践行者。敬业勤奋，与时俱进，善于思考，勇于实践，锲而不舍，永不停歇，这就是我所熟悉的宋捷教授。

始于初心，成于创新，止于至善。初心是传承，创新是发展，至善是目标。宋捷教授虽年逾古稀，但壮志未泯，笔耕不辍，老骥伏枥，志在千里。希望本专著的出版，能得到更多志同道合者的关注与参与，一起深入探寻艺术真谛，为戏曲艺术的守正创新共同努力。

　　2022年是茹富兰先生诞辰120周年，这部专著的出版，是宋捷教授对恩师茹富兰先生最好的缅怀和纪念。

　　衷心祝贺宋捷教授《传统戏曲形体美学探索》专著的出版，并向默默无闻、尽心尽力理解、支持宋捷教授的宋夫人沈浩女士表示由衷的敬意。

徐幸捷

辛丑年·秋 于沪上

目　录

前　言 …………………………………………………………… 1

上篇　忆《茹富兰教学法》

第一章　浅谈茹富兰教学法 ………………………………………… 9
　第一节　开蒙戏的重要性 ………………………………………… 9
　第二节　研究茹富兰教学法的必要 ……………………………… 11
第二章　茹富兰老师教《石秀探庄》……………………………… 17
　附：《石秀探庄》一、二场剧本 ………………………………… 18
　第一节　《石秀探庄》"念大字" ……………………………… 26
　第二节　《石秀探庄》一、二场谱式 …………………………… 42
第三章　茹富兰老师教《林冲夜奔》……………………………… 91
　附：《林冲夜奔》一场剧本 ……………………………………… 92
　第一节　《林冲夜奔》"念大字" ……………………………… 95
　第二节　《林冲夜奔》一场戏谱式 …………………………… 115

第四章　茹富兰老师教《八大锤》……………………………… 143
　　附:《八大锤》(第三场节选)……………………………… 144
　　第一节　《八大锤》"念大字"…………………………… 146
　　第二节　《八大锤》三场谱式…………………………… 167

下　篇　戏曲形体美学探索

第五章　"艺诀"——大道至简的"戏曲形体理论"……………… 179
　　第一节　宋南戏、元杂剧、明清传奇——中国戏曲文本
　　　　　　竞争时代的戏曲形体 …………………………… 179
　　第二节　戏曲音乐进入高峰时代的戏曲形体……………… 184
　　第三节　"舞"——戏曲形体产生和稳定的阶段………… 190
　　第四节　艺诀(戏谚)对戏曲形体的指导………………… 201
　　第五节　为什么说"艺诀"是大道至简的戏曲理论……… 220
第六章　戏曲美学系统中的戏曲形体……………………………… 232
　　第一节　传统戏曲的"舞"应当融入美学系统研究……… 232
　　第二节　武戏美——艰难刻苦的追求……………………… 263
　　第三节　酣畅淋漓武戏美的呈现…………………………… 271
　　第四节　戏曲形体与哲学渊源……………………………… 277
　　第五节　遵循戏曲的规律创新点滴………………………… 289
　　结　语 ………………………………………………………… 303
附录:
　　茹富兰谈《石秀探庄》……………………………………… 304
　　茹富兰谈《林冲夜奔》……………………………………… 313

前　言

今年（2022）是京剧著名表演艺术家和教育家茹富兰先生诞辰120周年。

我有幸随先生学戏多年，耳濡目染，终身受益。值先生120周年诞辰之际，特写此书纪念恩师。上篇回忆茹富兰先生的教学法，把《石秀探庄》《林冲夜奔》《八大锤》（片段）用"谱式"的方法记录下来。下篇以《"艺诀"——大道至简的戏曲理论》《关于戏曲形体进入戏曲美学范畴的思考》两篇文章对戏曲形体的基础理论和美学做一点浅薄的探索。

茹富兰先生像（资料来源360图片）

京剧被称为"国粹艺术"，是它的含金量决定的。含金量首先体现在戏曲表演的唱、念、做、打、舞的表现形式，它是京剧进入戏曲美学最高等级的基本标志。随着中央领导在多次重要会议上关于文化工作的讲话中强调戏曲传统的继承和国务院有关文件的下达，理论界对于这个课题研究逐渐热起来。

戏曲表演的唱、念、做、打、舞每一种表现形式规格高、入门难，训练时间长，过程很艰苦。传统上我国对戏曲教学部门称"科班"，学生"入科"通常在十岁左右，然后要接受七年的训练，史

称"坐科七年"。学戏必须从"童子功"开始,这是前辈戏曲人对艺术规律的总结。为什么学习戏曲要在十岁左右"童子"时期开始呢?这个时期人的身体处在还未发育的幼年阶段,嗓音、腰、腿等全身各方面的韧带可塑性很强,进入身体各个部位的训练时较之身体发育后再训练的难度要低得多(主要是指腰、腿、身段形态训练)。只要"童子功"基础扎实,"坐科七年"不断刻苦训练和提高,出科后就有可能成为合格的戏曲演员。"从某种意义上说,中国戏曲演员是世界上最全面,最高超,最精美的戏剧演员。因为中国戏曲演员讲究'唱''念''做''打'的全面出色,即所谓的'四功五法'。为此,中国戏曲演员往往从小就要开始艰苦而严格的技能训练。"[1]那么,唱、念、做、打的训练怎样才是最标准的呢? 20世纪四五十年代出生的戏曲人,他们学艺的经历中不得不提到的就是茹富兰。我向茹富兰先生学戏,自"开蒙戏"《石秀探庄》开始,连续学戏多出。经历65年的舞台表演、导演、教学实践,我深深感到没有茹富兰老师给打下的基础,我不会有表演时期的五色光环,也不会有导演时期的丰厚底蕴,更不会有教学时期的科学方法。这一切都是茹富兰老师教会我识别传统中真、伪、美、劣,使我懂得了什么是真正的艺术含金量。茹家一脉人品高尚,恭谦礼让,以至现代人几乎忘却了"茹家"对京剧艺术的贡献,好在"茹派"嫡传名家李景德、叶少兰、马少良等尚在,茹富兰先生许多嫡传学生尚在,再传弟子奚中路、金喜全、王璐现在亦有盛名,但是研究"茹派"艺术的文章甚少。为此,我仅就自己的能力,将先生传于我之艺术真谛做些理论的梳理,渐次深入地论证戏曲美学。

前辈艺术家茹富兰先生的"茹家",与梅兰芳先生的"梅家"早在20世纪40年代称四代世交。梅兰芳先生在《舞台生活四十年》一书

---

[1] 卢昂:《东西方戏剧的比较与融合》,上海社会科学院出版社2000年版,第59页。

中说："今天戏剧界专演一工。延续到四代的，就我想得起的只有三家。茹家从茹先生（编者按：第一代茹莱卿）到元俊，是四代武生；谭家从谭老先生到谭元寿（富英的儿子，也唱老生）是四代老生；我家从先祖到葆玖是四代旦角……"[1] 梅兰芳先生在书中很郑重地谈到了这个话题，我理解其一是梅先生在实践中，从戏曲界这些个性的存在提出了一个普遍性的规律——戏曲的传承有着血缘性天分的遗传基因。

梅兰芳先生像

遗传基因世代的积累是引起艺术质的飞跃内因之一。其二是梅先生在这里把茹、谭、梅三个世家并列，说明梅先生对茹家精湛艺术的重视。谭与梅的艺术在党和政府的扶持下至今得到了广泛传承，而茹的艺术在业内有极高的口碑，但因茹家的低调，"茹脉"或者我们应当直接称为"茹派"至今正在走向失传的边缘。

茹家一脉创始者茹莱卿，后有茹锡九、茹富兰、茹元俊。

茹莱卿学艺于杨隆寿（"四大徽班"时期的著名武生），又是武生大师杨小楼的老师。茹莱卿先生多才多艺，做演员、教师名噪一时，40岁拜梅雨田（梅兰芳先生的伯父）为师，改习胡琴，后专为梅兰芳操琴。梅兰芳先生说："我的武工大部分是茹莱卿先生教的。……他先教我打'小五套'，……我还学会了'对剑'，是在《樊江关》里姑嫂比武时用的。因为这是短兵器，打法又不同了。后来我演的新戏《木兰从军》的'鞭挂子'，《霸王别姬》的舞剑，甚至于反串的武生戏，都是在他替我吊完嗓子以后给我排练的。"[2] 茹莱卿之子茹锡九又以"武

---

[1] 梅兰芳述，许姬传记：《舞台生活四十年》，中国戏剧出版社1961年版，第36页。

[2] 梅兰芳述，许姬传记：《舞台生活四十年》，中国戏剧出版社1961年版，第33—34页。

戏文唱"著称，不幸英年早逝。茹富兰系茹锡九长子。后来梅兰芳先生又将其子梅葆玖的武戏形体、身段教与"名师茹富兰"（梅兰芳语）。从梅兰芳先生的书中把茹莱卿摆到的重要位置到对茹富兰"名师"的肯定，我们可以感受"茹家"一脉在戏曲的舞蹈和身段方面的价值。梅兰芳先生的戏曲形体、身段，是中国戏曲和京剧的代表，不仅在国内，在国际上也得到美的共识。梅兰芳先生形体、身段的形成包含了对茹莱卿先生的传承。

茹富兰先生幼承家传，7岁练功，10岁入"喜连成"（"富连成"前身）科班，先工小生，主要受教于程继仙，后工武生，主要受教于杨小楼。出科后曾以小生、武生"两面报"著称，小生戏文、雅、靓、倜、傥，武生戏刚、勇、稳、脆、帅，红极一时。出科后曾经授业内弟叶盛兰以小生。叶盛兰先生出科后，茹富兰先生遂将小生戏让台于叶，自己以演武生戏为主。《石秀探庄》《林冲夜奔》《蜈蚣岭》《挑滑车》《铁龙山》《状元印》《恶虎村》《落马湖》《借赵云》《磐河战》《九龙山》《伐子都》《战濮阳》《八大锤》《雅观楼》等都是先生常演剧目。茹富兰先生的武生戏不失杨小楼之刚勇，又有家传之儒雅之风，尤其身段、舞蹈、武打处处讲究，成为20世纪二三十年代以美著称的第一家。后因眼睛高度近视，便退出舞台，从教为主。20世纪30年代到60年代，他是驰名大江南北的"名师"，教出的学生如小生叶盛兰、张春孝、叶少兰等，武生徐元珊、黄元庆、钱浩梁、李景德、李光、俞大陆、李玉声、杨少春、高牧坤等，成就了数代内外行公认的著名表演艺术家。他们既能体验传统戏曲艺术之美，又能灵活地运用到创作中去，这些艺术家无不承认自己的艺术来自"茹派"的教授和启蒙。

《茹富兰教学法》是我写作的《传统戏曲形体美学探索》一书中上篇的第一章。

接下来的三章我以"谱式"的方式，记录了我向茹富兰老师学习《石秀探庄》《林冲夜奔》《八大锤》三出戏的片段。不可能是原话记录，其中也有我的体会，目的是为后人做些优秀传统的记录，也为后面的论文提供实践依据。

"口传心授"是前辈传承下来的不可更换的戏曲表演教学方法，也是"非物质文化遗产"传承的特色。茹富兰先生舞台表演手、眼、身、法、步有着高级的美学规格，可以作为"口传心授"的实践范本。这种实践的范本，是有一定理论基础的。中华人民共和国成立初期，曾出版过《京剧表演艺术杂谈》（钱宝森口述）、《京剧花旦表演艺术》（筱翠花口述）、《学戏和演戏》（侯喜瑞口述）、《谈悟空戏表演艺术》（郑法祥口述）等，这些前辈艺术家通过口述和整理记录的方法留下了不同行当的手、眼、身、法、步的规格和一出戏或一段戏的"谱式"，为戏曲"口传心授"的传承立下了规格和标准（当时没有录音、录像的条件），但是确实直接指导了后来继承者对京剧艺术的研究，这是和理论家们的"理论"有所差别的。

最近，著名的中国戏剧家、戏曲教育家、戏剧评论家赵景勃先生出版了《寸累集》（中国戏曲学院晚霞工程丛书），在首篇就提出了"戏曲演出谱式说"。他说"'研究演员继承谱式'是由'死学'到'活学'程序及规律"[1]，是构建表演体系理论的重要基础。"所以说谱式是个核心概念，它涵盖范围广泛而深刻，宏观又微观。概括说来，谱式包含故事内容，包含表演形式，蕴含主题立意；规定运行路数，规定各部接榫，规定技术标准；规定审美效应，甚至规定观者的笑声、掌声。"[2] 我认为，这是经过几十年实践思考传承的经典论述。这也说出了我写《传统戏曲形体美学探索》的初衷。

2022年我也进入75岁高龄，20多年来的高校教学，使自己有了一点写作和理论探索能力，且目前尚存一点点示范能力。我感到有价

---

[1] 赵景博：《寸累集》，文化艺术出版社2021年版，第3页。

[2] 赵景博：《寸累集》，文化艺术出版社2021年版，第4页。

值的艺术如果在我们这一代中断,既是耻辱也是犯罪。《传统戏曲形体美学探索》一书第二、第三、第四章中茹富兰先生教我的三出戏,虽然我只写了片段"谱式",但可以称作"教材'谱式'本的范本"。我仅想尽微薄之力从先生"口传心授"亲授于我的戏中,选取片段以文字表述、示范照片和录像方式保留下来,希望能为戏曲留为"教材",以我自己的理解努力替祖师爷传道,亦无愧于我们这一辈人的担当。特别感谢和我合作的郭士铭老师、赵博老师、万红老师、杨增豹老师。

上 篇
忆《茹富兰教学法》

第一章　浅谈茹富兰教学法

第一节　开蒙戏的重要性

什么是"开蒙戏"？就是进入戏曲表演专业学习的第一出戏。（注：旧时私塾教儿童开始识字或学习为"开蒙"。戏曲人开始学的第一出戏称"开蒙戏"。）

学习戏曲表演"开蒙"非常重要。因为戏曲的学戏练功都在幼年（十岁左右），"开蒙戏"如艺术的种子，它将对一个演员戏曲表演的基本规格、将来的戏剧观念、戏曲美学观念打下终身的烙印。茹富兰老师尤其注重"开蒙戏"。跟茹老师学戏，他很讲究三部曲，即《石秀探庄》《林冲夜奔》《八大锤》。茹老师认为这三出戏是京剧学习循序渐进的三出基础戏，并且必须是以《石秀探庄》"开蒙"。

《石秀探庄》是一出京昆剧目，在"开蒙戏"上有较大的优势。

第一，从表演形式上，对于戏曲的"四功五法"包含得比较全面。

第二，唱、念是学习京剧和昆曲的第一个要求，《石秀探庄》有单人"定场诗"、表述念白、双人交流念白。唱有【新水令】【折桂令】【雁儿落】【收江南】【沽美酒】【煞尾】，虽不多，但适于打基础。茹先生从"念大字"开始，要求极严，对戏曲"念法"：字头、字腹、

字尾（从普通话的念法到韵白）、"四呼五音"、"湖广音"、"中州韵"都打下比较扎实的基础。

第三，昆曲音准和节奏要求较高，以《石秀探庄》为"开蒙戏"，"唱"的基础就可以比较扎实。昆曲又是边舞边唱，对于初学者来说，不仅易打好"以歌舞演故事"的基础，而且可以从中感悟到戏曲边歌边舞的规律，对于学生贯穿戏曲舞蹈程式的能力和提高体能的气力也是很好的训练。

第四，在表演方面，《石秀探庄》第一场"走边"是戏曲单人舞蹈、身段、表演的基础训练，在表演上，自信、机智、勇敢、果断等情感都化入了戏曲规范的程式。有些戏因规定情境而只带来一种情感的表现，如《林冲夜奔》《蜈蚣岭》等戏都围绕着被逼逃跑的情感表现；《武文华》这类戏围绕"仗义行侠""勇敢除恶"情感的表现；《乾元山》则围绕儿童嬉戏玩耍的情感表现。《石秀探庄》则全面得多，即有单人唱念舞蹈又有双人交流的戏曲程式规范，后面的戏有偷听、盗翎的表演神情和三人调度的规范训练。

第五，在武打方面，《石秀探庄》包含了"单对（棍棒枪）"和小"档子"，是初学戏曲武打的最好入门。

"茹派"创始人茹莱卿教著名表演艺术家马连良、姜妙香学艺时，选择的第一出"开蒙戏"都是《石秀探庄》，后来茹富兰先生为著名表演艺术家叶盛兰初授艺时，选择的第一出"开蒙戏"也是《石秀探庄》，茹富兰先生在后来的教学生涯中为学生选择的"开蒙戏"还是《石秀探庄》。

在这里谈《石秀探庄》"开蒙"的重要，并不是让所有的武生、小生学戏不可以用别的戏"开蒙"，只是说明这出戏的全面性。我们戏曲界各种行当都有各自的开蒙戏，都是选择比较能够打下全面基础的戏。"开蒙戏"是传承的第一步。

第二节　研究茹富兰教学法的必要

茹富兰先生教学上有哪些方法值得我们研究呢？

一、身段和形体程式严格的高级规格

京剧和昆曲的身段和程式不是自然生活中的再现，而是有规格的舞蹈化表现。"严格的高级规格"是相对"基本规格"而言。入学（入"科班"，后称"戏校"）开始都是基本功训练，"基本功"包括身段和形体训练。在身段和形体训练课堂所接受的都是"基本规格"，即业内所说"横平竖直"，它的要求是身段和形体不走偏路、没有毛病。业内人说"别把孩子教成'山东胳膊直隶腿'"，但是仅有"横平竖直"表现不了戏曲美学。在"横平竖直"的身段和形体上建立起高级规格，是要通过一出戏一出戏的学习、演出积累逐渐形成。在这个过程中，老师起着决定性作用。

茹富兰老师是最善于用最高级规格的戏曲程式塑造鲜明人物的专家。

对于初学京剧的学生，不仅可以从茹富兰老师那里接受武生、武小生基础程式上毫无瑕疵的"横平竖直"，其中包括纠正在形体课上不够标准的"横平竖直"。比如，茹老师对不同行当的"横平竖直"规格的讲述："老生要弓、花脸要撑、小生要紧、旦角要松，武生要不弓、不撑、不紧、不松在当中。"比如"手"：各个行当的手法、拳法、指法等，茹老师都示范出来让我们明白。

"横平竖直"因戏和人物的不同，要有不同的神韵。"以神统形"

才有人物，学戏时身段和形体在全戏当中怎样贯穿"接榫"，最为要紧（包括程式身段和身段中的"接榫"，身段和唱念"接榫"）。武生、武小生的身段形体"圆、顺、美、帅"的韵律是什么？亮相中的"势、脆、强、弱"怎样把握？什么是最高级的标准？一出戏学下来，我们就可以初步感悟四功（唱、念、做、打）、五法（手、眼、身、法、步）最高级的规范和规格。"程式"还是同样的"程式"，但是《石秀探庄》表现一个机智勇敢、随机应变的英雄，《林冲夜奔》表现一个遭奸佞迫害、被逼上山的武将，《八大锤》中武艺高强、骄傲的小王爷所有"程式"的运用、"接榫"、表演的气质、性格及感情的细微，茹老师的处理和要求都不相同，为我们树立了戏曲形体的美学高规格，让我们懂得戏曲舞台上的粗雅之分、美丑之分、精滥之分。今天回想起来，茹老师的"教学法"为学生开辟的是一条"守正创新"的康庄大道。

二、沉积中华美学观念的教学和潇洒儒雅的艺术风格

所谓中华美学观念，是随着自己的舞台表演、导演实践和研究，逐渐形成对美学的认识。认真回忆起来，最早在"开蒙戏"学习时，茹富兰老师对我们就有了表演上"美学"的启蒙。比如，在学"念大字"时，茹先生强调："台上唱念好不好，首先取决于'字'有没有念清楚，每个字的字头、字腹、字尾，都要念清楚，像一个'枣核形'。根据剧情和人物，把握好'度'，这是唱念'美'的基础。"他经常讲："'未曾'的'未'、'姜维'的'维'和'为国家'的'为'，同是 wei 的发声，但前两个是'齐齿呼'下牙滑上唇，'为'是'合口呼'：用前面的念法就错了，错了就没有美。"上韵时先生又说："'正韵'是立着的，以顺为美；'垮韵''怯韵'没有规律，一个字在嘴里横冲直撞，念白要'剔除土音'，'土''垮''怯'则无'美'。"

对于身段和形体，茹先生处处讲究"圆、顺、美"，他说："我们

在台上身段、形体和调度要懂得'化方为圆',这个圆是'太极圆',我们所有的身段是从太极圆的'美'化来的。""以腰为轴'说的就是这个圆的中心。""'行肩跟臂(读 bei 去声)'讲的是'以腰为轴'的动律。""'逢左必右''逢前先后'都是'太极圆'的'法',这样走出的东西是'美'的。""我们一个身段的组成,经常是圈套圈,大圈套着小圈,竖圈套着横圈。"在茹富兰老师教戏当中,几乎每个要求都离不开一个"美"字,让我们在学习每一个戏曲形体动作时都直接和感性的"美"挂上钩。

"舞台是方的,我们讲究的是'化方为圆','方'是指舞台地位上的撑开四角,龙套的站立经常是'撑四角'。角色直走为线,台上常用的线是上下场门的两条斜线,也有前后线,但是角色身段、形体都是'圆起''圆落'。""而我们的调度大多数是圆的,'方'是'圆'的'变易',终究要以圆为主。"

"所以'圆场功'对于我们来说非常重要。"茹老师把"圆场功"作为戏曲形体顺不顺、美不美的重要标准。

三、讲究人物,以神统形

我们戏曲的表演是讲究表现主义的,有着我们戏曲特有的舞蹈性、程式性、夸张性、节奏性,各种特性可以独立存在,也可以融为一体。茹先生在教学中,把独立存在和融为一体讲解得非常清楚,而其中主要的是人物内心和行动。

比如《石秀探庄》,茹先生说:"《探庄》中的石秀,是乔装成樵夫混进祝家庄侦察的。他的表演应该是精明、干练、机警、谨慎、心细而胆壮。因此他除了要具有深入虎穴的胆量,还须有随机应变、见景生情的智慧。""石秀不同于《蜈蚣岭》中的武松,也不同于《林冲夜奔》中的林冲。武松是刚强勇猛、正直爽快,路见不平拔刀相助,为正

义而在所不惜；林冲原是八十万禁军教头，因遭高俅陷害，杀死陆谦黑夜潜行，这是一种英雄落魄、有家难奔、有国难投的心情，应着重表现出他的悲愤情绪。"茹老师讲了三个戏的例子，就是说明同是武生戏"神韵"不可相同，贯穿石秀的神韵就是"精明、干练、机警、谨慎、心细而胆壮"。茹老师曾说："'程式'是有数的。在不同的戏里难道不能使用相同的'程式'吗？不是，除了我们在'程式'上可以千变万化外，最重要的是每个人物的'神'不一样。"每个人物的身份、性格加上他在不同情境下的内心，是这个人"神"的基础，把"神"拎起来是戏曲的方法，统帅"形"的动作是目的。

四、化用"艺诀"，贯穿性的形体

茹富兰先生教学中另一特色是把前辈艺术家的"艺诀"（或称"戏谚"）运用到教学之中。"艺诀"是前辈艺术家经过舞台表演实践，总结出的带有美学辩证的精炼口诀。"艺诀"流传至今，是我辈应当用于戏曲美学研究的宝贵财富。比如"逢左必右""以腰为轴""行肩跟臂""丁不丁、八不八""线走直，圆起圆落""舞台两条大斜线，主演站中间，中间交流小扇面"。"中间小扇面"指的是演员和观众交流时，要遵照"一中""两斜"的规格，不是90°大扇面的规格，而"是一种小扇面的规格，这样观众可以把表演看全面，不至于看偏脸"。

又如茹先生讲"你们学戏要懂得'一意、二形、三劲'"。"什么叫'一意'？就是心意。我们做什么动作都是心意先想。"这证实了戏曲形体符合中国古代美学的思想（《乐记》说"凡音之起，由人心生也。人心之动，物使之然也。"《易传》又说"圣人立象以尽意"），这就说明茹先生的教学经过自己的实践，悟透了以"意"——"心"为本（戏曲界往往从主观范畴称"心意"为"灵气"）。而"二形"就是准确地学习前辈创作的"程式"——在生活中提炼的有机的、动态的身段、形体和舞蹈来尽"意"。这个"形"体现了高级的美学规格。"三劲"俗称"劲头",如果用文学词语来说,那就是发力点在什么地方,着力点在什么地方,方法又是怎么样的?只有"劲头"对了才能达到美的高级规格。茹先生还由此讲到了"艺诀"说的"三形,六劲,心意八,无意者十"。他说:"你们开始学戏,先解决这'三形',就是我说'一意、二形、三劲'这里的规格,包括手、眼、身、法、步的结合运用。'心意八'讲的是人物心理变化,'无意者十'说的是一切程式和形体都掌握娴熟了,怎么用都是'圆、顺、美',那就达到了我们表演的最高境界的'美'了。"

茹先生在教学中用"艺诀"解释是非常通透的。比如茹先生说:"我说的'行肩跟臂'就是钱先生讲的'心一想归于腰,行于肩,跟于臂'这是同一种劲头,我讲得简单点,你们容易记。"茹先生在教学中对这些"艺诀"的运用确实是引导学生进入中国戏曲戏剧美学形态"物我一体"的法宝。

我是茹富兰老师的学生之一。茹富兰老师所教我的一切后来在我的表演、导演生涯中处处受用,处处实用,犹如种子撒在了我心里,无论我演传统戏,还是导演新编戏,都能溅起新的浪花。

五、"张弛有度""中和协调"

我跟茹先生学戏中体会到先生不但极讲究每一个程式的组合,更讲究每一段戏的"张弛法"。茹先生讲:"每段形体都是有张有弛。老话说'一紧一松,身段神灵'。"比如《石秀探庄》的一场"走边":出场"四击头"为紧,拉开亮相之后,"神"不能松,四肢形体动作则不能"紧",要有"松弛中的规格"。也就是身段中的一看、两看,"逢左必右"撤右腿左手搂大袋……这一系列的动作是要"有规格的"松弛。而下一个"四击头"的身段:跨腿、踢腿,右手持扁担上膀子花,转

身向后亮相。这一组动作是"紧",接着后面又是放"松"。整个走边就是在这样的"松紧""张弛"中进行,这种"松紧""张弛"既是劲头,又是节奏。"掌握这个节奏又是一种劲头。"茹先生的这些要求听起来简单,实际包含着戏曲形体的辩证法。

"表白":是松弛中的美,有了高级规格的程式,用"松弛"的"法"去处理它,美感就出来了。我们武戏里的"表白"绝不是一松到底,中间总有一两下表现技巧的程式。所以说到底,还是"一紧一松,身段神灵"。

【新水令】:是边唱边舞的,"唱"必须是兜底气,不"紧"不行,但是兜底气的唱,亦有轻有重。换气、偷气、控制气息,发音、吐字、音准、擞音都是开始就训练的。训练的过程也是一个由紧到松的过程。我们形体的舞蹈,是配合着唱的舞蹈,有语汇性、程式性,唱和舞都要走到位。开始训练必然是紧张的,是我们武戏必须经过的"必然王国"。老师在这个过程中不断地让我们拉戏,纠正我们的规格,告诉我们方法、劲头,其实就是对"一紧一松,身段神灵"的训练。在这个过程中,老师不断解释石秀这个人物的心理,让人物的心理贯穿在形体美的表现当中。随着训练、实践、排练、演出,向着戏曲"美学"进军。

在茹富兰老师的课堂里,"走边"学习中若没有学好第一段,绝不允许学第二段……以此类推,学生们就逐渐领悟到一场戏中段落与段落之间的表演关系。

茹老师又说过:"'弛张有度'跟'中和协调'分不开,初学武生常犯的毛病就是用力过猛,让你们气沉丹田,你们不敢缓气了;让你们走技巧就把气全都拥上来。你们做学生还好,由我给你们纠正。但是有些演员,在舞台上安排技巧安排得过头、唱起来拉长鸣儿……总以让观众叫好为目的。你们以后都不能犯这个毛病。没有'中和',一出戏不协调,就破坏了美的原则。"

第二章　茹富兰老师教《石秀探庄》

　　1959年我考入中国戏曲学校。分行当之后，班主任宣布我被分到茹富兰老师组。同组的同学还有张学浩、郭维克、张德康，一起学《石秀探庄》。散会之后许多师哥都问："谁分到茹富兰老师组了？"当我举起手时，师哥们都翘起大拇哥："有福气！""好运气！"当年学校还有很多好的老师，我不知道师哥们为什么这么崇拜茹富兰老师。时隔一个甲子，今天回顾，真有"高山安可仰，徒此揖清芬"之感。好时代、好学校、好老师给了我对戏曲事业做出微薄回报的资本。今天只能以六十多年前在课堂上受教的回忆回报我的恩师了。

　　当时上课还没有剧本，真是老师教一句，我们学一句，名副其实的"口传心授"。后来，中国戏曲学院印了《石秀探庄》的教材，和我们学习时还略有出入。我根据当年学习时的课本做了整理，为了叙述方便，现附于下。

附：

《石秀探庄》一、二场剧本[①]

（茹富兰老师1959年授课本）

剧本整理：宋捷

人物：

  石　秀

  杨　林

  祝小三

  钟离老人（剧本中简称"钟离老"）

石　秀

  扮相穿戴：

    武生——俊扮

  穿戴——头：网子、水纱，戴黑软螺帽、草帽圈，插茨菰叶，簪白蓝芯绒球。

    身：穿水衣，搭小胖袄、护领，穿黑侉衣，外罩蓝布坎肩，背白绦子，系白大带。

---

① 该剧出自《夺锦标》传奇。

下身：穿黑彩裤、黑薄底。

道具——扁担（空心）、两捆道具柴、扁担枪、单枪

杨　林

　　扮相穿戴：

　　　　净脸——勾黄花三块瓦脸谱

　　　　穿戴——头：网子、水纱，插红耳毛，戴道箍蓬头，挂黑扎中间二缕红须。

　　　　　　　　身：穿水衣，搭大胖袄、护领，穿箭衣，系大带；穿道坎肩，外罩法衣。

　　　　　　　　下身：黑彩裤，黑厚底靴。

　　道具——降魔牌（内藏腰刀）

祝小三

　　扮相穿戴：

　　　　丑扮——勾小花脸。

　　　　穿戴——头：戴鬃帽，挂倒八字儿。系蓝印花布条。

　　　　　　　　身：穿露脖子水衣，穿蓝布箭衣，系橘黄色大带。

　　　　　　　　下身：黑彩裤，黑薄底。

钟离老

　　扮相穿戴：

　　　　生扮——素脸抹彩

　　　　穿戴——头：网子、水纱，戴白毡帽（前折），系黄绸条，挂白满。

　　　　　　　　上身：穿水衣、搭护领，穿素白老斗衣，大腰包，系橘红大带。

下身：黑彩裤，白大袜、夫子履。

第一场

石　秀：(内)啊嘿——

　　　　［持扁担上。

　　　　［走边。

石　秀：(定场诗)
　　　　箬笠芒鞋打扮巧，
　　　　英雄自古付渔樵；
　　　　凭俺斗大姜维胆，
　　　　虎穴龙潭走这遭！
　　　　(白)俺——石秀。奉宋大哥将令，扮作樵夫模样，打探祝家庄地理虚实。呀！迤逦行来，早又是庄门。及畔也！
　　　　(唱【新水令】)
　　　　前来庄上探踪迹，
　　　　变形容芒鞋箬笠；
　　　　龙潭何足惧，
　　　　虎穴漫须提。
　　　　(白)且住，我虽然扮作樵夫模样，只是未曾担着柴薪，这、这、这、这、这、这便怎么处？
　　　　哎呀妙啊！看前面有户人家，将门半掩半开，院内有柴，买它几捆，混进庄去，有何不可？
　　　　(接唱【新水令】)
　　　　看——门户寂寂——
　　　　［石秀下，担柴上。
　　　　(接唱【新水令】)

好让俺混入敌地。

（白）卖柴！

[石秀下场。

第二场

杨　林：（内白）无量佛！（上）

（念）天光地光，昼夜神光；

神宿齐至，邪魔消亡！

俺，锦豹子杨……（一望、两望）锦豹子杨林。奉了宋大哥将令，扮作魇魔道人模样，帮助石秀打探祝家庄地理虚实，就此走遭也！

（唱【步步娇】）

改换衣装往庄中去，

面貌真堪异。

铜铃手中提，

只见道路崎岖东西难记。

（白）来此已是祝家庄，呔！庄中人等听者，我乃西岳华山来的，见你庄中有煞气一道，特地前来与你们魇魔魇魔！

祝小三：（内）呔！（上）这一魇魔道人，你口称西岳华山而来，我问问你，这一路上你走了有多少的日程？

杨　林：哦这个……

祝小三：讲！

杨　林：半载有余。

祝小三：怎么咋？半载有余？

杨　林：正是。

祝小三：嗯，倒也不差，你随我来，我来斋你！（圆场）你这儿等着，

　　　　我来斋你！（下）

杨　林：嘿！若不是俺口巧舌辩，险些被他盘住，那还了得！

　　　　（接唱【步步娇】）

　　　　俺应变要随机，（石秀上）

　　　　有谁人识破我是真奸细。

石　秀：（唱【折桂令】）

　　　　进庄门道路周折，

　　　　走巷穿街脚步蹀躞；

　　　　早又是红日西斜，

　　　　并无个音耗消息。

　　　　（白）且住，我虽然进得庄来，看家家关门，处处闭户。并不曾提起冲锋打仗之事，唉，俺此番前来，若不能成功乎！……哦呵！

　　　　（接唱【折桂令】）

　　　　枉了俺夸口饶舌，

　　　　走空回有甚脸色。

　　　　（白）看天色不早，俺不免寻找旧路而回，明日再来打探便了！

　　　　（接唱【折桂令】）

　　　　我且趁早回归。

　　　　再作端的。

　　　　（白）哎呀，且住！我走了半日，怎么还在此地？哦，哦，哦是了！闻听人说：祝家庄道路难走，这进得来，出不去。这、这、这便怎么处？

钟离老：（内白）啊，小儿，（上）好好看守门户，待为父出去买担柴来，好做晚饭吃。

　　　　（念对）宁做太平犬，不做离乱人。

（白）唉！什么要紧？今日交锋，明日打仗，弄得来家家关门，处处闭户，连担柴都无处去买！

石　秀：卖柴！

钟离老：哎呀呀，真个是思衣得衣，思食得食，我正要买柴，那旁就来了个卖柴的。喂，樵哥，你那柴——敢是卖的么？

石　秀：正是。啊，公公，敢是要买柴？

钟离老：正是，担进来。

石　秀：哦，来了。（石秀担柴进门下，复上。）

啊，公公，小可拜揖！

钟离老：不消。啊，樵哥，我看你不像此地人氏，因何担柴来卖？

石　秀：唉，公公！

（唱【折桂令】）

念区区落穷途无奈孤客，

把柴薪权当饥渴。

钟离老：（白）你既知卖柴，可晓得我们这里的路径哪？

石　秀：小可只知卖柴，哪里晓得什么路径哪！

钟离老：哎呀，如此说来，你命休矣！

石　秀：啊？公公何出此言？

钟离老：听我来慢慢告诉于你。

石　秀：哦，是，是是。

钟离老：我们这里叫祝家庄，庄主祝朝奉。他有三个儿子，祝龙、祝虎、祝彪，个个武艺高强。这还不足为奇，还有一铁棒教师栾廷玉，哎呀，此人凶勇厉害得很哪！

石　秀：他便凶勇，难道说胡乱害人不成？

钟离老：亦非胡乱害人，只因近日呵！

（唱【江儿水】）

他与梁山泊宋江把仇做，

· 23 ·

庄中募些新兵客。

（白）你若不识路径，被他们一把抓住……

（接唱【江儿水】）

便当作奸细难分说，

他们也有萧何律。

石　秀：（白）听公公之言叫俺怎生出去？

钟离老：怎么，你还想出去么？

石　秀：嗯！

钟离老：唉。只恐难、难……难喏！

（接唱【江儿水】）

道路崎岖周折，

要想逃生除非是肋生双翅。

石　秀：（白）哎呀公公啊，如此说来，你要救我一救，你要救我一救！

（唱【雁儿落】）

可怜我落穷途无见识，

可怜我卖柴薪为谋食；

可怜我行绝路进退难，

可怜我命危急难存活。

喂呀公公啊！

你与我明说，

哪里是走生门将危脱？

你的恩德！

胜烧香和念佛，

胜烧香和念佛。

［战鼓起，二人两望门。

钟离老：啊，樵哥，你且随我来呀！（下）

石　秀：哦，来了。

〔石秀惦念杨林，向外指。

钟离老：啊，樵哥，你快些来呀！

〔石秀下。

（后几场从略）

第一节 《石秀探庄》"念大字"

念大字是学习戏曲的第一基本功。"以歌舞演故事"首先是"歌"。京剧和昆曲的歌包含"念"。茹先生说:"唱念唱念,对咱们来说,先要学'念',老话说'千斤话白四两唱',就是讲'念'的重要。学戏先要讲究'念',如果你念观众都听不明白,还看什么戏?""我们京剧和昆曲的'念',不能像普通的说话,在台上普通的说话观众是听不清楚的。""'念'是我们基础的基础,每个字都要有'字头''字腹''字尾'。现在大家跟着我念……"

我小时候学戏茹老师没讲那么深。后来自己演戏实践时才越来越体会到"念"的重要性。《梨园原》中说:"说白固须字字清楚,不可含混,然而要分出阴阳、轻重、急徐,按其文之缓急,查当时之情形,应念急则急,应念缓则缓,方为上乘。""唱曲、说白,凡必须口齿用力,一字重千金,方能达到听者之耳……"[1] 这是我国最早的戏曲论著中对唱曲和吐字传承的规格。茹先生的"念大字"为我们打的就是这个基础。

(一)对"念大字"的讲解(文字部分仅举"定场诗""表白"为例,后面一、二场参照录像)

1. "啊嘿"

"啊嘿——"是未出场之前的"架子"。

---

[1] [清] 黄旛绰:《中国古典戏曲论著集成》第九集《梨园原》,中国戏剧出版社1959年版,第14页。

"啊嘿"都是张口音。茹老师当年给我们讲过"四呼""五音",记得先生说:"'四呼'是'开口呼、齐齿呼、合口呼、撮口呼',这是讲口型的;'五音'是唇、齿、喉、牙、舌,说的都是劲头儿。现在你们小,讲多了也听不懂,你们就一个字一个字跟着我念。"下面大字的念法是我根据茹老师的要求整理的文字。

"啊"属于京剧十三辙中的"发花辙"。"四呼"中的"开口呼","五音"中的"喉音"。念这个音时的准备是,把小舌头压在舌根,随着气息发出,把小舌头抬起,就是把嘴张开,直接进入 a 音,但是我们戏曲的张嘴,不是说把嘴张得最大,但是里面的"膛"要撑得最开。

"啊"就是平常喊嗓子时候的啊音,托住气张嘴就出音根"啊",它是"发花辙",记住,凡是"发花辙"都不要收音。

"嘿"就不一样了,这是"合口呼"的喉音,用小舌头稍压后舌根保持半抬,发 h-e-i,这三步就是字头、字腹、字尾。

因为这是"走边的闷帘架子"(石秀没上场前向观众的招呼),所以这两个字的音都要延长,字音要放出去,像唱一样。

2. 开始念"定场诗":

　　箬笠芒鞋打扮巧,
　　英雄自古付渔樵;
　　凭俺斗大姜维胆,
　　虎穴龙潭走这遭!

"箬"——是"开口呼",念时嘴也要张开,内"膛"要撑得开(同前)。"五音"中的"舌音",念的开始字头 r 舌头是往内卷的,这是字头,然后用气冲开接 ao 音,这是字腹,收在 u 音,这个字的字头短,字腹要长,收音也要短,双唇一闭就是 u 收音。要念出"枣核形"。这是"窈窕辙"的字,记住,凡"窈窕辙"都要收 u 的字尾。

"笠"——是闭嘴音,就是我们喊嗓子中的"衣"音。"四呼"中是"齐齿呼"，"五音"中属"舌音"。

　　开始准备是：上、下齿对齐，字头 l 是舌舔上牙齿后面，气一冲立刻滑下来接 i 音，此时舌头尖抵下齿下边。上、下牙是对齐半张的，所以叫"齐齿呼"，这是"一七辙"字，记住，凡"一七辙"的字不收尾音。

"芒"——也是"开口呼"，念时嘴也要张开。这是"江阳辙"字，内"膛"要撑得最开。整个字都是"膛"音。"五音"属"唇音"，因为字头 m 双唇是闭着的，这是字头，然后用气冲开接 ang 音，这是字腹，上膛用力顶住，还注意舌贴下牙龈下，归音稍带鼻音 n 音收字尾，也要念出"枣核形"。记住，我们京剧的"念"每个字都是个"枣核形"，当然有大有小。

　　这是"江阳辙"的字，记住，"江阳辙"各字字头不同，但是字腹的 ang 音内"膛"要撑得最开，收音后舌贴膛下归鼻音，这个规律是一样的。

"鞋"——京剧"十三辙"中的"怀来辙"。本音念 xie，要念"上口音"。这个字和普通话的鞋字不一样，这是个湖广音的字，"上口"念 xiai（阳平）音。"四呼"中是"齐齿呼"，字头 xi 开始就是上下齿并齐，气一冲，上下齿打开，立刻下来接 ai 音，这时候舌头尖抵下齿下边。这是"怀来辙"的字，记住，凡"怀来辙"的字，尾音要收到 i 音。

"打"——属于"开口呼"的字，"五音"里属"舌音"。和前面的"啊嘿"的"啊"字有相同的规律，都是"发花辙"，都要把嘴张开，不一样的是字头 d 音，舌头舔住上齿。用气冲开接 a 音，"打"是"发花辙"，凡是"发花辙"都不要收音。

"扮"——属于"合口呼"的字，"五音"里属"唇音"。这是"言前辙"的字，字头是 b 音，发音前双唇是闭着的，用气冲开就是

b音，注意这个字的字头要念b+o，字头要稍长些，再紧接an音韵母的字腹，发这个字的音时双唇是半开的。字尾收在n音。

"巧"——京剧"十三辙"中的"摇条辙"，"四呼"中属"齐齿呼"的字。念这个字双齿并齐，舌两边上卷贴上膛，气从卷着舌的通道冲出，出字头q音，紧接iao音，iao是圆形字腹，双唇和双齿同样有个圆形的张嘴过程。字尾收在u音，一闭嘴u音就出来了。

"英"——京剧里的上口字，读yin，京剧"十三辙"中的"人臣辙"，"四呼"中属"齐齿呼"，"五音"中属"舌音"。念这个字的时候双齿半张，舌尖抵下齿下，舌后双侧抵上颚，发i音。i既是字头，也是字腹，要稍长一点，字尾是en音，这个字尾收得要快一点。

"雄"——京剧"十三辙"中的"中东辙"，"四呼"中属"合口呼"，"五音"中属"喉音"（古人又称"宫音"，有"欲知宫，舌居中"之说，这个要领说得很好）。念这个字的时候双唇半张，x音是字头，ong音是字腹。这个字要注意，字头要短，字腹要立即接上，字尾只要闭双唇就是u音收住了，"中东辙"的字都是这个念法。念时要借用一点"鼻音"。很多人不懂这个字的念法，经常把这个字念成"xun（寻）"音，那就错了。

"自"——这个字不入京剧的"十三辙"，凡z、c、s、zhi、chi、shi单独成字音都不入"十三辙"。

"四呼"中属于"齐齿呼"，"五音"中也属"齿音"。念时舌尖舔住上下牙齿，齿微张。字头字腹字尾都是zi音。

"古"——京剧"十三辙"中的"姑苏辙"，"四呼"中属"合口呼"，"五音"中属"唇音"。发音前准备：口型是双唇微张，字头 g 音立接字腹的 u 音，字尾只要闭双唇。

"付"——京剧"十三辙"中的"姑苏辙"，"四呼"中的"齐齿呼"，"五音"中属"唇音"。两个"姑苏辙"碰在一起，要念清楚关键在于声母的字头 f 音，念法是上齿滑下唇，然后带入 u 音。这个字的字头和字腹的比例上，字头要大一些。

"渔"——京剧"十三辙"中的"一七辙"，"四呼"中属"撮口呼"，上唇扣下唇。气从这个口型出来。字头字腹都是 ü，收气音断即是字尾。

"樵"——京剧"十三辙"中的"摇条辙"，"四呼"中属"齐齿呼"。这个字是上口字，要念成尖字。京剧念字中要讲究"尖团分明"。念时舌尖舔住上下牙齿，齿微张，念字头 qi 音所以就成了 qi 的尖字，紧接字腹的 ao 音，舌落下牙龈下，字尾是 u 音，双唇一闭为 u 音。

"凭"——在京剧中是上口字，读 pin，所以在京剧中是"人臣辙"。"四呼"中属"齐齿呼"。念这个字的时候，字头 p 音是用气冲开闭着的双唇，紧接字腹 en 音，舌尖抵下齿后，舌后双侧抵上颚，发 en 音，字尾收在 en 音。"五音"里属于"舌音"，因为发韵母 en 音时，主要靠舌尖抵下齿后，舌后双侧抵上颚的力。

"俺"——京剧"十三辙"中的"言前辙"，"四呼"中属"开口呼"，"五音"中属"喉音"。这个字的吐音，口张圆形，靠喉部的舌根略抬，a 音字头后紧接 an 音韵母，保持口型不变，着力撑开上膛，字尾落于 n 音。凡是"言前辙"的字，着力撑开上膛非常重要。

"斗"——京剧"十三辙"中的"由求辙"，"四呼"中属"合口呼"，"五音"中属"舌音"。这个字的吐音，舌尖抵住上齿，气息冲开即是字头 d 音，气息冲开时舌即抬向后接韵母 ou

音，字尾闭口收于 u 音。

"大"——京剧"十三辙"中的"发花辙"，"四呼"中属"开口呼"，"五音"中属"牙音"。这个字的吐音，口张圆形，内腔撑开，舌尖抵住上齿气息，冲开即是字头 d 音，气息冲开时即张开全腔，接韵母出 a 音，保持口型不变，上、下牙也要张开，"发花辙"的字不收音。

"姜"——京剧"十三辙"中的"江阳辙"，"四呼"中属"齐齿呼"。这个字的吐音，舌抵下齿，气冲开就是字头 j 音，接着张开双齿，紧接韵母 iang 音，凡是韵母都要撑开上腔，字尾收在 ang 音上。

"维"——京剧"十三辙"中的"灰堆辙"，"四呼"中属"齐齿呼"，上下齿要对齐。"姜维"的这个"维"字念法和"为"的念法不一样。字头是上齿滑下唇出 u 音，滑下来紧接韵母 ei 音，同时字尾收在 i 音。所以在"五音"中，这个字要归于"唇音"。

"胆"——京剧"十三辙"中的"言前辙"，"四呼"中属"开口呼"，"五音"中属"舌音"。这个字的吐音，舌尖舔在双齿，气息冲开同时字头 d 音发出，后紧接 an 音韵母，保持口型不变，舌抵下颚，着力撑开上腔，字尾落于 n 音。

"虎"——京剧"十三辙"中的"姑苏辙"，"四呼"中属"合口呼"，"五音"中属"喉音"。念时字头声母 h 音是张小口"喉根呼"出来的，紧接着韵母 u 还是"呼"，这个字的字尾不收音。

"穴"——京剧"十三辙"中的"乜斜辙"，"四呼"中属"撮口呼"，"五音"中属"唇音"。这个字的吐音口型很重要，必须是"撮口"型，舌两边卷抵上腔，舌尖抵下齿，穴本音读 xue，因为是尖字，所以读 s-ue，气息冲开 s 为声母后紧接 ue 音韵母，保持口型不变，字尾收 ie 音。

"龙"——京剧"十三辙"中的"中东辙","四呼"中属"合口呼","五音"中属于"舌音"。念这个字的时候双唇半张,舌尖抵住上齿往下滑即是l音的字头,ong音是字腹,字头要短,字腹要立即接上而且要延长,字尾只要闭双唇就是u音收住了。

"潭"——京剧"十三辙"中的"言前辙","四呼"中属"合口呼","五音"中属"舌音",这个字的吐音,舌尖舔在上齿,气息冲开同时字头t音发出,后紧接an音韵母,保持口型不变,着力撑开上膛,字尾落于n音。

"走"——京剧"十三辙"中的"由求辙","四呼"中属"合口呼","五音"中属"齿音"。这个字的吐音,舌尖舔在双齿,气息冲开同时字头z音发出,舌后缩,后紧接ou音韵母,着力撑开上膛,字尾落于u音。

"这"——京剧"十三辙"中的一个上口字,出自中州韵。本音读zhe,在京剧里则是"这""诶"的反切音。读法上必须是上嘴唇扣住下嘴唇。"四呼"中属"撮口呼","五音"中属"唇音"。

"遭"——京剧"十三辙"中的"摇条辙","四呼"中属"齐齿呼"。念这个字双齿并齐,舌尖贴齿后,气息冲破时出字头z音出,紧接着转入字腹的韵母ao音,舌落下牙龈,韵母要拉长一些。字尾合口落于u音。

3. 下面是"表白":

（白）俺——石秀。奉宋大哥将令,扮作樵夫模样,打探祝家庄地理虚实。呀！迤逦行来,早又是庄门。及畔也！

"俺"——京剧"十三辙"中的"言前辙","四呼"中属"合口呼","五音"中属"喉音"。这个字的吐音,念时小舌先压住舌后根，气息冲开同时字头 an 音发出，这个字，字头字尾都 an 音，保持口型"合口呼"不变，着力撑开上膛。因为是自报姓名前的音，所以字腹要延长一些，把后面的"小钹一击"叫起来。字尾落于 n 音，闭口 n 音就收了。

"石"——"四呼"中属"撮口呼"，"五音"中属"舌音"。发音前双唇的两边贴紧上膛两边，舌尖缩在下齿下面。气息冲出来时就是 sh 音，这个音要延长，既是字头，也是字腹，又是字尾。

"秀"——京剧"十三辙"中的"由求辙"，"四呼"中属"齐齿呼"，"五音"中属"齿音"。发声前双齿合，舌尖抵齿缝，这个字是"尖"字，所以气息冲开双齿要出 sx 的字头，尖字头已经带出来了，接着慢慢地撑开上膛，字腹 iu 随出，字腹要念得长一点。因为是报名，字尾要收在 u 音上，闭口即收音。

"奉"——京剧"十三辙"中的"中东辙"，"四呼"中属"合口呼"，"五音"中属"唇音"。这个字发音前上齿抵下唇，上下滑开自然就带出字头 f 音，接着把 ong 的字腹送到上膛，随着字腹放出渐闭口收尾音。

"宋"——京剧"十三辙"中的"中东辙"，"四呼"中属"合口呼"，"五音"中属"齿音"。这个字发音前也是舌尖贴住下齿，气息一冲开 s 音的字头即出。接着舌头立即要缩到膛中间接字腹的 ong 音，字尾闭口在 u 音。

"大"——京剧"十三辙"中的"发花辙"，"四呼"中属"开口呼"，"五音"中属"牙音"。这个字发音前也是舌尖贴住上齿，气息一冲开 d 音的字头出，立即要转到 a 的字腹，这个字在这出戏里要念得短促。

"哥"——京剧"十三辙"中的"梭波辙"，又是个上口字，原音念 ge，上口韵母要念 guo。"四呼"中属"合口呼","五音"中属"喉音"。念这个字的字头是 g,方法是小舌头贴在舌的后上颚,用气冲开,立即变为 uo 的韵母,这是字腹,字尾收到 o 音,闭口就是收字尾。

"将"——京剧"十三辙"中的"江阳辙","四呼"中属"开口呼","五音"中属"齿音"。是京剧中的"尖"字,这个字发音前也是舌尖贴住下齿,气息一冲开 z 音的字头快出。接着舌头立即要缩到腔中间接字腹的 ang 音,字尾闭口在 n 音。

"令"——是个上口字,在京剧"十三辙"里属于"人臣辙",本音念 ling,因为"上口"要念 lin,"四呼"中属"齐齿呼","五音"中属"舌音"。念这个字前舌尖贴住上齿,气息一冲开舌往下滑 l 音的字头出,立即要转到 in 的字腹。这个字在这出戏里要念得短促,字尾闭嘴在 n 音。

"扮"——京剧"十三辙"中的"言前辙","四呼"中属"合口呼","五音"中属"唇音"。这个字吐字头时上下唇并拢,在这出戏里气息冲开时字头要喷出 bo 的音,然后舌自然下垂,字腹 an 就出来了,字尾是双唇合拢收在 n 音上。这个字字腹的韵母也要稍长一些。

"作"——京剧"十三辙"中的"梭波辙","四呼"中属"合口呼","五音"中属"齿音"。念这个字的准备:嘴微张,上下牙齿合起中间微漏空隙,舌抵牙齿空隙中。气息到字头 z 音的声母便出,到字腹的 uo 音时,外形成圆的口型。字尾收在 o 音上。这个字尾收得要干净。

"樵"——京剧"十三辙"中的"摇条辙",这个字是上口字,要念成尖字。"四呼"中属"齐齿呼",念时上下齿并拢中间留缝,舌尖舔上牙齿缝,齿微张念字头 qi 音(即出尖音),紧接字腹的 ao 音,字尾是 u 音,双唇一闭为 u 音。

"夫"——京剧"十三辙"中的"姑苏辙","四呼"中属"齐齿呼","五音"中属"齿音"。念这个字时上牙贴下唇内,舌头自然在内膛中,气息到时上嘴唇与下牙摩擦,上牙滑向内下唇滑向前,上嘴唇与下牙齿摩擦,下牙向前。字头的 f 声母音和字腹的 u 韵母音几乎连在一起。字尾收 u 音,气止字收。

"模"——京剧"十三辙"中的"姑苏辙",正音念 muo,上口字念 mu,故归"姑苏辙"。"四呼"中属"合口呼","五音"中属"唇音"。念字头的准备:口型紧闭,气息把闭着的嘴冲开就是字头的 m 音,紧接着声音转到 u 音的韵母。口型是半张的圆形。这个字的字尾不收音。

"样"——京剧"十三辙"中的"江阳辙","四呼"中属"开口呼","五音"中属"牙音"。这个字的发音:字头准备上下牙齿微闭,舌头前部贴下牙齿。气息冲,上膛撑,口张开 y 的字头出,即刻转到 ang 的字腹,着力撑开上膛,口型张开不变,字尾闭口发出略带鼻音的 n 音上。注意:闭口前的字尾要发出略带鼻音的 n 音,然后止气闭口,否则就容易跑到"发花辙"上去。

"打"——京剧"十三辙"中的"发花辙","四呼"中属"开口呼","五音"中属"齿音"。和前面的"大"字念法一样。这个字发音前也是舌尖贴住上齿,气息一冲开 d 音的字头出,立即要转到 a 的字腹。这个字在这里要往上挑着念。

"探"——京剧"十三辙"中的"言前辙","四呼"中属"齐齿呼","五音"中属"齿音"。这个字吐音时上下牙齿并拢,舌尖舔上牙后,气息冲开时 t 的字头就喷出,舌尖要迅速缩到下牙龈处,字腹的 an 就出来了,字尾是牙齿合拢,舌尖归于中心收在 n 音上。在这出戏中,这个"探"字也是短促的,但是字头、字腹、字尾必须清楚,比如字尾,你没有按照这个规格收音可能就会念成"ta"。这就是要搞懂"四呼五音"的重要性。

"祝"——京剧"十三辙"中的"姑苏辙","四呼"中属"合口呼","五音"中属"舌音"。念这个字时舌头前部抵在上膛，用气息冲开发 zh 的字头，几乎同时舌头由上膛打到下牙龈后，同时闭口，字腹 u 音发出，字尾也同时收在 u 上。这个字也是个短促的字。注意这个"祝"字，在我们京剧里是不上口的，不同于"住""主"等。

"家"——京剧"十三辙"中的"发花辙","四呼"中属"开口呼","五音"中属"牙音"。这个字的发音：上下牙并拢，气息冲，牙打开，j 的字头几乎和 ia 的字腹同时喷出，口型张开不变，着力撑开上膛，气断即是字尾。

"庄"——京剧"十三辙"中的"江阳辙","四呼"中属"开口呼","五音"中属"唇音"。这个字的发音：双嘴唇撮口，气息冲到口张开 zh 的字头出，即刻转到 ang 的字腹，着力撑开上膛，口型张开不变，字尾闭口发出略带鼻音的 n 音上。注意收音，不能跑到"发花辙"上去。

"地"——和我们前面讲过的"笠"字相同，都是闭口音，就是我们含嗓子中的"衣"音。"四呼"中属"齐齿呼"，五音中属"齿音"。字头 d 是舌舔上齿后面，气息一冲立刻张开上下牙接 i 音的字腹，舌头尖也立刻抵下齿下边。这是"一七辙"的字，不收尾音。

"理"——"一七辙"中的闭口音。"四呼"中属"齐齿呼","五音"中属"舌音"，字头 l 是舌舔上牙齿后面，气息一冲立刻张开上下牙接 i 音的字腹，舌头尖也立即抵下齿下边。上、下牙是对齐半张形状。这个字也不收尾音。

"虚"——"一七辙"的闭口音。"四呼"中属"撮口呼","五音"中属"齿音"。这个字是京剧里的尖字,所以字头要发 xi,发字头 xi 是舌卷在下牙齿两边,上牙贴舌面,气息一冲立刻张开上下牙接 ü 音的字腹,舌尖立即抵下齿下边,上下牙对齐半张状态,口型为"撮口",兜住底气,气冲牙齿,这个音的尖字会一直保持,这个字不收尾音,之所以强调,因为在舞台上这个字要拖很长。这个字也不收尾音。

"实"——"实"字不入京剧"十三辙"。"四呼"中属"齐齿呼","五音"中属"舌音"。念这个字的时候,注意舌的两侧卷贴上膛,上下牙齿对齐,中间略留缝隙,字头、字腹都是气息冲出来的 sh 音,字尾收 r 音闭口。这个字也是短促音。

"呀"——京剧"十三辙"中的"发花辙"。这个字和前面讲的出场前的"啊嘿"的"啊"字同属一辙。但是"四呼""五音"却不同。"呀"在"四呼"中属于"齐齿呼","五音"中属于"牙音"。念这个字时的准备是把舌头两侧卷起,贴在上膛,上下牙齿对齐,中间略留缝隙,随着气息发出字头的 i 音出,随着把口张开,牙齿也随着张开,张开时字腹的 a 音喷出。这个音也是比较短促的,"发花辙"没有收音。

"迤"——京剧"十三辙"中的"一七辙"。"四呼"中属"齐齿呼","五音"中属"牙音"。念这个字的准备是舌两边卷起,舌后贴上牙齿后面,气息冲时保持这个口型不动,字头、字腹、字尾都发 i 音。在这出戏中这个字也比较短促,没有字尾,止气就是收尾。

"逦"——京剧"十三辙"中的"一七辙"。"四呼"中属"齐齿呼","五音"中属"舌音"。念这个字的准备是舌两边卷起,舌尖贴在上牙齿后面,气息冲时保持这个口型不动,念法是把舌尖从上牙往下滑,字头 l 音出,接着舌尖缩到下牙龈,字腹的 i 音就出来了。这个字的韵母要稍长一些,并且有一个向上滑的滑音，然后止住，因为"一七辙"没有字尾，止气就是收尾。

"行"——京剧"十三辙"中的"人臣辙"，"四呼"中属"齐齿呼"，"五音"中属"舌音"。本音的 xing 变京剧的"上口字"为 xin 音。念这个字的时候上下牙齿半张，舌两边卷起贴上腭，舌尖抵下齿下，字头发 x 音并保持这个形态，这个字头的发音要长一点，接 in 音的字腹，使字头、字腹浑然一体，字尾是 en 音，这个字尾收得要干净。

"来"——京剧"十三辙"中的"怀来辙"，"四呼"中属"齐齿呼"，"五音"中属"舌音"。念法的准备是舌头舔在上牙齿后，从上牙齿滑下来字头 l 自然就带出来，紧接着舌头下压缩在下牙龈，字腹 ai 音接上，字尾要收在 i 音上，"怀来辙"的字要先收 i 音再闭嘴。

"早"——京剧"十三辙"中的"摇条辙"，"四呼"中属"开口呼"，"五音"中属"齿音"。念这个字上下齿并齐，舌面贴上腭，出字头时上下牙打开，舌从上腭下挂在下齿发 z 音，紧接字腹 ao 音，字尾收 u，这个念字的过程要明显地念出枣核形。

"又"——京剧"十三辙"中的"由求辙"，"四呼"中属"合口呼"，"五音"中属"舌音"。凡"由求辙"的口型是小圆型，但是内腔一定要打开。念字头准备舌两边卷起贴后腭，舌尖贴在下牙龈，字头时气息由后往前推送出 i，紧接着把上腭张开接字腹 ou 音，字尾的收音要收到 u 上，闭唇收音。

"是"——也不入京剧十三辙，但是个上口字，"四呼"中属"撮口呼"，"五音"中属"舌音"。念这个字的时候，注意上唇略扣下唇的撮口型舌的两侧卷贴上腭，上下牙齿对齐，中间略留缝隙，字头、字腹、字尾都是气息冲出来的 sh 音，外口型一直不能变，止气闭口即收。

"庄"——京剧"十三辙"中的"江阳辙","四呼"中属"开口呼","五音"中属"唇音"。这个字的发音：双嘴唇撮口，气息冲到口张开 zh 音时就是字头，即刻转到 ang 音的字腹，着力撑开上腭，口型张开不变，字尾闭口发出略带鼻音的 n 音上。

"门"——京剧"十三辙"中的"人臣辙","四呼"中属"合口呼","五音"里属于"唇音"。念这个字前双唇闭紧气息冲开双唇即是字头的 m 音，双唇被气息冲开略往上张，紧接字腹 en 音，字腹的韵母要略延长，字尾也是 en 音，但字尾收得要干净。

"及"——京剧"十三辙"中的"一七辙","四呼"中属"齐齿呼","五音"中属"舌音"。这个字是京剧的尖字，念这个字时的准备是上下牙齿闭，舌着力点开闭着的上下牙，发字头 j 音，接着就变字腹的 i 音，舌两边卷起，贴下牙齿后面，气息冲时保持这个口型不动，字腹、字尾都发 i 音尖字，这个韵母要求长一些。"一七辙"没有字尾，止气就是收尾。

"畔"——京剧"十三辙"中的"言前辙","四呼"中属"合口呼","五音"中属"唇音"。这个字在这个戏中要读 poan 音。这个字在吐字头时上下唇并拢，气息冲开时字头要出 po 音就喷出，接着舌自然下垂，字腹的 an 就出来了，字尾是双唇合拢收在 n 音上。这个字的字腹韵母也要稍长一些。

"也"——京剧"十三辙"中的"乜斜辙","四呼"中属于"齐齿呼","五音"中属于"牙音"。开始念字头是舌两边卷起贴上腭，与喉部形成通道，随着气息冲开，上下牙和唇字头的 i 音出，上下牙继续张开，字腹的 ei 音紧接。这个字腹的韵母要延长，因为这是一个叫板的字，字尾也收在 ei 音上。

茹富兰老师对于开蒙学生学戏,非常重视"念大字",虽然学生年龄太小,还分不清"四呼五音",但在"念大字"时先生就带着讲出来。一出《石秀探庄》是我们两个学期的课时量,"念大字"就占去了四分之一,学其他武戏的同学已经拉"走边"了,我们却仍在"念大字"。我们都很着急。茹先生也知道我们的心理,却说:"你们不要急,大字念不好,韵白也别想学,要想快大家多用心。"于是同学们在课上学,早上喊嗓子都是"念大字",引得其他同学都笑话我们。第一学期用四分之三的时间我们终于完成了全剧的"念大字"。

60多年过去了,我在舞台生涯、教学生涯中,才感受到茹先生教学法中的这第一课,有着深远的美学意义。自己做演员时,无论早期的武生戏,还是20世纪80年代中期以后的小生戏,几乎所有前辈专家和观众都表扬我唱念口齿清楚、音韵到位。而我自己看戏听戏,也一下子就能辨别出高雅与粗俗。当我做导演时也能高规格地将唱、念要求到位。这里写的这么多"念大字",基本上是根据能回忆起来的茹富兰老师的原话整理的。这是我们继承戏曲表演艺术的重要基础。当代看戏字幕很先进,演员唱念却不清楚,或归韵不准,或尖团不分,常使我们嗟叹不已。"念大字"仅仅是学戏技法的基础。俞振飞先生讲"无论哪种艺术,都要以不同形式的各种技法为基础""戏曲表演讲四功、五法。这些都是技法,还称不上艺术,但当然是必要的基本功""没有技法作基础,而空谈什么艺术,就成为海市蜃楼,就成为野狐参禅"[①]。俞粟庐(俞振飞之父)在《度曲刍言》中说:"学唱之人,无论巧拙,只看有口无口;听曲之人,莫问精粗,先听有字无字。若口齿分明,土音剔净,即有字有口;若出字不清,四声五音不明,是说话有口,唱曲无口。每有唱完一曲,但闻其声,辨不出一字,令人听之烦恼。""辨四声,别阴阳,明宫商,分清浊等音,学歌之首务也。

[①] 俞振飞:《振飞曲谱》,上海文艺出版社1982年版,第1页。

然世人能解此者，数百人中不得一二，不过依样葫芦，求其师之不甚大谬，则习而不察，浑过一生而已。"①可见茹先生教学法中，把"念大字"放在这么重要的位置，确实是抓住了传承戏曲艺术的根本。

由于篇幅的关系，我亦不能将整出戏的"念大字"笔录出来，仅就"出场"和"定场诗"注之。这里把京剧的"十三辙"也包括进去了，愿学愿看者可以举一反三。好在我们还有录音和录像作参考，可能来得更立体更直接。

（二）"上韵"

茹先生讲："这出戏，我们念的是韵白。武生大多数戏是韵白，京剧的韵白和昆曲的韵白有所不同，昆曲发源在昆山，'南音'较多，含入声字。但归入京昆以来，我们很少用'入声字'。我们的韵白以湖广音为主，中州为辅，这里学问很深。湖广韵大家跟着我念，逐渐就理解了。中州韵主要是指尖团字。在武生的念白中，力度要强，高低错落较大。""但是我们的'韵白'当中'戒垮音''戒怯音'，南方称'剔除土音'。"

---

① 俞振飞：《振飞曲谱》，上海文艺出版社1982年版，第1页。

第二节 《石秀探庄》一、二场谱式

一、第一场谱式

(一) 走边

茹先生讲:"从石秀出场'走边'到唱完【新水令】'好让俺混入敌地'止,这一段要完全用武生的气魄、风格、功架去表演,以着重表现石秀的胆大无畏和入庄以前的心情变化。"

准备动作:在第三道台沿幕后面,面向舞台左侧前方。左手叉腰,右手持扁担(戳地)。

步法规格:石秀在戏曲舞台站立左丁字步(见视频)。左脚在前正对舞台左侧前方,右脚在后,满脚着地。左脚在右脚正中(两边各45°)。气沉丹田。

叉腰:左手在胯轴偏前一寸,放松。忌露肘尖、忌端肩,手忌"猪蹄抓"。这是武生、武小生所有叉腰的规格。

戳扁担:扁担直线垂直(不可以偏)持扁担的手与肩平,呈半圆形。[见图1:出场前准备]

打击乐"小钹收头"收住后喊"啊嘿":要求气沉丹田,声音响亮、延长,送出幕外。

上场:第一个亮相——首先要懂打击乐的"小钹四击头"——<u>大台</u>|才一|<u>大巴</u>|才另|才0‖。

"大",挪右脚跟为了与前行方向一致,不能轻视挪右后脚跟的动作，这在许多戏中出场和在台上找准迈脚的方向脚步都用得着。同时持扁担的右手挪到扁担中间。

"台"，同时平伸出右手和扁担，伸出左掌护扁担，平抬左腿。

"才"，同时扁担卷收于右腋下，左手按掌式。左腿盘腿。注意：沉气立腰；卷腕持扁担，扁担成水平面；按掌要圆，和扁担一手距离；右下腿直立、左盘腿尽量平。[见图2："走边"托扁担出场]

第二镲锅"才"，右脚抬脚后跟欠脚，身形略向前倾，带动圆场脚步5或7步跟半步走到"九龙口"止步（这是一般武生冲出场的规格）。上身保持不动，双脚落定后，双手落于双腿两侧。[见图3："走边"出场后"九龙口"放扁担]

"大巴"，右手"提柳花"（"提柳花"为"皮猴花"一种，盖面由上往下要含"盖面如风吹柳"之意。）

第三镲锅"才"，右手耍花后背扁担（规格：扁担和右臂、膀成平一字，手背朝前，忌端肩）。左手按掌近右臂，同时盘左腿。

"另"，左手拉山膀到位，左腿"前弓后箭"弓腿到位（规格："弓"步必须垂直，忌"香炉腿"或不到位，这是所有"前弓后箭"的规格），眼随左手走，身体保持直而不晃。

第四小钹"才"，这是末锣（小钹）在上面有规格的基础上亮相：身形和右手持扁担都不允许晃动。只是看左手的眼在末锣上变脸。变脸时左手往左外撑一下。全身要绷一下。规格：在末锣中要紧、要崩，变脸后脸向正前方（下场门前方的斜方向），后双眉微微上挑，双眼盯住一个方向的点看前方（要领：用眼睛用力），面部平和。

这是石秀上场的"四击头"，要表现人物的急行心情和敏捷的身手。行动要干净、利落。第一个亮相要给人感觉精神抖擞、充满信心。对于面部表情茹先生要求："双眉尖略往上挑，表现出英武之色就可以了。""不要皱眉攒，出来的第一个亮相要舒眉展眼。"这就是《石秀探庄》开蒙的好处。不少武生一出场就紧皱双眉，这是一种毛病。另外

· 43 ·

身形要求"子午式"。"子午式"是中国太极美学的体现，太极有阴阳鱼合抱成圆形。"阴"＝黑色＝"子时"，"阳"＝白色＝"午时"。"茹派"几乎所有的亮相都是"子午式"，这是我们民族太极美学的规格，凡是亮相时形体动作十分美。石秀这个人物第一次出场的亮相怎么体现呢？先生要求"迎右胸脯（即右胸要比左胸突出），身形略偏左侧"。

[见图4："走边"出场后第一个"四击头"亮相]

在学习第一个"亮相"中重要的是训练在打击乐"小钹四击头"中的节奏，"茹派"设计的"小钹四击头"每一下都在节奏中，每一下都要到位，不能"囫囵吞枣""眉毛胡子一把抓"。

"走边"亮相后停一两秒，"亮相要稳住，让观众看清楚，自己的神也定下来了"。因为我们年纪小，茹先生并没有深入讲解亮相停顿的深层意蕴。我后来才意识到："停顿"对一个演员的分量和光彩，一个角色的鲜明形象，有着至关重要的意义。

"一望两望"：这在京剧里也是一个程式。这是在打击乐"小钹冲头"中的动作。"走边"常用来表现对前面路途和情况的观察。"第一眼要看路还有多远，第二眼要看有没有特殊情况。""眼睛里要看出东西来，才能有神。"

第二个亮相——起身"法"和身段衔接"法"：打击乐"小钹冲头"八嘟 | 才台 ‖ 才台 :‖ 才台 才台 :‖ 才台 | 才 长短有随意性。接下来的身段是左起身同时抬左手，右腿撤半步，左手搂大带同时左腿撤在右腿之后，持扁担的右手在右腿前。右丁字步"点脚"。这是一气呵成的一组动作。但是每个动作之间的"法"非常重要。茹先生称这是"接榫子"，"前弓后箭"是矮相，现在要往左起，起"法"是撑住腰，"撑住腰"也是戏曲要诀之一。先生说："心一想，归于腰，行于肩，跟于臂（读bei去声）。""做什么身段都要记住首先是'心想归腰'""腰里撑不住做身段就散了"。身形先往右，然后蹬右腿，叫"未曾动左先动右"，这是先生常用的"艺诀"。这个"艺诀"可以举一反

三。"未曾动右先动左""未曾向前先向后"情同一理,这是戏曲动作之"法",里面充满着辩证关系和美学原则。蹬起右腿撤半步,同时抬左手。"这里腰必须是轴心",接着左手搂大带。

大带的搂法:左手往左搂大带,手指并拢从大带的右侧边搂,大带会跟着你手走,搂到穗子就把它置于自己左胯旁边。这个搂是平掌搂,不要攥大带。搂大带是一种功法,眼睛不能看,平时要多练,做到下意识搂。

以上动作完成后要目视前方,"沉腰一顿"落在右腿丁字步点脚上。这一顿实际是个"松弛"的过渡亮相。[见图5:"走边"第一个"四击头"亮相后的松缓]

接着要耍三个"皮猴",第三个"皮猴"后逆时针顺左半身画一弧形,随着打击乐收住,举到右上方亮相。

再接着是打击乐的"小钹五击":大台｜才台｜才台｜才一‖。起"皮猴"同时右腿盘腿,扁担头磕在右脚心为"大台",左手扔大带后手心朝上和右手并拢起一个大刀花为"才","台"时右脚落地,左腿后踏步。同时右手持扁担左手掌托落于第二击"才"。紧接双手从下缓至右边是打击乐的"台"。至此,做好亮相前的全部准备,右脚撤至左脚后站舞台"九龙口"斜线,左腿随右腿脚跟对住右脚脚踝。右手举扁担在右上。左手掌心向上在胸前,接着与"小钹"末锣"才"同时左手按掌、右手持扁担变为手背向前,双脚下顿变左丁字步点脚,同时变脸向前,这是"举扁担按掌式",是"走边"的第二次正式亮相。这组动作耍花的技巧、身法的左右移动,"腰为轴"的"法"都贯穿其中(细看视频)。从一个"四击头"和"五击头"动作的铺排上,前辈对"走边"(舞蹈)安排是"张""弛"有序的,第一个"四击头"是"张",之后的"小钹冲头——收头"是"弛"。第二个"五击头"又是"张",后面的动作铺排也是这样。这体现了传统戏曲舞蹈上"张弛有度"的美学观念。

下面紧接着是第二个"四击头":(锣鼓同前 P42)

第一鼓楗子"大","茹派"的左手松弛下垂,手心朝上放在左腿侧。后有学茹者,把这一下变成了固定程式,刻意去摆。这就不对了。这一下是放松,为后面的跨腿踢腿做准备。"欲紧先松"也是戏曲舞蹈上"张弛有度"的体现。小锣"台"是跨右腿,同时左手由上缓下按掌。"跨右腿"先生是有讲究的。凡此类跨腿,无论左、右腿都要圆(当然它的高度必须与胯平)。但是怎么做到圆呢?先生做了一个形象的比喻。"小孩玩时跨毛,'跨你一个毛儿啊'就对了。"(20世纪四五十年代,孩子们流行的游戏:一个站立,一个跨,被跨者及时蹲下没被跨倒为赢,跨倒为输,互相轮做)同学们笑着很快都走对了。其实先生一个简单的比喻,就表现了戏曲舞蹈的"意向性"。接着,小钹的"才"是踢左腿。先生在这里有一个要求:"左手推掌在踢腿后,左手由上缓到右肩,再由下往上'圆着'往前'横推掌'。"当然,其他派别经常用"竖推掌",先生说:"这种推掌也不能为错,但在我的课堂上要求你们是'横推掌',而且左手要往上圆着推向左脚。左腿无论踢得高低,左手外掌窝要挡住,防止大带扑到脸上。""踢腿时后面拿扁担的胳膊保持不能动,任何戏的这类踢腿动作,后面的手都不能上下乱动。"打击乐第二小钹"才"是左手向上缓掌推出,缓要圆,推要平,"平"是与肩平,力要用在外掌窝。缓手的同时有一个左脚在前的"趋步","推"时脚下左腿在前的弓箭步,这个动作的趋势是向前。身形要由腰撑住在中间不动。[见图6:"走边""四击头"踢腿后"推掌式"]

下面接打击乐"大巴",身形转势向后,看右手扁担,左手叉腰。打击乐第三小钹"才"动作是抬头右膀子耍扁担"上膀子"花,同时跨右腿带动身形逆时针转向后面。左手在右手身前下方接过扁担。双缓手左手持扁担、右手按掌、旁吸右腿、双手上举。这时"茹派"要求打击乐有"七咙",我们在"七咙"时整个身体是上拎姿势。打击乐第四小钹"才",整个身体是下顿,双腿变成骑马蹲裆,左手平横举扁担,右手按着掌。一个打击乐的"四击头"在舞台上往往表现了有一定长度的动态戏曲程式。它的规格是圆、顺、快、脆、美。我上面讲到的每一个动作和每一个动作的衔接,靠的接"榫儿",这个"榫儿"就是京剧界常讲的"法"。茹先生的"法"把"逢左必右""逢前必后""上下交错""张弛有度"美学观念全都包括在里面。

下面打击乐"小钹冲头"(打法见 P44)是接前面"四击头"的另一组动作的开始。"起法"——前面亮相"骑马蹲裆式"(属于形体动作"矮式"),站起时收左腿。"法"则讲究"逢左必右",就是以腰为轴,腿先向右微弓,蹬起左腿,归为左丁字步。向前走脚步。脚步是有规格的"左步先迈,凡往前走是连步,三到五步,走单不走双,后腿再跟半步"。"这种步法起霸和走边通用的,走脚步有一个要领:'高抬低落近一点'。这是我们京剧和昆曲脚步走法。因为舞台没有那么大。'大步跟'一是不讲究,二是显得粗野。"手的姿势是在走的同时向上顺时针一圈后归为左臂平持扁担,右手按掌式。此时眼随右手走,落稳后眼看前方(舞台上面向里,观众看后方)。接着就是退步,仍沿着来的方向后退,所不同的是先退两个单步(退左步停顿一下,再退右步停顿一下),从第三步起是连步,第五步是跟半步,落为左丁字步。退一步的要领是:必须撑住腰,由腰引领向后倾,连步时略"存(读 cun 阳平声)腿","不能前后晃和上下蹲。这样的退法,才能又稳又漂亮"。随着退右手拉山膀,眼随右手山膀到位。随着"小钹收头"的末锣变脸向前。"走边"的这种前进和后退,全身应当是放松的,是属于"张弛有度"的"弛"。

接着一组动作应当属于"张",也是"走边"的重点。打击乐是"丝鞭一击",嘟—|巴 大 才‖随着"嘟……"双手放下。向前平吸左腿,打击乐"巴 大 才"的"巴"左手要半个"上膀子花",扁担交右手,同时跨右腿落地,右手提扁担;"大"眼看右手背,同时盘左

腿，左手"栽锤式"于左腿膝盖上方。末锣"才"变脸看前方。[见图7："走边""栽锤式"]

接着打击乐是"双楗一击"八｜<u>大 大</u> 才‖。我们的动作是："八"双手手心向里举向头部上方，"大大"双手由头部上方向下各自走外半圆成"双手托月"，左脚落地与肩同宽，眼随右手。随打击乐末锣"才"，双腿落"骑马蹲裆"式，同时变脸眼向前方。[见图8："走边""托月式"]

接着打击乐是"软四击头"大台｜才咚｜才咚｜才0‖。我们的动作是："大"跨右腿转身，"才咚"同时扁担交左手向左前方稍下指。旁吸右腿，缓右手上推掌。[见图9："走边""低指看路式"]"才咚"接着右手逆时针方向大缓，眼随右手走，右腿落地变右弓箭步。左臂平举扁担，右手"托月掌"。随打击乐末锣"才"变脸向左前方看，亮相"前弓后箭顺风旗式"。[见图10："走边""前弓后箭""顺风旗式"]

这是一组动作。无论是"走边"或是"起霸"，位于舞台左前方的这组动作都是重点。可根据自己技巧合理安排不同的动作。

下面打击乐"小钹冲头"八嘟｜才台‖: 才台 : ‖: 才台 才 : ‖。我们的动作是：左晃身收左腿归右，同时右手叉腰，抬头，左手上膀子"扁担花"右手心朝上，接过扁担双缓手，同时"别右腿"踢左腿，左右手分开，右手举扁担，左手臂向下后方变左手"鹰钩爪式"。右脚后"别腿平抬"。这里的打击乐要打一个"收头"。这是最重要的"四击头"身段之后的一个缓式。从舞蹈动作的语汇上，这是交代观众，重要的动作"四击头"完成了，"缓式"是对前面动作的一个交代。这是戏曲美学上"张后有缓"的一种处理。[见图11："走边"持扁担"后望式"]

接下来还是打击乐"小钹冲头"（同前）。顺便说一下，打击乐"小钹冲头"中的动作基本上是"缓"的动作，是"张弛有度"的"弛"，时间长短可由演员自己掌握，但教学上要求每一个动作还是需要达到高规格的规范。比如，下面要接右腿落地同时右转身面向外，左手在转身同时从上面接过扁担，逆时针双缓手。左手平肩举扁担，右手按掌，眼看前面远方停顿一下。［见图12："走边"持扁担"按掌式"］

后面开始边拉山膀边后退，退七步至九龙口拉开。这一连串的动作，都要"以腰为轴""行肩跟臂"，前面已经讲到茹先生对"退法"的要求，这里不过多重复。补充几句茹先生的话："有的派别在退单部时。后面有两个'别后腿'，我们不要，要求大大方方，眼神要盯住前方不动，到了四、五、六、七步时眼睛要看右手，而此时的右手则是'半拉半抬'，这个'半拉半抬'很重要。他在造型表现上很大方、有气势。你们不要学一边走一边抖腕子拉，那样我们的造型就小气了。"

我们的身段拉开时要配合"小钹收头"的末锣变脸亮住，稍停顿一下。接着打击乐再起"小钹冲头"，此时的"冲头"是慢起。我们下面一组动作开始要和节奏走，方向是顺着上场门正前方，在打击乐"嘟大大""冲头"开始时是左转身右手接扁担，"台才"是右手卷腕持扁担于右胸侧，左手按掌亮相。接着打击乐"大台"，我们的动作是跨右腿，踢左腿，推掌出去，脚下"前弓后箭"步这几下是在慢"冲头"（打法同前 P44）节奏中的，后面可以自由。后面的动作是左手"搂大带"，右手一个"皮猴花"磕右脚盘起的脚底，左手接右手"大刀花"转身，仍是右手接住扁担，左手由下往上缓顺时针一大圈变"朝天掌"，脚下向前，"前弓后箭"步，此时的打击乐是收头 才七｜另 才‖。这个亮相是一个重点。要求停顿二秒。如果用美学观念说是"弛中有张"。先生的要求："前面要走的顺转身亮相时，身形要前扑，眼睛要盯准第四排中间靠左边走道边坐那个人。看得要凶狠一些，把石秀性格的勇猛一面表现出来。"［见图13："走边""持扁担前指式"］

接着还是"未曾动左先动右"的身法，动作的气氛又要"缓"下来，这里仍是以腰为轴，身形先向前弓一下然后往后蹬左腿向后，再跟右腿站起，上左腿右转身，同时左手接过扁担，往台中间走，双手

顺时针方向缓手，扁担横背在左臂后，右手按掌略顿，接着拉开仍回至上场门台口。

后面打击乐"五击头"（打法见前P45）动作的气氛又要"张"上去，左腿跨腿，撑住腰，上左步，同时左手"上膀子花"后要撒手，右腿盘腿，右手在前面稍下一点接住扁担，腰要向右前拧。［见图14："走边""上膀子花"交右手］右手接住扁担后，在盘着的右腿下面要一个"弯萝卜花"。紧接右手持扁担有一个逆时针160度大圈，背贴扁担指舞台右前方，同时左腿在右腿后踏步，左手从下往上顺时针缓手，左脚在左前方变左"前弓后箭"步，右手横扁担指向右斜前方，左手"托月朝天掌"式，亮相时略抬头眼神略高。这与前面一个亮相眼神向下，形成一个对比，表现石秀这个人物有非常自信的一面。［见图15："走边"右"前弓后箭""顺风旗式"］

在这里又要强调讲一下"行肩跟臂（读bei去声）"的"茹派"形体动作法。所谓"行肩跟臂"就是以腰为轴，发力于两肋，带动臂膀，使整个后背都能够忽左忽右灵动地晃动起来，表现了灵动的美。"行肩跟臂"是茹富兰老师经常挂在嘴边上的一句话，快、慢都要遵循这个法则，走起身段来，才会有韵律，才会有内涵。我追记里说到的、没有说到的都要按照这个法则做。茹生先经常跟我说，只有这样才不会成为全身铁板一块的"僵尸样"。

接着还是打击乐"小钹冲头"。我们在动作上气势还要缓下来，左手顺时针转一大圈，收起左脚，变成右脚在前、左脚在后的丁字步。这个立姿有一停顿，是立身"顺风旗式"。［见图16："走边""立身顺风旗式"］

接着是向左方走，这里要说"步法"：双脚抬起脚后跟，向左拧，然后右脚满脚着地，迈出左脚单步，右脚跟到左脚前，身形则逐渐向左转去，走半个弧形小圆场，圆场到台中，面向后时右手扁担下缓交左手，接着有一逆时针的双缓手，左手持扁担与肩膀平，右手向后中间指。此时打击乐是"收头"。

下面是"走边"的"收式",打击乐开"归位"——"<u>大</u>台｜才 嘟<u>另另</u>｜才 才｜才 0‖"。"大"的动作是面向后,左臂高举起(手背向右)。右手持扁担向下扁担头戳地,迈右脚向里脚尖着地。打击乐"台"时,右腿向外跨转身(同时把大带跨在里面),左臂由上往后横划右腿。打击乐"才"是左转身过来踢左腿,"嘟<u>另另</u> 才"面向观众拉"双缓(顺时针)"缓后左手持扁担与肩平,右手拉开山膀;打击乐第三个"才"动作是在向前双手下垂,在中间把扁担交右手,右手向右后耍"回花",然后左手在前,右手在后,在胸前交叉,脚下是左脚在前的丁字步;打击乐末锣"才"时,我们在形体的手、脚、身、眼同时收在一个节奏上:双手撑开,右手卷腕持扁担于右胸侧,左手按掌于扁担上方。脚下是左丁字步蹲为"丁字步点脚",腰要有力撑住,身形是侧向右面的"子午式",眼睛在双手交叉时瞅地下,末锣抬脸看前方。

眼神此时的运用叫做"瞅地取神",在主要的亮相时"瞅地取神"是非常重要的,一般武生、武小生往往用旁边变脸到正中亮相,这样就显得人物飘,"瞅地取神"就是先看地然后稍抬头聚神亮相,既大气又沉稳。在戏曲舞蹈表演上这种眼神的用法能增加人物的分量。"分量"指必须在有了一定艺术造诣之后举手投足才可以进入的境界,眼神是美的核心。当时我并不懂得这些,但茹先生在"开蒙戏"时讲了这个用眼神的方法,就为以后艺术成熟打下了扎实的基础。

"走边"进入打击乐"归位"的身段就结束了。

(二)定场诗、表白

茹先生有过论述:"在四句定场诗中的动作,念'箬笠芒鞋打扮巧'时,先指斗笠后指鞋,然后两手抱肩,扁担竖于怀内,虚点右脚向下点头,表示出'我这个樵夫扮得很巧妙,别人不会识破'的心意。"

1. 第一句定场诗具体形体动作——"箬笠芒鞋打扮巧"

"箬笠",在"走边"落式的基础上,"箬"双手向下分开;"笠"则"提枪花"扁担归到左手,与肩、臂持平(手背向前),右手手背弹右腿盘腿,继续向外弧形圈至草帽圈上方,手为"握拳夸赞式"(大拇指指草帽圈),左腿盘腿抬起;[见图17:"定场诗""箬笠"]接下来打击乐"二三锣",形体动作是左手耍扁担"皮猴花",右转身同时扁担尾戳地,右手叉腰。

"芒鞋","芒"字右手至胸前"指法"前的准备动作,同时右腿前别腿;"鞋"字右腿伸"长丁字虚步",右脚尖着地,右手同时指向脚尖。[见图18:"定场诗""芒鞋"]

"打扮巧"的"打"字右手拍左臂上(要把扁担让在中间),同时左腿右踏步;"扮"字时左手拍右臂上,形成双抱肩,扁担竖于怀内,同时左腿由右踏步归回原处,撒右脚,右脚跟到左腿踝骨处,这时有一个重要的准备动作就是全身立腰抬身,脸甩到前方,然后念"巧"字;"巧"字出口全身下蹲(读 cun 阳平音),脚下"右丁字步点步",头向右后摇半圈点头。[见图19:"定场诗""打扮巧"]表现出茹先生所说的"'我这个樵夫扮得很巧妙,别人不会识破'的心意。"下面打击乐"二三锣"才 另 | 才 0 ‖ 左手持扁担,左转身向上场门方向,右手拉开山膀,好做第二句的准备动作。

2. 第二句形体动作——"英雄自古付渔樵"

茹先生讲:"念到'英雄自古付渔樵'时,这是打击乐有丝鞭接 嘟— | 八大 | 才 0 ‖ 丝鞭'嘟—'时右手横扁担、急骗左腿落在'巴'、左手赞美式竖于胸前正好亮相在末锣。随着'樵'字的拖音,微微摇转头部,脸上泛出喜色,暗想到古代的许多英雄,不是曾经出自贫寒的渔民、樵夫吗?因而为自己乔装成樵夫感到喜悦。"

"英(呐)雄"("呐"为中间垫字)念完之后,紧接打击乐"丝鞭巴大才",急骗左腿。正好骗在打击乐的"巴"字上。此时身形向右，打击乐"大"时左手向下顺时针小缓手。"才"亮相，左手握"赞美式"（大拇指指自己胸），右手背扁担与肩、臂一线于右上方，脚下"左丁字步点脚"。[见图20："定场诗""英雄"后"夸赞式"]

"自古"保持原姿势不动。

"付渔樵"，"渔樵"两字都有拖音。"付"字低头看左手，"渔"字抬头，这个字拖长音，在长音中眼领神面带喜色左晃头，"樵"字面带微笑点头。这就是茹先生文章中所说："随着'樵'字的拖音，微微摇转头部，脸上泛出喜色。暗想到古代的许多英雄，不是曾经出自贫寒的渔民、樵夫吗？因而为自己乔装成樵夫感到喜悦。"茹先生在这一句的处理上是非常精致的。低头、抬头、摇头、笑，是戏曲表演有层次的高规格表现手法。虽没有大的身段，但这呈现了武生表演中一种高雅的美。

念完第二句时，打击乐"二三锣"（打法见上），"台"双脚脚掌抬起，往里上左步向右转。身体转向正面，面相时右手将扁担交左手，脚下撤右步，变为左丁字步；左手平背扁担，右手拉开山膀，完成转身。

3. 第三句形体动作——"凭俺斗大姜维胆"

茹先生讲："念到'凭俺斗大姜维胆'时，小趣步，两膀向外圆撑，做了一个斗大的动作，随踏左步，由右向左涮腰，左拳高高升起，弓步一亮，表现出英勇无畏的气魄。"

具体动作：

"凭俺"，"凭"字，左腿上半步至右腿跟步，右手向外顺时针缓手，"俺"字右手拍腰。

"斗大"，"斗"右脚向左前迈步，右手弹右腿，左手横出扁担，向左方前"趣步"，"大"字时，双手同时由内下向上翻，双手放在腰前；左腿跟上变面向右斜方向的双脚与肩齐，接着双手由腰前内分开向外圆撑，虚拟比了一个斗大的动作。"大"字念法上有拖长音一个下压，就在这下压的字音上，全身有力下蹲，双腿变"骑马蹲裆"式，左手

变虎口内向拳，右手攥紧扁担头向内，双眼凝眉看下方。这个动作是有语汇的，表现石秀自己如心目中古代姜维的胆如斗大。［见图21："定场诗""（凭俺）斗大"］

"姜维胆"的"姜"字稍立身，向中间迈右步，左步踏右步后；上身右手平持扁担直指台中后，左手掌心朝上在胸前；"维"字立身右脚稍跳起，左手举起"托天式"，接着左脚向正前方迈出一大步后变左"前弓后箭式"，全身贴地面由右向左划，到左脚前向前抬身，左手上举"夸赞式"同时念"胆"。［见图22："定场诗""姜维胆"］

第三、四句中间没有打击乐。

4. 第四句形体动作——"虎穴龙潭走这遭"

茹先生说："念到'虎穴龙潭走这遭'时，急向前扑身探海，接着变成翻身射燕，然后右手横扁担，左拳升起，拇指向着斗笠跨抬左腿一亮，充分表达了他不惧艰险深入敌庄的决心。"我们来看一下具体动作。

"虎穴"的"虎"字直接向后退两步，注意：按照"逢左必右"的法则，"逢退先进"也是这个规律，右腿要稍向前拱一下就有了后退的动力。退两步后直接盘左腿，双手由外向里抱圆于胸前，右手持扁担在里面；"穴"就是茹先生说的"急向前扑身探海"，注意下面动作是向前"扑身"，就需要稍向后领一下身形，右脚跟稍欠起，然后向前急冲五步，左脚独立在下支撑。茹先生说过"单腿独立时，五个脚趾头一定要努力抓地，才站得住"。"探海"是右腿单独向后伸出，右膝盖与身平，右脚绷脚面带小腿向上，与大腿成45°角，双手外缓向前冲，右手持扁担在前，左手推右手。"穴"是一个长音最后顿住。［见图23："定场诗""虎穴"］"穴"字要拉长音再顿扬一下，是京剧表演过程中"叫锣鼓（打击乐）"的一种程式。

后面打击乐开"小钹五击头"<u>大台｜才台｜才台｜才一‖</u>"大台"双手在头前耍半个"提枪花"将右手枪交左手，"才"右手往右打，带动全身向右，身体转向上面成"射燕式"；"台"接着立起身来，左手"上膀子花"跨腿转身面对观众平端扁担；"才"右手贴身逆时针大缓手，右腿同时吸腿向后迈步；"台"右手归到扁担前单手"立掌式"，左脚退吸腿，这些形体都规范到位后，打击乐末锣"才—"时往下有力度的一蹲（读cun阳平），全身除了脚下变成左"丁字步点脚"外，其他姿势不变。[见图24："定场诗""小钹五击收尾"]

"龙潭"的"龙"字是右手在横在胸前的扁担外往上一伸；"潭"字右手下绕过扁担里面再往上一伸，同时右手拨动扁担，打开原"上膀子花儿"变成"山膀式"平后举；"走"身形不动，右脚向中间虚点步，右手向右腿外指；"这"：右腿往外虚点步，右手指向右腿里；"遭"字音要拖长，右腿吸起，右手在右腿上方顺时针绕两圈，右脚则逆时针绕两圈，最后落在右腿绷脚面落地，右手翻指落右脚前。

至此，四句"定场诗"形体结束。

5. 关于报名、表白

《石秀探庄》"定场诗"结束打击乐用的是"小钹收头"（龙 冬｜<u>大大 大台</u>｜<u>才儿 令才</u>｜<u>乙令 才</u>‖）。"小钹收头"虽然是一个锣鼓，但在京剧程式中，这是表现转折的一个形式。定场诗念完了，下边该怎么样了？在形体身段里是紧张的，茹老师说："一出戏或是一段戏，不能老让观众提着气。'定场诗'表现了人物的气质，需要提气，别的戏里'起霸'也是提着气。我们武戏在这后面就应'自报家门'，观众在这时候也需要松弛一下，所以在'收头'（大锣或者是小钹）我设计了这样的一种松弛身段。"——这里表现了茹老师张弛有度的美学观。这是"弛"的身法，上身配合脚下要显出自然而动为上。《石秀探庄》一剧"定场诗"后"小锣收头"的形体动作是茹老师根据戏不同、人物不同设计的，但是要求我们学会"松弛"法，但不同动作就有所变化。在打击乐的 龙冬｜节奏中先是左手缓持扁担平肩，右手拉开"山膀"，接着打击乐｜<u>大大 大台</u>｜右臂举起，左手持扁担向后下，左腿迈出，打击乐｜才儿 另才｜时右手持扁担向上举，左手掌向后伸；打击乐"另才"右腿撤回；"乙另"变为左手横过边扁担在上，右手掌从上压下扁担；末锣"才‖"时，左脚归左前成"左丁字步"，右手将左手横持扁担上压在胸前位置。这组形体动作如果在"松弛"中合着打击乐的节奏，做到"心一想，归于腰，行于肩，跟于臂"，便会展现出悠然自得的美。

念"俺"时，打击乐紧接"收头"是"丝鞭一击"，嘟才‖我们形体动作在前所述"右手压左手横持扁担上"，随着"嘟"，我们念白的"俺——"随之出口，形体动作是将举在上面的右手压扁担至胸前，打击乐一击"才‖"亮相。这个亮相手脚的姿势已经说过了，身形还是不能脱离"迎左胸脯的'子午式'"。"茹派"的"报名"也很讲究。茹先生说："凡是报名，'姓'时要耷拉眼皮向下看手，'名'时要抬起眼来看观众。石秀是横着扁担在胸前，所以'石'字耷拉眼皮看扁担，'秀'字把眼睛抬起来看观众。"〔见图25：表白"（石）秀"〕"报完名后，随着打击乐的 0才 令｜才一‖双手向外画一小圈落到双手叉腰。""右手的叉腰位置在右胯前。左手持扁担的叉腰有个讲究：首先是卷腕子，然后要求叉四个手指的大关节叉在腰上后一点。因为是'子午式'要求你们迎左胸脯，所以右手叉腰的位置在右胯前一点。"

"另外前面已经讲过了，叉腰时肩膀不能凸出来。那叫'猪蹄爪'。""在双手画圆圈同时上左步，脚下形成'左丁字步'。"先生的示范非常漂亮。这也是一般演员不大讲究的地方。今天分析起来也是我们民族太极美学的体现。双手画圆圈是松弛两个圆，围绕着腰，叉腰有前、后。"子午式"体现着以阴阳合圆。这种圆中有圆的身法透着传统的优雅美。

"表白"是中国戏曲的特点，也是一种程式。它在戏曲中用来交代规定情境，一般包括自己的身世、所处的环境、自己在剧中要去做的事情。

"表白"从表演的语气上说平和的,有一种娓娓道来的感觉。

"表白"和与人交流的"道白"、冲突性"对白"是有区别的。茹先生在课堂上会举一些实例。文戏的"表白"一般只辅助一些手势,而武戏则不同。"我们武戏就要配合形体身段了,形体一动就要求手、眼、身、法、步的配合。""其中眼神很重要,不管什么动作,眼神都要把内心传达出来。"茹先生对"表白"的处理特点首先抓住"张弛有度",实际上这在戏曲表演上就是教我们学会自主调节舞台节奏。

如"奉宋大哥将令,<u>扮作樵夫模样</u>,<u>打探祝家庄地理虚实</u>。呀!迤逦行来,早又是庄门。<u>及畔也</u>!"这段"表白"中,下面没有下画线的都是"松弛"处理,但是"松弛"不等于不安排身段。比如"奉宋大哥将令","奉"是接报名"石秀"(接打击乐"二三锣")双手叉腰后的第一个动作:要求双手松弛地垂落下来,同时右脚抬腿向右前迈半步,松弛走法[见图26]。"宋大哥"三个字,"宋"落右脚,"大"跟左脚落脚为左丁字步,"哥"是左手持扁担,右手张开掌向左前方施拱手礼[见图27]。在学习这个动作时,茹先生在一旁强调"松弛,再松弛",要求"松"出飘逸潇洒之美。"将令"稍微点下头,没有动作;接着"扮作樵夫模样"则是"张"法的处理,形体上幅度大,有一定夸张的规格。"扮作"先是双脚抬起后脚跟,双脚掌右拧右脚向里上一大步,跟左脚再落脚为"左丁字步"(艺诀中"脚不离丁"是也),同时,眼睛由右肩看到持扁担的右手、肘、臂,直到脚下;"樵"字耷拉眼皮,"夫"转正身抬眼看前方,同时右手"握拳夸赞式"举在右前方,"模样"头放松,逆时针绕一圈落在"点头"上,这一绕一点是需要单独练习,也是以后的戏中经常运用的一种松弛程式。

这组动作要表现什么呢?茹先生在文章中说得很清楚:"念到'扮作樵夫模样'时,眼睛不是看手,而是从右肩看到左膀,然后看到脚下,将全身巡视一遍。眼神这样使用的意义在于:一、从表演上来说,石秀检查一下自己樵夫的装束是非常必要的;二、使观众视线随着他

的眼睛集中注意到他的全身，知道他扮的是樵夫；三、这样不但没破坏舞蹈的美，相反还照顾了表演艺术的真实，使其更有说服力。"

接下去"打探"两字，就是"张"法了。右手向右举掌（掌背向外），在右斜上方，左手持扁担在左斜下方，左腿斜上步到右腿前［见图28：表白"打探"］。"祝"时左手向上在胸前与右手要"提枪花"将扁担交右手，"家"时踢右旁腿上步，"庄"变"右弓箭步"，左手接到扁担后向上平举，右手在胸前按掌。眼注视左前方，亮相［见图29："祝家庄"］。后面打击乐起一个"多锣"，我们在这个节奏中左腿旁踢"大带"。［见图30：旁踢大带］

"踢大带"是武生、武小生、武老生都用的一种程式。大带有各种踢法，这里用的是"平踢"，即吸左腿，左脚面下意识地落在大带穗子上端，向左提取去，使大带形成一个左弧形，这就是戏曲身段里面的"俏头"，他用在念白的缝隙当中，既不是故意卖弄，又表现了这种高难度的动作在不经意中就可以表现得很好。

接念"地"时迈右脚向前"趋步"，左手前按掌；［见图31：表白"地~（理）"］"理"时是迈左脚向前右"趋步"，仍是左手前按掌，［见图32：表白"（地）理"］"虚——"要念出一个长音，形体动作是接前面的"趋步"，在舞台上走一个逆时针的大圆场，落在中间偏左后方，走到地方时双手在胸前缓手拉开，同时右腿向斜方跨出与肩齐，面向下场门做好"骑马蹲裆"的准备；"实"字就是这一切动作准备好之后以腰为轴向下一蹲变为"骑马蹲裆式"。"圆场"是把生活中的快走或跑步用意向化夸张、虚拟表现的一种程式，在我们戏曲的形体训练中又是单一门的基本功。茹先生对"圆场"的要求是平、稳、快，要领是：双腿微蹲，意向上腰似坐在足跟，跑时小腿带动大腿，步要适中不可太大。《探庄》的"虚"字是第一次用"圆场"前面两个趋步，是起"范儿"，接圆场时要渐快、腰撑住上身不可晃动。打击乐在"多罗"后接"丝鞭一击" 大巴 大巴 ‖ 嘟嘟：‖ 巴大 ｜ 才0 ‖ 我们

的"实"字要正赶在一击的"才"上。接着是打击乐"小钹叫头"，石秀的形体动作是在打击乐"叫头"小钹的第二、三锣面向下场一看两看，动作是随眼看变左右"弓箭步"［见图33："虚实"向下场门看］，头向左、右两看后头归中念"呀"，在打击乐"小钹五击"<u>大台 | 才台 | 才台 | 才 0 ‖</u>"的节奏中，向外拧身上左步，同时缓持扁担交左手，右手叉腰，亮相；接念"迤逦行来，早又"这几个字形体不变，在"是"字时，撤右脚持扁担的左手斜上举，右手向下伸出掌，左腿前"点脚"，在"庄"字上，下跨右腿、上身左手起"大刀花"，同时左转身向下场门，双腿与肩平，右手做指前准备动作，念"门"时，双腿一蹲，变面向下场门的"骑马蹲裆式"，右手指出；紧接着念"及畔也——"，"及"字，持扁担的左手向左斜下指，右手叉腰，同时旁吸右腿（凡是吸腿的要求：大腿要紧靠上身，小腿要紧贴大腿，脚面尽量绷直）。"畔"字时的形体动作是右脚落地，同时向外跨左腿，持扁担的左手随着左跨腿向外一个迎面盖"皮猴花"，此时身形已经转向舞台的右前方；接念"也——"字，出口要拖长音（这是戏曲念白中另一种程式——"叫板式"的念白），在形体上并不复杂，左腿向左前方跨一步，右腿跟上成"左丁字步"，持扁担的左手由右下方缓，指向左前方，眼看右手，右手由下往上大缓成"推天掌"，落音时由看右手慢变脸，看左前方，亮相［见图34：叫板白"（及畔）也"］。

接着打击乐起"小钹帽子头"<u>大台 | 才 另另才 | 才 才 ‖</u>，形体动作则随着打击乐的节奏，"大台"右手叉腰，别右腿（"别腿"也是戏曲动作的程式，艺诀说"别腿不过膝"）。"才"持扁担的左手"上膀子花"，同时跨左腿转身；打击乐"另另才"时右手在转身中接过扁担平举，此时眼随着耍花看右手；打击乐"才 才"左腿盘起，左手胸前指，末锣时变脸看左前方，"金鸡独立"亮相。凡"金鸡独立式"下腿要站直，要领：五脚趾抓地保稳。此时的位置应站"九龙口"往台中心一点，面向右前方。

(三)唱【新水令】

1.第一句"前来庄上探踪迹"

"前来"保持"金鸡独立式"不变,脸看下场门直对的舞台前方的方向,头微点,眼神透出自信。接下来打击乐起"二三锣",第一锣"才"的形体动作是左脚落在右前方,同时右手横扁担左手虎口向上接住扁担,与右手形成直线,双手持扁担拉到与肩宽的距离。打击乐的"大才"时,动作是盘左腿跨右腿向左转身,面向后,在上场门台口亮"骑马蹲裆式",双手持扁担在左胯上方亮住。"庄"是一个长一点的腔,形体动作是:"庄"开始即旁吸左腿,注意由"撑住腰""未曾动左先动右"的用法,行动的时候首先应当左拧腰,"行肩跟臂",左扁担头就自然会沿左身逆转一圈,右扁担头很自然地顺时针转一圈。然后是起身吸腿,也是腰先用力带起来,"庄"的腔是长腔("新水令"本身是散曲,腔的长度可以自由些),形体身段是由上场门台口一个弧形圆场走到下场门偏后倒左步、出右腿、双手拉开唱"上",正好落在面向下场门亮"骑马蹲裆式"。"茹派"的这组动作完全遵循着"大圆套小圆""八卦圆"的中国美学观念,动作不多、不复杂,做好了一定是唯美的。

接下来唱"探踪迹"的"探"字,形体动作是左脚上到右脚的前面,右腿别在左腿后。双手逆时针缓一圈,左手扁担指下场门,右手手心向上指下场门,"踪"字吸右腿,左手扁担指下场门不动,右手外缓半圆,"迹"落右腿变"前弓后箭式",左手背扁担、右手指舞台右前方。[见图35:唱【新水令】"(探踪)迹"]所谓的"指"并不是直指右前方,而是右手臂圈圆的"指",重要的是眼神要看右前方,释放出心中所想的"我一定能够完成这次任务"。注意右手臂圈圆的"指"和眼神里表达的内心方向一致恰恰是艺诀中说的"是指不许指,先看后指"。我们如果按照前面所说的要求,把这一句的身段形体做到位,是可以看出戏曲的形体确实是中国传统美学舞台上的体现。

第一句后进打击乐"小钹二三锣",第一击"才"收右腿上步到左脚左前方,左转身。打击乐"大"时左手的扁担交右手,眼随左手转身。打击乐末锣"才"左手拉开山膀,眼由左手掌变向中间,脚下是"右丁字步"。

2. 第二句"变形容,芒鞋箬笠"

"变"字是右手要"提枪花"交左手,左腿"跨腿"接右腿"跨腿",右手由上往下划弹右腿,右腿要配合一弹,然后上步成"右弓箭步"。接唱"形容"时身形不动。只突出这一个动作:手心朝上掌在胸前,这个掌法首先是大拇指和四指分开,后是食指中指无名指并拢,小指向后再与三指分开,手掌向着面部。[见图36:唱【新水令】"(变)形容"]

随着"形容"的腔有四次上下慢抖掌,头微低、面微笑,用眼睛看着手掌,透出自己改扮成为樵夫而得意的眼神,唱的尾音,面带笑容抬起头来,面向观众。[见图37:唱【新水令】"变形容"落音亮]

这个动作虽然简单,却是"茹派"特有的。首先是这个掌法很特别,又很讲究,是一种儒雅气质的"掌";其次和头部、眼神的配合,为武生、武小生表演上面部的微笑打了一个很好的基础。这是解决武生行当中一些演员面部表情不分喜、怒、哀、乐的最好设计。前辈艺术家始终反对"死脸子"。清代黄旛绰在《梨园原》一书"艺病十种"提出"凡演戏之时,面目上须分出喜、怒、哀、乐等状"。茹先生对此十分重视。所以,在《石秀探庄》第一场"新水令"的"变形容"还有后面台词"有何不可!"两处都要求面带笑容,这真是一个面部表演训练的基础。其他剧目中,较难找出有这样面部表情的训练,可见京剧的前辈业内专家公推"开蒙戏"取《石秀探庄》的道理。这也可以称是"武戏文唱"的基础。然而,我看过较粗俗的"路子",这几次面部表情的变化和"笑"的表现全省略了,遗憾!

接下去唱"芒鞋箬笠",在唱完"变形容",打击乐有两鼓楗子"大 大",第一个"大"收左后腿立于中央,第二个"大"持扁担的左手与肩平(注意:凡持扁担与肩平的手背必须朝前,忌端肩。后同上述),右手举过头顶"握拳夸赞式"(大拇指指自己头),右腿盘腿"金鸡独立式"亮住,唱"芒鞋"时右腿盘腿横向右悬空划向左腿后"别腿上扬式"[见图38:唱【新水令】唱"芒鞋"落音姿势],右手顺左胸下划再举右头上方变为指,指左腿后的右腿靴底方向。

接唱"箬笠"时,向左腿后"别腿上扬式"的右腿从原路仍然回到右前面的"盘腿式",右手仍顺左胸下划再举右头上方变为"握拳夸赞式"[见图39:唱【新水令】唱"箬笠"落音姿势](大拇指指自己头上方)。

后接着打击乐"小钹二三锣",第一击"才"右腿在身后落地,左腿退半步,右腿再退半步,同时在"大才"时双手顺时针缓一圈持扁担的左手平背身后,右手拉开山膀,脚下撇成"左丁字步"。

3. 第三句"龙潭何足惧"

"龙"字,自右脚起往后撤三步变成左盘腿,同时双手合抱在胸前,持扁担的左手在里,右手掌在外,"龙"字唱出口,这个身段就要到位。"龙"字唱腔有两个"擞音",我们的形体动作是向前冲五小步,唱到"潭"字,这是一个终止"擞音"的顿音,形体是手脚同时动作落在"潭"的顿音,脚下"垫步"左脚着地,右腿后悬起变"探海式",双手由下往上缓至胸前推出,左手在前扁担持平,右手在后"推掌式"。[见图40:唱【新水令】"(龙)潭"]

这个顿音是戏曲叫打击乐的程式。接下来打击乐起"小钹五击":<u>0 大</u> | <u>才台 才台</u> | <u>另 才</u> ‖,形体动作是:"0 大"形体保持"探海式"姿势,第一个"| 才台"双手要一个"提枪花"将扁担交于左手,左手接扁担"上膀子花",同时跨左腿,领身体向后转。右手叉腰,转身向后,第二个"才台 |"左手将扁担交付右手,继续上左腿身体转向

正面，右手持扁担伸平、左手变掌式伸平，双手逆时针大换手，打击乐"才‖"（底锣）右手持扁担右上举，左手在胸前"猴栗子式"（攥拳中指关节突出半寸为"猴栗子式"）。身形右侧式，脚下"左丁字步点脚"眼神看前双眉梢挑起。[见图41：唱【新水令】"龙潭"后"小钹五击"的亮相]

唱"何足"时没有形体动作，只靠眼神释放出"龙潭我不怕"的英雄心理，唱"惧"时形体仍然不动，只是头顺时针晃一圈后点头，表示自信。后打击乐"小钹二击"形体仍然不动，但在打击乐中双眼要再睁一下看准方向，再次拢神表示英雄气概。

4. 第四句"虎穴漫须提"

"虎穴"的"虎"字后面有一个"圆擞"，我们形体上"虎"字一出口手就开始耍三个"大刀花"，唱"穴"字又是一个顿音，"大刀花"正好停住交到右手，落在"穴"字上，同时叫起打击乐"镲锅五击"——大｜才台 才台｜另｜才‖。起鼓楗子"大"我们形体上伸出右手让扁担竖立，同时伸出右腿在扁担右边，用小腿肚子向左"磕"，身体同时左转向后，双手摆平"山膀"，打击乐第一个"才台"时我们面向后抬头，在上面平耍一个"提枪花"将扁担交于左手，同时上右步右转身，接着打击乐第二个"才台"时左手平背扁担指左前方，打击乐"另"是右膀子逆时针大缓，缓时眼要随右手运动，在右上方定位，举过头攥"握拳夸赞式"（大拇指指自己头），打击乐末锣"才"时是我们形体动作都到位后变脸，眼神方向为左前方，表现心里对虎穴的蔑视。[见图42：唱【新水令】"虎穴"后"五击头"亮相]

下面唱"漫须提"时第一个字形体不动"须"字腔有三个"擞"，在第三个"擞"时右腿跨盘腿，右手由前划右腿到后。唱"提"时形体动作同时踢左腿，双手同时合于胸前，左手持扁担在外，右手掌在内，配合踢腿，双手往外推。紧接着左手放手左边叉腰，左臂背扁担，右手抄大带翻穗提在右边。打击乐接"小钹叫头"八大｜倾才｜匡

匝 | 匝匝 | 才才 | 令才 ‖。

（四）念夹白

这是唱后的夹白："且住，我虽然扮作樵夫模样，只是未曾担着柴薪，这、这、这、这、这、这便怎么处？……哎呀妙啊！看前面有户人家，将门半掩半开，院内有柴，买它几捆，混进庄去，有何不可？"

这段戏茹先生在文章中是有叙述的，由于不是谱式性记录，难操作一些，大家可以看后面的"附1"。

对于实际的身段、谱式，茹先生的讲究有很多。

在前面【新水令】第四句末尾是拉开山膀。

拉开"山膀"时打击乐起"小钹叫头"——<u>八大 | 另 才 | 匝 匝 | 匝匝 | 才 才 | 另才 ‖</u>。我们的动作在打击乐"<u>八大 | 另才</u>"时上左步变"左丁字步"，同时右手从内搂大带翻大带，注意，搂大带翻大带时眼神要看手和大带。然后看正中［见图43：唱【新水令】后接"叫头"］，随着打击乐镲锅"匝 匝 匝"，双眼往左一看［见图44：唱【新水令】，后接"叫头"］，往右一看，然后眼神归中间，念"且住"，随着打击乐"才 才 | 另 才 ‖"，形体动作上是往正前方扔大带。跟着往前迈一左步变成左丁字步身左侧的"子午式"，迎左胸脯站好。

"我虽然"三个字不动，"扮作樵夫模样"中"扮作"两个字时，上左腿，持扁担的左臂由上盖下，右手套拉下来，眼睛由右肩膀看到右脚尖，此时的身体转向右侧。"樵"字右手快提起，在草帽圈上面的方向，右手拳变作"夸赞拳式"，大拇哥指草帽圈的方向，同时左脚归右脚中间变丁字步，"夫"字，变脸看正前，持扁担的左手仍回原持扁担的位置叉腰。这里有一个力度，"樵夫"要同时拎起来。后接念"模样"，略点头，以腰为轴，下蹲，成为"左点脚步式"。［见图45：表白"（扮作）樵夫模样"］

这里需要讲一下，这段夹白是整个一组形体动作组成的，其中对每个形体动作的规格茹先生是要求很严格的，因为要表现石秀突然发现自己只扮作了樵夫，但是扁担上没有柴的场景。一个接一个的动作把石秀的心情表现出来，同时，把单人表演的动作气氛（就是我们现在讲的内心冲突）做推向高潮的准备。但在我们舞台上，每一下动作都不可以乱了程序，所以在打基础的过程中"一招一式"非常重要。茹先生说"我们不能在表现一个动作和心理的时候，眉毛胡子一把抓"就是这个意思。

后接念白"模样"就是在这个姿势上点头，表示一个聪明人怎么会在这么重要的事情上忘了这么重要的环节呢。下边接念"只是未曾担着柴薪"，念"只是"时上左步跟右步开始摇头，这个摇头由慢渐快，再念"未曾"时要摇得紧一些收住，表现内心的着急。"担着"俩字，把持扁担的左手举在面前，扁担是横向拿着，同时上右步，右手指伸向舞台的左前方，指的方向是扁担两头。[见图46：表白"未曾担着柴薪"]。

下面是感到自己很粗心，念"这"，撤右腿变左丁字步，身向左前方，双手向上一翻，然后双手落到左右侧两腿的前方，脚下是左丁字步点脚式。[见图47：表白"这"]接着再念第二个"这"时，上左步跟右步，变成右丁字步点脚式，身体的方向已然转向右侧，双手仍然重复前面的动作，双手一翻，向下，放到左右侧两腿的前方。念第三个"这"字时重复第一个"这"字的动作，脚下倒成左丁字步点脚式，身向左前方，双手仍然重复前边的动作，下面接着念"这这这……"，此时身体向左侧，先摇头表示内心"哎呀，怎么办呢"？下面持扁担的左手和向右手随着"这这这这便"四个"这"和一个"便"双抖手五次。这个抖手不是频率快的那种抖手，我们准确地说是"抖腕子"。上下抖腕子，按照茹先生的要求，实际上是四步的圆场跟左步，边念边走是有节奏的。"这、这、这这便"，一、二、三、四、五，"便"字正好落在最后的"跟左脚"上，形成右丁字步，面向上场门，双手落

于腿两旁。这种在念的过程中有节奏的走,是打基础的一个重要规格,以后在戏曲其他干牌子念白时都有配合脚下的行动。

下边接着念"怎么处",这三个字也要念出节奏来,念"怎"的时候双手由外向上举托扁担式,脚下是左腿稍弹起落地,同时右腿小别步。念"么"的时候,右腿落地与肩同宽,双手同时拉开。念"处"的时候同时往下一蹲变"骑马蹲裆式"。接着是打击乐紧"小钹叫头"——另 才│匡匡│匡匡│才 才│另 才‖,第一个"匡"我们不动,第二个"匡"左望,第三个"匡"右望,望的方向是上场门。在第四个"匡"上,头归正,高兴地念出"哎呀妙啊",然后打击乐是"才 才 另 才"。我们身段是向台中转身,向台中心上左步,跟右步脚下成"左丁字步",左手的扁担同时叉在腰上,面向观众,右手握拳式,右拳在右腰旁一尺,这个相亮的也是子午式,身微右侧迎左胸脯。接念"看那旁有户人家",念"看那旁"时,同时上左步,右手举过头顶,握拳夸赞式,手心向内,大拇指向后指;[见图48:表白"看那旁"]"有户人家"没有动作,只是用眼睛跟观众说话,念"有户人家"时微微点头。再念到"将门"时右脚后撤小半步,同时双手下垂。念到"半掩"时撤左步,变成"左脚点脚丁字步",双手由外向里合拢在面前一尺左右,持扁担的左手在里,右手在外护掌,此时的脸甩在右方。[见图49:表白"(将门)半掩"]下面接念"半开"身形不动,双手打开,脸向前方,打开的姿势也是子午式。[见图50:表白"(半掩)半开"]接着念"院内有柴",此时上左步跟右步,成左丁字步同时右手逆时针转一小圈往前举过头顶,手势是"夸赞握拳式",大拇指向后。接念"买它几捆"时右手放下叉腰,没有动作。念到"混进"的"进"字时,左手举起扁担,左脚在左前方,右手向后伸,同时向左前方迈右脚,吸左腿落地变"左前弓后箭式",方向是向左前方,双手一个"大刀花"交叉。右脚先着地,左脚接着落地,变成"骑马蹲裆式",右手是一个"提溜拳"式,念到"去"时,右拳下砸落到胸前一尺左右。下面接"有何"这两个字时有一个"抄大带"的戏曲程式。所谓抄大带,即大带在前弓后箭时直垂于地,我们略哈腰蹲,用手直接握住穗子,往外一翻,随翻随撤左步站起来,变成左丁字步。这组动作要落在"何"的结尾音上,下面就是念"不可"两个字。

注意,"不可"两字又有茹派的一个特殊动作。"不"时,双眼向下耷拉看鼻子,然后往上翻眼皮,看观众,笑,摇头,再念"可"字,而且"可"字是边念边摇头的［见图51:表白"(有何不)可"］,这个"可"字念得要长,是叫板性台词。后面打击乐接"归位"——<u>大台</u>｜才｜<u>嘟另另</u>｜才 才｜才一‖。我们的形体动作是在"大台"时把大带从里向外翻着扔出,第一个"才"左手把扁担竖过来,左手虎口在下,右手虎口向下抓住扁担上端,打击乐进"<u>嘟另另</u>｜才"的时候,双手攥着扁担拉开距离,相当于一肩宽,接着向右面方向直吸左腿,同时,左手握住扁担头的方向有一个逆时针的贴身圆圈,左边是逆时针,右边的扁担必然是顺时针,也是贴身一个圆圈,同时跨右腿向里转,转到台口,面向下场门的方向。末锣"才"右腿落地,变成"骑马蹲裆式",上身平端扁担于左侧。

(五)接唱【新水令】

"看门户寂寂"是接唱的前一句。"看"字唱出口不要动,它有两个"嗖腔"。我们的身形是先向左一晃,然后蹬起来,右腿独立,左腿旁吸腿。然后是"看"字的拖腔,这个拖腔内我们左脚先着地,走一个顺时针的小小的圆场,落到上场门九龙口,面向内双手拉开,下面仍是"骑马蹲裆式"。接唱"门户寂寂",打击乐是入"｜才才｜另才｜",正好配合"门-户-寂-寂",我们的形体动作"门"向左变前弓后箭式,"户"向右变前弓后箭式。唱到"寂"的时候,我们的动作仍像前面接扁担一样,右手先把扁担持在中央,虎口向上攥住扁担,右手高举,左手在下方,同时盘左腿,脸向左前方。注意,此时腰里

一定要撑住劲，因为下面要转。转的要领是左腿先落地，腰带着上身，跨右腿向左转，转三圈，左腿在下微微跳动。此时打击乐是"撕边"大八 大八 ‖：嘟—｜嘟—：｜，"门户寂寂"时，我们转到舞台中心，面向后，在"撕边"的过程中双手持好扁担，先抬头下腰，扁担随后下，在扁担举过头将着地面时有"三抻腰"。小时候演这出戏时，一定要"下腰"向观众表示演员的基础腰功。下腰时双拳是手背朝前攥住扁担的。下腰起来之后打击乐进"巴大｜才—‖"，在"巴"上，我们上左步"大"时上右步，左手掂扁担横在腰前，变成手心向上抓住扁担尾。同时上右腿，变右前弓后箭式，右手手背朝上把扁担放到右方的前上方；在打击乐"巴 大 才"的"才"上，脸甩向观众亮相。

下边接着打击乐是"小钹冲头"：<u>大大 大台</u>｜才 <u>大台</u>｜：<u>才台</u> 才台：｜<u>才七 龙</u>｜才 0‖：<u>才台</u> <u>才台</u>：‖……我们的形体动作在"嘟－大大大"时往后衬一下，然后再往前跟上左腿，此时面向上场门。三跨腿，要领就是我们前面讲过的跨毛。前面三跨腿都在锣鼓里。"嘟－大大大台－才"站起来，"大台"跨右腿，"<u>才</u>"落地，"台"跨左腿，"<u>台</u>"落地，"台"再跨右腿，这是第三腿——右腿伸出伸直，稍停顿，再盘右腿。然后身稍向前倾身，下场。

下场后，两扁担头夹住两捆道具柴立刻上场。茹先生讲："石秀复上时，空着的扁担两端，安放了两束很小的特制柴禾（道具），出场行不几步，就是一个小趔步，两脚成骑马式，左肩上的担子向下颠颤了几下，表示出这担柴很有分量，做出与空着的扁担不同的感觉。当他唱完'好叫俺深入敌地'时，看看肩上的柴担，身上的衣着，感到自己俨然像个樵夫了，可以混进庄去，便大声吆唤一声'卖柴'，从容而下，表现他坦然地向着祝家庄走去。"这里茹先生讲得比较概括，在实际教学中，讲究是很多的。

再上的时候，扁担的前后加上了两捆柴（道具），我们右肩担柴，右手攥扁担中间，左手护右手，踩打击乐"小钹冲头"的节奏，没有动作。走出台帘三四步的时候，把右肩的扁担经过头顶掂到左肩膀，此时注意要先将左脚迈到和肩同齐的地方变"骑马蹲裆式"，同时扁担掂到左肩膀时要衬两衬。[见图52：再上场"担柴式"（两边应有柴）]

然后，打击乐会开"帽子头"，我们接唱"好让俺混入敌地"。唱"好"字时，扁担前面要画一个顺时针的圈，旁吸左腿[见图53：担柴唱【新水令】"好"]，然后唱"让"出左腿跟右腿，顺时针在舞台上做一个弧度的反圆场，走到上场门台口。"让"的收音时，右手要举过头顶，这个姿势要亮住。[见图54：担柴唱【新水令】"让"尾音]接着唱"俺"时往后拉山膀，五步把山膀拉开，这个姿势也要停顿一下[见图55：担柴唱【新水令】"俺"尾音]，打击乐接"小钹五击"大 ｜才 台 ｜才 台 ｜另 才 ‖。"大"时跨右腿右手外缓，在下方正好和右胯腿相划过，然后第一锣要踢左腿，左腿落地接左趋步向前，正好打击乐的第二个"才 台"时，一个小蹦子，盘右腿，面向观众，左手持扁担，右手掌在身的左侧。末锣"才"的时候右腿落地，变"右前弓后箭式"，持护扁担的双手分开变成山膀式，眼睛要看偏下方。这种眼睛的使法，茹富兰先生是有讲究的，能表现人物的气势（也就是石秀的心理——"我一切准备好了，来吧"）[见图56：担柴唱【新水令】"好让俺"后"小钹五击"亮相]。接着，盯准了前下方，唱"混入"没有身段，"混入"之后打击乐有一个"小钹丝鞭一击"嘟……巴拉 ｜另 才 ‖。这个打击乐中，起"嘟"，我们还是腰先动，腰往后领，右手护左肩的扁担，有一个逆时针的圆圈，扁担仍在左肩。在扁担画圆的时候，左腿在右腿后有一别步，然后归回，和右脚成"右丁字步"，脸随着扁担也顺时针有一小圈，落在左面，此时全身要往上一拎，节奏正好是打击乐的"另"，然后随着打击乐的"才"全身往下一蹲，脚下变成"右丁字点脚"变脸到右前方，右手掌护住持扁担的左手亮相。

接唱"敌地"，形体是向看的方向指，"指法"要"先看后指"。

"敌"字右手掌放到胸前,落到腰前半尺即可,掌已经变成指前的准备动作,即无名指、小拇指和大拇指圈起,中指和食指半屈,眼神先看右前方,接着将右臂向后有一小小圆圈,眼神同时转向左前方稍收敛。在"敌"腔的落音上,右手仍落腰前半尺,眼神再看右前方,接唱"地"时,眼神要一收敛一放神,右手腕虎口朝上,压两压再指出[见图57:担柴唱【新水令】"(混入)敌地"尾],注意"指出"不是直指眼神盯的方向,而是右膀臂圈圆的指法,这就是"艺诀"中所说"是指不许指"的虚拟之美。

接着念"卖柴",念到"柴"时要点点头,面带微笑[见图58:念白"卖柴"]。这时候是一种自豪的心理,"我一切准备好了,进庄吧,没有什么顾虑"。下面起打击乐"小钹冲头"是"嘟-大大大台-才-大台-才才才才",形体动作是右手拉开山膀,同时收回左脚,变成左脚丁字步。接着右手往中间缓,同时跨左腿,左腿落地上前一步,右手在拉开时跨右腿,右腿落地上前一步,右手再往中间缓,到胸前时左腿抬起,先不要跨,等小钹收"才才才才七咙才"时,左脚同时盘腿,右手扶前边的扁担变成一个亮相,然后"才才才才……"圆场下,第一场结束。

二、第二场谱式

茹先生对第二场也有论述:"第二段表演,是从石秀进庄碰见杨林到见钟离老以前止。在这段戏里,石秀虽然仍按武生的气度表演,但这时他已经进了祝家庄。作为一个侦察员,他必须时刻谨慎,随时注意观察判断周围环境的变化。所以,在这一段动作中,不独要表现石秀的英勇、果敢,还要表现出他的高度机警,以及敏锐观察和判断事物的能力。"具体如下:

（一）上场

前边是杨林见祝小三的戏，祝小三下时石秀就要候场了。候场时，我们站在第三道帘幕后，右肩担扁担，右手持扁担，左手掌圈圆护扁担。护扁担双手要圈圆与肩平，面对下场门，左丁字步站好。

当杨林念完"那还了得！"打击乐起两鼓楗子"多 多"时我们上场：右肩担柴上场门上，走三步即转身面向观众，杨林唱【步步娇】"俺应变"时石秀向前两望，"要随机"的"要"字石秀"别左腿"沿左边沿幕前走五步到台口，因为到庄门要再巡视一下，听杨林唱到"有谁人"必须走到位，到"识破"时石秀往台中心先右步后左步"倒步"两步，同时把扁担由上倒到左肩旁吸右腿，右手掌带右膀子顺时针缓一圈子。杨林接唱"我是真——"（要和石秀说话），石秀正好把缓过来的右手放在扁担上面阻止杨林（正好落在"真"字上）［见图59：第二场阻止杨林说话］。这时手掌要微微摇动，眼神看着杨林微微摇头，内心的潜台词是"千万不能说话"，左腿独立要站稳，接着右腿落右斜方向呈右弓箭步，同时，脸甩到右方警觉地往右往左看两眼。这个动作是在杨林唱"奸细"这两个字时做的，接着杨林也醒悟过来，唱完【步步娇】下场了。

这里茹先生也有论述："杨林唱到'俺应变要随机，有谁人识破我是真奸细'时，恰好此时石秀破门而入（注：应为破庄门），一眼瞥见杨林。杨林忘记自己的身份和所处的环境，急欲开口与石秀说话，而细心警惕的石秀感到情况不妙，心里一惊，暗示杨林千万别理他。为了突出这段表演，石秀脸上的动作是急吸气、张嘴、瞪眼、摇头，然后将脸侧过杨林，向左瞟了一眼，装作没瞧见，互不相识的样子。与此同时，右手隐在怀里微微摆动，暗示杨林'你快走，别理我'。因而唤起杨林的警惕，张着的嘴忙闭上，微微点头表示已懂了石秀的意思。这是没有一句话而又转瞬即逝的表演动作，如果不注意刻画，就不足以表现出石秀的机警灵活和杨林的粗心大意两种迥然不同的性格。"

（二）唱【折桂令】

石秀接唱【折桂令】第一句"进庄门道路周折"。

【折桂令】前有一板鼓"扎"，我们的形体动作是右手拉开山膀，同时拧右腿变身为"左丁字步"，落在"扎"上。接唱"进庄门"，形体动作是"三跨腿"（左、右、左），唱"道路"时是半个小弧度逆时针小圆场，走到上场门台口，唱"周"时面向舞台右侧台口，右手由下逆时针圆缓到头部上方，脚下左腿别在右腿后，唱"折"时往后退四步跟半步变"左丁字步"，边退右手边拉开山膀，左手持扁担不动仍要与肩平。

第二句"走巷穿街脚步蹀躞"。

茹先生也有论述："石秀在唱到'走巷穿街'时的动作是：左肩扛着柴担，急向右偏身趋右步，眼睛向右一瞟，接着是向左偏身趋左步，向左瞟一眼。这个动作中，要表现出石秀进庄后，东张西望注意观察环境的心情。"

"走巷穿街"迈左腿趋步，同时双手扶扁担由下举到胸前，拧身向左看［见图60：第二场：唱【折桂令】"走巷"］，接唱"穿街"形体不动，上右步，拧身向右看［见图61：第二场：唱【折桂令】"穿街"］。接唱"脚步蹀躞"，唱"脚步"跨右腿，踢左腿，左腿落地小"趋步"变右丁字步，上身左膀担扁担，右手掌护左拳，脸向右方；唱"蹀躞"，形体动作是右手下指里，右腿向外，右手下指外，右腿向里，接着吸起右腿，右手指顺时针绕两圈，右脚逆时针转两圈，在"躞"字上，右脚平伸点地，右手指翻过来掌心向上指右脚前方［见图62：第二场：唱【折桂令】"（脚步）蹀躞"］。接唱"早又是"，唱"早"时，右手顺时针转一大圈，左手持扁担随右手缓，右手护在左手上，脚下向左方上右步，左步向前上步变"左前弓后箭式"，方向是正对左前方［见图63：第二场：唱【折桂令】"早又是红日"］。接唱"西斜"

将扁担横换右肩，右手翻上接过扁担同时别右腿，向里踢左腿，左手护右手，此时身体已经转向下场的方向，唱"斜"字时左手回指下场门台口方向［见图64：第二场：唱【折桂令】"西斜"］。接唱"并无个……"，形体动作是左腿向上场门台口方向迈步、小"趋步"，跨右腿，全身向右后转，方向向下场门，扁担换到左肩，下身"骑马蹲裆式"。接唱"音耗消息"，我们的形体动作"行肩跟臂"起扁担头先有一个顺时针小圆圈，然后吸起左腿，往台中心走一个逆时针弧形小圆场，右手拉开山膀，从腰中间抄起大带，逆时针转大带穗一圈，正好落在"消息"的"息"字的字头上［见图65：第二场：唱【折桂令】"消息"］。

（三）夹白1

唱完"消息"的"息"。亮相时左手持扁担横在左肩，右手持大带穗在右胯前，脚下是左丁字步，眼望前，子午式亮相。接着在"叫头"八大｜倾才‖：匡匡‖才才｜另才‖中的"才、才"两锣是左上、右上看两眼，眼睛归中念"且住"，"叫头"收住。我们的身段是：右手放在腰前由内向外扔大带，扔出去的同时上左步跟右步变左丁字步。然后，右手向外缓一小圈叉腰。注意，这个子午式要迎左胸脯，收右胸脯。

接念"我虽然进得庄来"这一句没有动作，是交代性的，眼神可以略放松。接下来是"看家家关门，处处闭户"，这个"看"字是强调的字，所以在形体上是右拧身眼看右，上右半步，跟左脚，仍变成左丁字步。在右拧身时，上身拉右山膀，拉开右山膀时，眼已经从右方看到中间。接念"家家关门"时手心向前的推掌，眼神是看前边的，在"闭户"两字上右掌变为手心朝后，脸则在手掌后向右方。接着念"并不曾提起冲锋打仗之事"，"并不曾"是左脚上前半步摇头，右手叉腰，"提起"两个字不动，"冲锋"两字形体处理是抬起右手，手心朝上用手背往下弹右腿，右腿趱步，左腿跟到前方变成弓箭步，此时的身形是面向右前方,接念"打仗之事"这两个字时右手在胸前变成拳的动作。下面打击乐是"匝 匝 匝"三鼓板,前两"匝"时左看右看,然后看到中间举起右拳同时往下一砸念"哎",后边打击乐"小钹三击",我们站起仍归回左腿站左丁字步,站起身右手叉腰。关于这段表演,茹老师也有论述:"面临着这种对侦察不利的境况,石秀皱起眉头,向两旁望了一下,无奈地叹了一口气,'哎!'随着'哎!'字急向下甩右手。这一小小的动作要表达出石秀的焦急、烦恼和矛盾的心理。他接受探庄命令时,并未料到祝家庄的环境是如此难侦察。如果完不成任务将如何回去见宋大哥?所以下面用'哦呵,枉了俺夸口饶舌,走空回有甚脸色'唱词抒发他的情绪。"(可以参看"附录1")

接念"俺此番前来"。"俺"字右手横在胸前变握拳夸赞式,拇指冲着自己的胸口,这个姿势保持到"此番前来"念完。接念"若不能"时摇头。接念"成功呵",念"成"字,举起右手掌心向上,右腿同时跨腿,右手往下拍右腿,念"功"字时,右手手心由下往上有一个"提溜拳",左腿落到右腿前侧方变骑马蹲裆式,念"呵"字时正好是右拳放在胸前方,[见图66:二场夹白"成功呵"]下面紧接着念"哦呵"。[见图67:第二场叫板白:"哦呵~"]这个动作也是"茹派"的专门动作,即在"骑马蹲裆式"的基础上,双腿不离地往内同时收,右脚收在前面,左脚收在后面,形成类似别步的正蹲式。"哦呵"也是京昆里边叫板的一种程式。

(四)接唱【折桂令】

"枉了俺夸口饶舌"。"枉了俺"时右手变成掌,边点三下边向右边撑开,掌心朝上,同时往后退三步,右手与右肩平,右手从中间三抖手,手心向上,边退边与右肩持平,接唱"夸口","夸"字抬起右手,同时跨右腿,右手从上滑过,拉开山膀,接着盘左腿,右手掌在下逆时针在上绕手腕指嘴,唱"口"时,右手保持指的手法。然后左腿落地右手向内逆时针方向转一小圈,接唱"饶舌",此时盘右腿,右手手心朝外指嘴。[见图68:第二场接唱【折桂令】"饶舌~"]接着唱"走空回有甚脸色"。"走空回"形体身段是左腿落地走一逆时针弧形圆场到舞台中央,唱到"有甚脸色"的"有"字时已经站在台中央,"甚"字时扁担横在肩上由左肩换到右肩,唱"脸色"的"脸"面向上场门斜向跨右腿、向里踢左腿,唱"色"字时,左腿踢完后落在前面,右腿则别在后面形成腿的一个别步,左臂则是圆圆地缓一个逆时针的圆圈,左掌掌心护右脸颊,落在右边的脸下一点[见图69:第二场接唱【折桂令】"有甚脸色~"]。

(五)夹白2

对这一段表演茹老师也有论述:"当唱到'有甚脸色'时,蓦地向远处天边望了一眼。这一望非同一般,应像是已经燃着的灯光。因受了震荡,几乎要灭,但又立即放出更强烈的光芒一样。因为石秀只顾发愁,盘桓半日没弄到一点情况,不觉现在已时近黄昏,这一眼看到日已落去,夜幕将要降临,心情愕然一惊。这一惊,是通过眼神的一亮来表达的。这时石秀所以一惊,是进庄半天没碰上一个人影,就连一只猫狗都没遇见。天又要黑下来,他预感到这种情况极为不利,便立即决定'看天时不早,不免寻找旧路而回,明日再来打听便了'。念到'寻找旧路而回'时,右手在腹下切动三掌,这时眼睛不是看手,手做动作,眼睛要向远处探索,从急切搜索的目光中,要表现出他在焦急地寻路而回。"具体如下:

下面是打击乐"大 大 | 大 大大依 | 才",在这个锣鼓中,还是把扁担从后肩由右肩交给左肩,上左步,右手叉腰,收住亮相。之后接着念:"看天色不早,俺不免寻找",不用身段,"寻找"的时候右手翻掌,从右前方往中间有四个压腕子:"旧、路、而、回"。[见图70:第二场白"(寻找旧路)而回~"]

然后念"明日再来",右手仍然叉腰。念到"打探",左腿向右方盘腿,念"便了"时,左腿落在右前方,右腿跨腿转身落后方,方向向着下场门,变"骑马蹲裆单担柴式"。

(六)接唱【折桂令】

"我且趁早回归,再作端的。"着力点从腰起,顺时针画一小圈儿扁担,旁吸左腿迈出,向台中心走一个逆时针弧度的圆场。唱到"再"字时已经走到台中心稍偏左侧地方,身子和脸面向前方。唱"再作"的同时跨左腿踢右腿,打击乐有两下鼓楗子"大 大"。我们随着这节奏,扁担横在肩膀上,拧向左"起范"唱"端的"的时候撑住腰,跨左腿平转,要求平转两圈,正好落在"的"字上,此刻再背向观众,面向后方。

(七)【折桂令】后念白

紧接着是打击乐两个"撕边小钹一击""嘟……｜大大｜大大｜才一｜,嘟……大大 大大｜才一‖"。第一个撕边一击时我们是向左弓箭步,看地下;第二个"小钹一击"快变向右弓箭步看地下,然后举起右手(左手扶扁担持肩),上右步左转身,面向观众抬右手念"哎呀且住";[见图71:第二场白:"哎呀且住～"]打击乐接一个"才才另才",我们上右步拧右脚跟,转向观众归左步,脚下左丁字步右手叉腰。

对这一段念白茹先生有论述:"'走了半日还在此地'开始深思,表现在面部的动作:先吸一口气,两眼向上看眉毛尖,然后耷拉眼皮,垂眼看鼻尖,眼睛眨动了两下,若有所得。随着'哦哦是了'的独白,利用后脑海向下干点头,使头上戴着的斗笠连连抖动起来。这表现了石秀在茫然的沉思中想到仿佛听人说过'祝家庄道路难走,这进得来,出不去',又加以他身处在这寥寂无人、家家关门闭户的庄院,不闻鸡啼狗叫,不禁惊吓得打了个寒战,像是芒刺在背,立刻毛骨悚然,害怕起来。"具体如下：

"我走了半日"几个字没有身段，但要念得急一些，接着吸一口气，要念出声来："嘶——"两眼向上看眉毛尖，然后耷拉眼皮，垂眼看鼻尖，眼睛眨动了两下。接念"怎么"眼睛放在中间，"还在"的"还"字，提起右手。"在"落到腰间手腕逆时针转一圈，同时念"此地！"身段是：右手向上提指地，双目聚神看地。接着打击乐起"小钹叫头"，身段是向左望一眼，再向右望一眼，眼神归中，同时念"哦哦哦，是了"。念这几个字时要点头同时举手并点手。接着打击乐是"小钹五击"，我们左脚在前向台前上三步。下边接念"闻听人说：祝家庄道路难走"，这里没有身段，"这进得来"开始有身段。"这"是右手平端指前的准备，"进得来"往台中心后面倒步，也是右脚在前左脚在后，"来"时变成左脚在前的"前弓后箭式"，右手向里指。[见图72：第二场白"（这）进得来～"]"出不去"的"出"字，撤左脚站直，右手指端平，吸右腿，落前方，向前"前弓后箭式"，右手同时逆时针指前面，落在"出不去"的"去"字上。[见图73：第二场白"出不去～"]然后吸气，接念"这"，形体动作撤右腿，跟左脚，成左点脚丁字步，上身左肩扛着扁担左手扶，右手是摊手。接念第二个"这"撤左腿，右腿归左脚中间成右点脚丁字步。下边接念第三个"这"仍是右脚撤左后面脚中间变成左点脚丁字步，右手仍是摊手，接念"这这这……这便"，身段是：边着急地摇头边念"这、这、这"时向舞台左方向顺时针小弧度圆场，念到最后"这便"的"便"字要走到舞台中间偏左侧一米的位置定住。念"怎"字时，右腿再向右上一步，念"么"字时，扁担由左肩倒到右肩。同时全身要向上拎一下，归过左脚变成左脚丁字步，念"处"时全身由上往下一蹲，亮相。[见图74：第二场白"（这便怎么）处～"]

接下来茹先生论述："石秀在万分焦急无措之际，从近处一家院落里，传来有人呼喊的声音。石秀听到声音时，敏锐地吸气一惊，然后侧着身子,像把耳朵伸长了似的,仔细地倾听。这里表现了石秀机警和对待事物变化的灵敏反应。在听的刹那间,要表现出他正在判断:如果即将碰到的是祝家军事人物,我将如何对策?当从声音中分辨出对方是个老头,在呼唤他的儿子,断定不是祝家军,他紧扣着的心才放下来,脸上现出快意。"

接着的一整段戏,茹先生有论述:"第三段表演是从石秀见钟离老到三儿回家后下场止。在这一段戏里,石秀要由武生变成小生的表演。因为他要从老人的嘴里探听消息,老人一般都喜欢年轻人有礼貌、老实、端正。石秀这时不过20余岁,为了侦察顺利,必须博得老人的欢心。所以借用小生的方法去表演是合理的。他在老人面前表现出无知、幼稚,一切都要老人告诉他,这种局面会给他'探庄'产生胜利的因素。假使在这一特定的情境中,石秀装成老生的样子,抑或是显出'拼命三郎'的本来面貌,就不合乎他这个侦察员的身份了。石秀在这段戏里的内心情绪,应该是真真假假,假假真真,实中有虚,虚中隐实,变化无常、机警灵活。随机应变要形之于内,而在外表上他要装作是个彬彬有礼而又老实勤快的青年樵夫。"

(八)初见钟离老

钟离老念"啊,小儿,好好看守门户,待为父出去买担柴来,好做晚饭吃",这时打击乐起"小钹一击"——匡 多 | 才 0 ‖。石秀的位置现在偏上场门,右肩担扁担。当钟离老念到"啊,小儿",此时要非常机警地把眼睛偏到左侧。这是一个戏曲"听"的程式,也有人理解向左听眼睛望向右边,"茹派"的规格是向左听眼睛就望向左边,向右听眼睛就望向右边。此时钟离老是从下场门上,在石秀的左边,所以石秀眼睛要望向左边,身子略向左倾,"听"还要表现出石秀一听见风吹草动立即要有的机警行动。当钟离老念完"好做晚饭吃",石秀已经听到了"买担柴来"这个台词。这时,他有一个反应,就是面向观众点头微笑,

表现石秀机智精明判断出这是个普通庄户人家。然后在打击乐"小钹一击"｜匝 多｜才一｜三下当中，"匝"把扁担卸下来，方法是左手抄在右手的后面。同时右腿踏在左腿的后面，第二下打击乐板鼓的"多"，右手回缩，托到左手的右面，两手已分托在扁担的中央，同时上右腿变成"骑马蹲裆"。打击乐小钹"才"时我们卸扁担，方法是把扁担平放在腰部，双腿稍蹲，然后往地下轻轻地一放，正好落在"才"上。

下面接着是钟离老的念白"宁做太平犬，不做离乱人"。此时石秀用右手抄起大带掸左肩，掸右脚面，再掸左脚面，然后把大带反放下，双手叉腰向外亮，仍是子午相，身形微右侧，迎左胸脯，脚下左丁字步。钟离老先在门里发牢骚："什么要紧？弄得来今日冲锋，明日打仗，连担柴都无处去买……"这时石秀已经听出钟离老对祝家庄不满的牢骚，他正是可以打听祝家庄情况，所以要抓住这个机会，紧接钟离老"都无处去买"时于是便大喊一声"卖柴！"身段是：念"卖"字，左手先拍右肘上，踏右步，然后右手再拍左肘上，同时往里上右步，左脚归右脚前，变左脚点脚丁字步，面向前方，虚点左步亮相，同时"柴"字念出。在念"卖"字的时候韵白在后面要往上提，提的同时把脸变到前方接着念"柴"。动作上全身下沉，点头要用力些。茹老师说："这样的念法才能引起钟离老的注意。"

钟离老接台词说："哎呀呀，真个是思衣得衣，思食得食"，此时我们的身形是保持原样不动的。直到钟离老汉念到"喂，樵哥"，我们把两个膀子放下来，放在左右两侧，左丁字步，看着钟离老。钟离老念"你那柴敢是卖的么"，此时我们是上左步，同时眼皮稍往下耷一下。注意，这是个过程，虽不是规定动作，但先生讲，这个过程会显得活泛。

上前一步拱手时，眼神要露出特别恭敬老人的神情。念"敢是"时，双手放松，自然落到双腿两侧，后面接念三字"要买柴"。"要"字时，先起左手在右裆搂大带至左胯下，同时上左步跟右步变右丁字步点脚。念"买"字时，举起右手从面前逆时针划一大圈，右手指柴，眼睛看右手走。念到"柴"字时，同时拧脚拧身，脚下变成左丁字步点脚，看向钟离老，身向钟离老，"柴"字出口边点头边和蔼地问钟离老汉。注意，这是双人交流的方法。卖东西的要"见人三分笑"，这笑是微笑，要笑得自然；点头是微点，也要点得自然。在祝家庄见到第一个人，尤其不能让人看出假扮樵夫的破绽，这是石秀的精明之处。茹富兰先生在这方面要求很严格。而且，在这短短几个字中，什么时候放松，什么时候做身段，茹先生非常讲究，做得非常漂亮，这是我们学习"茹派"要非常注意的地方。

下面是钟离老念"正是，担进来"，石秀此时右脚退半步形体双手放松，放在胯的两边，上左步，同时面对钟离老念"来了"。拱手念"来"，接着念"了"时拱手的姿势由上向下，由里向外形成一个非常恭敬的弧度。要求上身低下，鞠一个九十度的躬。下面接打击乐"小钹冲头"。形体动作是，起身后还看一下钟离老，然后左手打背躬，右手往外画一圆圈，向观众说，这下有了人了我就有办法，用点头表示这个语汇。脚下是右丁字步点脚，然后向右撤右脚，左手圈住右手，"护腕式"，然后再是右手圈左手"护腕式"。此时脚下变成双脚与肩齐的姿势，双手攥拳虎口相对向上抻一下腰，这是准备要挑担前的准备动作。然后上左步，双手抓起扁担挑在右肩，脚下变左丁字步。迈左腿，走向台中央的钟离老家门，钟离老往里让，我们别左腿，同时扁担顺到左肩进门。然后逆时针走一小圆场，钟离老也进门，关门，此时与石秀碰一面。当钟离老示意把柴放在后面时，我们恭谦地点一下头，同时右手从后面接过扁担，倒一下肩，别右腿，扁担倒在右肩，左手护右手，别右腿，圆场走向上场门下。

（九）送柴后再上

放下扁担后再上，还是踩着打击乐的"才才｜才才｜才……"我们在台沿幕后，右手搂大带，左手拉山膀，小圆场上至九龙口。这时打击乐切住"才七咚｜才一‖",接"小钹五击"大台｜才台｜才台｜才一‖我们上五步,正好在切住时把大带扔出去。双手松弛下垂,在"小钹五击"中走脚步。[见图75：第二场放下柴后上场]向前走脚步完成。双手下垂,脚成左丁字步,变成面向钟离老的方向,再念"拜揖",身段在"恭"字上。

注意,这几步走非常要紧,要表现出石秀在此时一定是一个非常老成真诚朴实的砍柴青年,非常有礼貌。念"啊,公公"[见图76：第二场见钟离老白"啊公公~"]的时候,双手拱手,"小可"时右手放在胸前,手面向自己,左手下垂。[见图77：第二场见钟离老白"(啊公公)小可~"],"拜揖"的"拜"字要拉长一些,重新拱手,向钟离老行一个九十度的大躬,"揖"字身体立起,还保持着拱手。[见图78：第二场见钟离老白"拜揖~"]此时打击乐起"大大大大大依才",这种单楗子的小钹一击,它的语汇经常是发现了什么或看到了什么。这时两人的表演是先从钟离老眼中发出的,钟离老一抖髯口打量石秀的眼光,使石秀立即产生了警觉。我们形体动作的表演是右手搂大带,别左腿迈步,往里小圆场,同时拉左山膀,落在打击乐的"才"上亮相。此时我们的方向是在斜对钟离老的舞台上场门的内侧。内心独白是"他为什么这么紧盯着我",接着,是第二个"大 大 大 大大依才",我们的形体动作是左手搂大带,别右腿,沿着上场门方向的直线小圆场,同时拉右山膀,在"才"上亮相,眼睛紧盯着钟离老汉。这两个"大大大大依才"是相对的舞台调度的重复,因为双方都不认识,钟离老觉得这个外乡小伙子闯进祝家庄会很危险,而石秀在疑惑中也感到了钟离老的心情,因此在两个"大大大大依才"之后,又有个"大大大－才"。这时,两人都向外打背躬。我们是左手挡住脸,右手搂大带于右胯侧,眼睛一看两看。这在戏曲里边是常见的形式,但是要准确表现内心。石秀的心理是"他为什么这么看着我呢？"接着我们的动作是右手轻轻地把大带扔在前面,双手叉腰面向钟离老。此时

钟离老先发言，他说："啊，樵哥，看你不像此地人氏，因何担柴来卖？"

茹先生说："由于他的殷勤、多礼，引起老人注意地盯他两眼。被这一看，石秀吸气一惊，他的心里立刻打起鼓来，盘算道：他这样盯着我，是否在哪儿见过我？要被他看出破绽怎么办？接着做了背躬的身段。他正在筹策时，听到老人说：'看你不像此地人氏，因何担柴来卖'时，紧张起伏的心，又恢复平静。"

这时石秀要有松下去一口气的感觉，念白有一个轻轻地叹气"哎"，念这个"哎"字时双手下垂于左右腿两侧，撤右步，呈左丁字步，接念"公公"。第一个"公"字上左腿，拱手向钟离老，第二个"公"字是双手在胸前向内绕两圈"轱辘拳"，轱辘拳要绕得快，落在第二个"公"字上。双手拳式拉开，同时撤右腿，脚下变左腿丁字步点脚式。[见图79：第二场见钟离老唱【折桂令】前亮相]下面接唱两句【折桂令】。

（十）两句【折桂令】

唱词是"念区区落穷途无奈孤客，把柴薪权当饥渴"，这个"客"字念北音（qie），这两句唱是有舞蹈动作的。"念"是出左腿平伸，右腿金鸡独立，上身直立不动，双手捂肚。[见图80：第二场见钟离老唱【折桂令】"念～（区区）"] 第一个"区"字双手掌往外伸，左腿往里吸 [见图81：第二场唱【折桂令】"（念）区～（区）～"]，第二个"区"是左腿继续伸出，双手掌继续捂肚子回来，抬腿吸腿共三番，应当在"落"字上结束。这三番动作有意向语汇：双手反复置于腹前，反复抬腿吸腿，是为了表现维持生活，不停地奔波；唱"穷途"时是右小臂抬起，左手攥拳在上。右手托掌在下，左拳向下是一个"拳拍掌"的动作，落在"途"字上；接唱"无奈孤客"形体动作是双手在胸前由外向内缓一小圈，左手举于左侧，右手平伸（掌心向上），双手摊开，脚下是上右腿在左腿前，左腿在后面别腿，眼睛是朝左方看；[见图82：第二场见钟离老唱【折桂令】"无奈孤客……"]；下面接唱"哎——（这是个闲字，不在剧本中）"但是这个"垫字"有拖腔（"杂剧""传奇"剧本常见），在拖腔往往有舞蹈动作，"哎——"属于这种情况。我们的形体是一个"风车式"的云手，即形体是右手在上将左手盖下一个"盖手花"，左别腿落地稍一点，右脚配合稍跳起，全身转向面向后，接唱"把柴薪"，脚下变左"前弓后箭式"，上身顺势"行肩跟臂"起带动全身灵动的云手，左手握拳右手向后指，"薪"字要落到右手指上。[见图83：第二场唱【折桂令】"把柴薪"]。后面唱"权当"的时候，我们的形体动作首先要注意收左腿，同时双手掌从上往下缓，缓的同时右手搂大带，同时右脚要往前上半步。这样身体又从转过去的方向转回来。左腿盘起，左手半掌半指式从左胯到盘腿的后面抄起，右手掌变为拇指和食指中指圈起形成手圈，无名指和小拇指要夹紧，形成一个意象化的饭碗式，这个姿势要落在"权当"的"当"字上 [见图84：见钟离老唱【折桂令】"权当~"]。"当"字也有一个小拖腔，在这个小拖腔中，左手在上，右手从下接住大带。缓一个大带花，同时右脚落地，右手耍大带花后放右胯边。唱"饥渴"同时跨左腿，带动全身转一个整圈，左手变成意象化的持碗式，由右盘腿下前方托出，正好落在"饥渴"的"渴"字上 [见图85：见钟离老唱【折桂令】"（权当）饥渴~"]，由此结束这段唱【折桂令】的舞蹈动作。然后打击乐接"小钹住头"——才｜另 ｜才：‖，我们形体动作是在"才"中先上左步，"另"时跟右步落"左丁字步"，跟右步的同时双手向外画一小圆圈，"才"时落"叉腰式"。

（十一）与钟离老交流念白

下面是钟离老念："你既知卖柴，可晓得我们这里的路径哪？"我们回答："小可只知卖柴，哪里晓得什么路径哪！"形体动作是"小可"左手掌心向上平端胸前,"只知卖柴"右手自然握拳垂在右胯边。眼睛看着钟离老。"哪里晓得"右手拳拍左手掌,"什么"是看着钟离老睁大眼睛,"路径哪?"变为双摊手。表面看内心是"一个卖柴的谁去问路径啊?"实际上是石秀明明是为探路而来,却先要说路径和我没什么关系,所以,此时表现得要格外的"傻"。下面钟离老念:"如此说来,你命休矣!"石秀接念:"啊?公公何出此言?"这里是吃惊似的装傻,具体的动作是:念"啊"字,撤右脚变"左丁字步"同时平摊双手,念"公公"时拱手上左步。很着急地念"何出此言?"仍要落在平摊双手式上。钟离老接念:"听我来慢慢告诉于你。"石秀接念:"哦,是,是是。"这时要充分把石秀经过装傻,终于从钟离老那里得来祝家庄的真实情况的心理表现出来,形体动作是"哦"时撤右腿跟左腿,同时拱手,"是,是是"躬手点头哈腰,外表是尊重老人,内心是暗暗高兴。

这里茹先生也有一番概括的论述可见附录1。

具体的处理如下:

钟离老上前一步介绍祝家庄的情况,我们要立身之后,双手叉腰,左脚上半步仍为"左丁字步",两眼看着钟离老认真听他的讲述,听到"庄主祝朝奉"时,我们有一点头的动作,钟离老念到"祝龙、祝虎、祝彪"时,钟离老是双手在前数数,这时我们也跟前左半步仍为"左丁字步",右手托左拳于胸前,看着钟离老历数的双手[见图86:听钟离老讲"祝家庄"];钟离老念到"个个武艺高强"时我们撤右脚仍为"左丁字步",同时两手归为叉腰,两眼仍看着对方。对方念到"还有一铁棒教师栾廷玉"的"栾廷玉",钟离老语气有一停顿,我们也向外看一眼,然后双眼收回仍看钟离老。当他念到:"此人凶勇厉害得很哪!"茹老师说:"石秀竟装作异常激动的神气。"此时石秀形体动作要夸张一些:"他便凶勇"动作是右脚上外一步变"右丁字步",同时右手抬手向外指,接念:"难道说胡乱害人不成?"念"难道说"手指放下，眼看钟离老，接念"胡乱害人"时右手在上顺时针转一圈，左手在下逆时针呼应，右手转到胸前上方攥拳拍左掌（这是一个大转手的拍法），接念"不成"时双手往腰处一带，再双手往钟离老方向一甩（左手在前），甩时是手腕带小臂，同时右转，上右步，面向外看［见图87：白"（难道胡乱害人不）成～"］。这个动作外表的内心是"他厉害也不能随便害人呢"，实际的内心是为了从钟离老那里套话"要改变一下态度，钟离老就会说出内部的详情"。茹先生讲："不能轻视这八句对白的台词，二人交流中，这里钟离老是真诚的，是石秀把真实的内心隐藏起来，所有的念白是假的、装出来的。"在这场中的表演是人物跳进跳出的二重性表演。

在该戏中"茹派"要求：一要抓准内心；二在动作的安排上张弛有度，要表演出潇洒自如的美。这在表演与对手交流的戏中是非常重要的基础。接下来钟离老念："亦非胡乱害人，只因近日呵！"这是一句叫板性台词，因为后面钟离老要起唱【江儿水】。

第一句"他与梁山泊宋江把仇做"，石秀的舞台动作比较简单，起唱前打击乐是"另 才｜匡‖"钟离老过板唱，我们的动作是：上左脚，左手搂大带于左胯边，同时上右脚，脚后跟着地左转向后，右手拉"单山膀"面向后，走七步到台里。

钟离老唱第二句"庄中募些新兵客"时，我们在"庄"字上，撤右脚右转身面向观众，右手搂大带于右胯边，左手拉"单山膀"面向前走五步。钟离老这两句唱完，打击乐打"小钹收头"。这时我们第五步恰是右脚在前，"才｜另 才‖"恰好是右脚后跟向左拧左转身，归于左丁字步，转身的同时左、右手扔出大带变"双手叉腰式"落在末锣上。

接着钟离老念："你若不识路径，被他们一把拿住……"在念到"一把拿住"时，他用右手抓住我们的左手，我们配合这个动作，把左手主动伸出来。

钟离老接唱："便当作奸细难分说"，边唱边指、边向上场门方向欺石秀，我们随着往后退。钟离老接唱："他们也有萧何律"。此时钟离老松开我们的手，往台中心前方走，石秀跟走三步。跟到台中心右侧，可以边走左手边枕一下右手腕。

接着石秀念："听公公之言叫俺怎生出去？"因为这是进一步问路的最好契机，所以石秀此时要装得更加老实、更加着急。动作是："听公公之言"向钟离老拱手，"叫俺"左手手心朝上放在右胸前，念"怎生"时右手由上往下缓半圈，接念"出去"的"出"字右手向外指。

钟离老接念："怎么，你还想出去么？"石秀有一个"嗯——"身段保持刚才指的姿势不动，眉头一锁，有一个摇一圈头。茹先生讲："这个'嗯——'一是表现石秀真的着急了，二是'拼命三郎'的个性免不了要露出一些。"

接着钟离老念"唉，只恐难、难……难喏"，钟离老念到"难喏"时用右手"切"石秀向外指的右手腕，钟离老再起唱"道路崎岖周折"，起唱前的打击乐是"倾 才｜匡"钟离老过板唱，我们的动作正好借着打击乐"倾"是被"切"的右手，顺势下来双手拍手，"才"是摊开双手，表示这可怎么办哪！眼看摊手中抖动双手（着力在手腕），在钟离老这句唱时我们上右步左转身向里走，急得双手上下，搓屁股（此时是背向观众）。[见图88：钟离老唱【江儿水】"道路崎岖"石秀搓后臀向里走] 钟离老接唱"要想逃生"，石秀是随钟离老往外走，上左步右转身向外走，手势变成双搓手，[见图89：钟离老唱【江儿水】"要想逃生"石秀搓手向外走] 心里想我要想个什么主意呢？这时打击乐加进一个合头：<u>才大 依个｜另另</u> 才 ‖ 我们右脚正在前面，用脚后跟一拧，转向正后方，拉右山膀再往里走三步。钟离老接唱"除非是肋生双翅"时往台口走，我们的动作仍然是：别左腿双搓手往前走三步，此时打击乐起"小钹叫头"。我们随着打击乐的节奏，左脚在前一个小垫步，面向钟离老变成"骑马蹲裆式"，双臂张开再划向面前，双手向外一个双分手，头略低，用手掌后部右蘸眼［见图90：钟离老唱完【江儿水】石秀哭1］，再手掌后部左蘸眼，同时在打击乐的"叫头"里念："哎哎呀，公公啊！"［见图91：石秀哭2（哭白）"哎呀公公啊～"］；这是以假作真急哭了的动作。"叫头"收住，石秀收左腿站起叉腰接念："如此说来，你要救我一救，你要救我一救！""如此说来"没有动作，"你"是左手指钟离老，"要救我一救"左手由指向外一翻变掌归到胸前手掌向上；再接念"你要——"的动作是左脚上前一个小垫步变成"骑马蹲裆式"，双手由掌带臂，左右手同时向外缓一圈，双手抓住钟离老的手，接着念"救我一救"动作是抓住钟离老双手，"救我一"分别为左右中三衬，最后一个"救"字，双手由下往上轰开钟离老双手［见图92：白"（你要救我一）救～"］，此时打击乐有一"匝"上身手臂就在这个节奏中变成"正云手起式"，下身收右腿盘腿。

（十二）唱【雁儿落】

第一句"可怜我落穷途无见识"，形体动作是上身云手打开，下身跨左腿左转一整身，接着双手在胸前外绕一整圈，右手变拳在上，左手掌心朝上在下变"拳拍掌"，要正好拍在唱的"无"字上，唱到"见识"身段是双手向上缓，左手在上，右手平摊，同时左脚在右腿后抬起，身形是左斜的。

接唱第二句"可怜我卖柴薪为谋食"，"可怜我"身段是左手掌盖下，右手掌向上缓起"大刀花"转身向后，同时左腿落地，右脚向左方一个小垫步，左脚跟着转身落在左方上一步，脚下成身向后的"左弓箭步"，上身在运动中左臂与肩平撑开，右手变指法向上场门指出，这一连串的动作，右手指出时正好落在"卖柴薪"的"薪"字上，接唱"为"字时双手在身体的右侧顺时针由下往上缓手，左手搂大带，"谋"字时落左胯旁，此时右腿盘起，右手借缓手的弧度由右盘腿下

抄上来，手势变为手指圈圆的"意象化的持碗式"，这个姿势正好落在"食"字上［见图93：唱【雁儿落】"(卖柴薪为)谋食～"］。

下面接唱第三句"可怜我行绝路进退难"，形体动作上唱"可怜我"时右脚落地，双臂平伸到胸前内翻变拳双拳拉开与肩平，唱到"行绝路"的"行"字时左腿踢向脑门，"绝路"时左腿落下，同时双手顺时针缓一大圈，左手借缓的弧度从右侧搂大带，右手借缓的弧度在右侧下方变手心向上指向左后方，同时右腿在左腿后"踏步"，这时的唱要正好落在"进"字上［见图94：唱【雁儿落】"(行绝路)进～"］，接着唱"退"时右手由右侧抬起逆时针缓一圈，同时右腿旁吸腿落地成"右弓箭步"，紧接着唱"难"时指向右前方［见图95：唱【雁儿落】"(行绝路进退)难～"］。

下面接唱第四句"可怜我命危急难存活"。形体动作是：收右脚站起，"可怜我"三个字是右掌拍左胸脯、接左掌拍右胸脯、再接右掌拍左胸脯，这三拍是连着的，不拍的手平伸与肩齐，接唱"命危急"的"命"时，盘左腿云手"起范"［见图96：唱【雁儿落】"(可怜我)命～危急"］，后起半个"云手"，紧接右转身，唱"难存活"时正好转过身来，左手搂起大带拎到胯旁半尺处，右手拉开山膀，唱正好落在"活"字上。

下面接唱第五句"喂呀公公啊"，"喂呀"右脚上前一个小垫步，左脚跟上变"骑马蹲裆式"，双手由下往上外缓抄住钟离老的双手，这时的唱正好落在第一个"公"字上，第二个"公"字唱腔节奏是自由的，我们双手托住钟离老的双手顺时针转一个半圈，然后唱"啊"字时，双手由下往上轰起，双手掌的"左顺风旗式"，此时打击乐进"小钹抽头"‖：才个来台｜七大一个：‖，形体动作随着打击乐起云手，左转身脚下归"左丁字步"，云手拉开正好落到打击乐收头"<u>另才匚</u>‖"。

下面接唱第六句"你与我明说"，"你"时上左步跟右步，右手指钟离老，唱"与我"收右手指变成手心向上的掌比在胸前，右腿撤，左腿跟，仍落"左丁字步"，右手掌变指向下逆时针缓一圈翻手指嘴正好落在"明说"上［见图97：唱【雁儿落】"明说~"］。

接着唱第七句"哪里是"时，撤右腿侧身向右方，左腿别腿，双手由内翻手腕变胸前"按掌式"；接唱"走生门"迈左步走小弧度圆场，上身是两点手"按掌式"，唱到"门"字时，正好走在钟离老右侧，唱"将危脱"的身段是：脚下"左丁字步点脚式"，"将"合双手遮住面（左手在里）［见图98：唱【雁儿落】"（走生门）将~"］，"危"字双手分开"半圆式"［见图99：唱【雁儿落】"（走生门将）危脱~"］，双手手心向外，右手在草帽圈的高度，左手与肩平，唱"脱"字（是两板）身段随着节奏再一合一分。

下面接唱第八句"你的恩德"。这句与第五句的形体动作相同，"你的"右脚上前一个小垫步，左脚跟上变"骑马蹲裆式"，双手抄住钟离老的双手由下往上外缓，这时的唱正好落在"恩"字上，"恩"字唱腔是自由的，我们双手托住钟离老的双手顺时针转一个半圈，然后唱"德"字时，双手由下往上轰起，双手掌变"右顺风旗式"，此时打击乐进"小钹抽头"，形体动作随着打击乐起正云手，右转身脚下归"右丁字步"，云手拉开正好落到打击乐"另才匡"。

接下来唱第九句"胜烧香和念佛"，"胜"的形体动作的方向朝着钟离老：左腿盘起，左手从左腿下抄伸。唱"烧"右腿跨盘腿，右手从右腿下抄伸，唱"香"时一个"跨腿鹞子翻身"，唱"和念佛"是撤左腿，双手由下往上一个大缓手，在上面合手往下合掌，同时左腿盘腿在右腿上，右腿下蹲同时双掌合于胸前，最后的动作要落在"佛"字上［见图99：唱【雁儿落】第一个"和念佛"］，面向钟离老［见图100：唱【雁儿落】"（胜烧香和念）佛~"1］。

接下来唱第十句"胜烧香和念佛"，这句的动作和上句的动作是相同的，但是朝着相反的方向。"胜"字向着右前方，左手从左腿下抄

伸，唱"烧香"顺着抄腿，一个"跨腿鹞子翻身"，唱"和念佛"是撤右腿，双手由上往下缓大圆圈，在上面双手合掌，同时右腿盘腿在左腿上，左腿下蹲同时双掌合于胸前，最后的动作要落在"佛"字上，面向钟离老[见图100：唱【雁儿落】第二个"和念佛"]。

接下来打击乐起"堂鼓"（表现外面在打仗），我们的形体动作较简单，站起身来脚下归"右丁字步"，上身是左掌在上，右拳与肩平的"望门式"，这时钟离老很着急地念"啊，樵哥，你且随我来呀！"钟离老一喊，我们双手放下面向钟离老，我们接念："哦，来了"，"哦"是很真切的眼神看着钟离老，身形不动。此时内心是在判断是不是杨林出了问题，但现实的他没有别的办法，只有随遇而安。于是念"来"时拱手，"了"时拱手同时鞠躬九十度。后面打击乐起"小钹慢五击"，先迈左步，再迈右步，走五步时停住。打击乐此时有一个"崩 登 | 才 — ‖"，石秀心里还是想着是不是出去看一看，所以在"崩"的鼓楗子时，稍一抬头，"登"时转身，向外迈右脚变"右丁字步"，右手往前指，这时钟离老已经走下，但是他也不放心地高叫"啊，樵哥，你快些来呀！"此时我们撤左步，正好转身向下场门，接念一句"来了"，身段仍是念"来"时拱手，"了"时拱手同时鞠躬九十度，后面打击乐起"小钹冲头"时，我们随打击乐走台步下。

第二场结束。

第二章 茹富兰先生教《石秀探庄》

第三章　茹富兰老师教《林冲夜奔》

茹老师说："《探庄》是水浒戏，《林冲夜奔》也是水浒戏，两个水浒戏两个不同人物。林冲和石秀不同，他是八十万禁军教头出身，受了高俅的陷害，被逼上梁山。到梁山之后也是大将里的第一位，气质上和其他人不一样。我教《林冲夜奔》是穿厚底靴的，是为了表示虽然是夜间逃奔也要有自己的身份、人物的分量。身段、身法的运用不同于短打武生，我们学起来就知道了。'念大字'虽然在《探庄》里没少念，但这出戏也还得练，不过时间上可以减少一点。"

附：

《林冲夜奔》一场剧本

（茹富兰先生 1960 年授课本）

人物：

　　林　冲

林　冲

　　扮相穿戴：

　　　　武生——俊扮

　　　　穿戴——头：网子、水纱、牵巾，插茨菰叶，戴黑倒缨盔。

　　　　　　　　身：穿水衣，搭小胖袄、护领，穿黑箭衣，背白绦子，系白大带。

　　　　　　　下身：穿黑彩裤、黑厚底靴。

　　　　道具——宝剑

林　冲：（内白）啊嘿！
　　　　［林冲上，走边。
　　　　（唱【点绛唇】）

数尽更筹,

听残银漏,

逃秦寇,哎好,

好教俺,有国难投,

哪搭儿相求救?

(念"定场诗") 欲送登高千里目,

愁云低锁衡阳路。

鱼书不至雁无凭,

几番空作悲秋赋。

回首西山日又斜,

天涯孤客真难度。

丈夫有泪不轻弹,

只因未到伤心处。

(白)是俺一时愤怒,拔剑杀死高家奸佞二贼,官兵拿俺甚紧。是俺日间不敢行走,只得黑夜而行。呀,看前面黑洞洞有户人家,待俺急行几步看来!

呜呼呼呀,我当是户人家,原来是座古庙。雪光之下照见匾额,待俺看来——"白云庵"。看庙门半掩半开,待俺挨身而进。一路行来,身子有些困倦,关了庙门,在此打睡片时,起来再行便了。

正是:(念)一觉放开心定稳,

　　　　梦魂千里到阳台。

[鼓起三更,林冲突醒。

(白)哎呀且住!朦胧听得已交三鼓,恐有追兵至此,不可贪睡。我开了庙门,甩开大步,直奔梁山走遭也!

(唱【双调新水令】)按龙泉血泪洒征袍,

恨天涯一身流落。

专心投水浒，
回首望天朝。
我急急走忙逃，
顾不得忠和孝。
(唱【驻马听】)良夜迢迢，
良夜迢迢，
(夹白)投宿——
(接唱【驻马听】) 休将他门户敲。
遥瞻残月，暗渡重关，
我急急走荒郊。
俺的身轻，不惮这路途遥，
我心忙，哎呀！又恐怕人惊觉。
(白)也吓！
(接唱【驻马听】)吓得俺魄散魂消，
红尘中误了俺这五陵年少。
〔林冲下。
(第一场结束。以下从略)

第一节 《林冲夜奔》"念大字"

茹先生教学法中"念大字"永远是第一位的，我们是他启蒙的学生，有了一些基础。随着年级的增长，在"念大字"的时间上缩短了，"念韵白""学唱"的课时也缩短了。但是，茹先生的规格没有丝毫的改变，对每个字的讲解依然清晰，要求依然严格。限于篇幅，这里只讲一场【点绛唇】和定场诗。余者愿继承传统者举一反三吧。

比如"啊嘿"是未出场之前的"架子"。

茹先生依然要讲"啊嘿"都是张口音。茹老师说："'四呼'是'开口呼'。""以前讲的大家忘记没有？""'五音'忘记没有？"我们有的同学答上来时他很高兴，回答不足的地方他又重讲。还是让我们一字一字地跟着他重新念。我想这就是茹先生在理论指导下的"口传心授"。

茹先生带领我们念"啊"不厌其烦地讲："'开口呼'就是把嘴张开直接进入 a 音，但是我们戏曲的张嘴，不是让你把嘴张得最大，但是里面的'膛'要撑得最开。""在'五音'中这'啊嘿'两字都属于喉音。""'啊'托住气张嘴就出音，'啊'是'发花辙'，《探庄》时就讲过，凡是'发花辙'都不要收音。"

"'嘿'就不一样了，这是'合口呼'的喉音，用小舌头稍压后舌根立即抬，发 h-e-i，这三步就是字头、字腹、字尾。"

茹先生要求：《林冲夜奔》张嘴不是定场诗，而是唱。大家不要认为"唱"就可以轻视"念大字"，如果唱时字不清楚，就是囫囵吞枣。观众不知道演员在唱什么，林冲的心情就被你破坏了。

下面根据茹老师当年教《林冲夜奔》"念大字"的教学记录做部分整理。这是京剧界应当知道的吐字的基本方法：字头、字腹、字尾。念大字"四呼""五音"以及每个字"辙韵"。

林　冲：（唱【点绛唇】）
　　　　数尽更筹，
　　　　听残银漏，
　　　　逃秦寇，哎好，
　　　　好教俺，有国难投，
　　　　哪搭儿相求救？
　　（念"定场诗"）欲送登高千里目，
　　　　愁云低锁衡阳路。
　　　　鱼书不至雁无凭，
　　　　几番欲作悲秋赋。
　　　　回首西山日已斜，
　　　　天涯孤客真难度。
　　　　丈夫有泪不轻弹，
　　　　只因未到伤心处。

"数"——京剧"十三辙"中的"姑苏辙"，是"四呼"中"合口呼"，"五音"中的"唇音"。念字头的准备：口型微圆，起字头 sh 舌头是往上卷的，然后用气冲开接字腹 u 音，气息把闭着的嘴冲开就是字头的 sh 音，这个字的字头短，字腹要长，唇要用上力，出唇音的共振，唱这个字的唱腔要托上一个音，所以内腔撑开。字尾收音是"收气、唇松、闭嘴"的方法。

"尽"——京剧"十三辙"中的"人臣辙"，"四呼"中属"齐齿呼"，

"五音"中属"牙音"。这字又属尖字音,念这个字的准备:上下齿微微张开,舌前部和舌尖舔上齿,气息冲到时,口型不变即发字头 zj 音,尖字头就出来了,双声母的字头(京剧尖字属中州韵,必须在原声母前加 z、c、s),这个字的字头音要长一些,字腹时舌尖抵下齿下边接 in 音,字腹发出后几乎连着字尾,字尾的 in 上齿抵前唇,这个字属"闭口字",念字时,就要着力撑开上膛前部,收字尾舌面贴上齿,闭口即收字。

"更"——京剧"十三辙"中的"人臣辙"。这个字的本音读 jing,上口读 jin。因此归在"人臣辙"。"四呼"中属"齐齿呼","五音"里属"齿音"。念这个字的准备:双唇微张,上下齿微张开,舌前端舌尖贴在下牙龈,气息冲到时,字头就在这个口型上发字头 j 音,和上个字相同,这个字的字头音要长一些,字腹时舌尖抵下齿下边接 in 音,字腹发出后几乎连着字尾,这个字属"闭口字",因此念字头时,就要着力撑开上膛前部,收字尾舌面贴上膛,闭口即收字。

"筹"——京剧"十三辙"中的"由求辙"。凡"由求辙"的口型是小圆型,但是内膛一定要打开。"四呼"中属"合口呼","五音"中属"牙音"。念字头准备:舌两边卷起贴内膛,舌尖后缩,字头时气息由后往前推送出 ch 声母音(最好带一点摩擦音),字头略长些,紧接着把双齿张开、双唇张开、上膛撑开,接字腹 ou 音,舌头缩后,字尾的收音要收到 u 上,这个字要求放尾音后收字。闭唇收音。凡"姑苏辙"的字,都是闭唇收音到 u 音。

"听"——京剧"十三辙"中的"人臣辙",这个字的本音读 ting,在京剧里属于上口字,读 tin。"四呼"中属"齐齿呼","五音"里属"齿音"。念这个字的准备:上下齿微微张开,舌尖抵住上齿，气息冲到时，立即缩舌发字头 t 音，紧接 in 音的字腹，舌抵下齿。字头要短，字腹要立即接上。收字尾是 n 音，这个字要求放尾音后收字。止气闭口收字。

"残"——京剧"十三辙"中的"言前辙"。"四呼"中属"开口呼"，"五音"中属"舌音"。念这个字的准备：口微张，上下齿也微张，舌尖抵住齿缝，气息冲到时，缩舌尖立即发字头 c 音，紧接 an 音的字腹，上下牙齿打开，撑开上腭，舌自然放平，字头要短，字腹要立即接上稍延长，收字尾先合齿，闭嘴音止。

"银"——京剧"十三辙"中的"人辰辙"。"四呼"中属"合口呼"，"五音"中属"舌音"。念这个字的准备：舌面后部贴后上腭，舌尖抵下齿后，气息冲到就是字头 yi 音，过渡到字腹 en，直到字尾，关键口型不变，闭嘴音止。

"漏"——京剧"十三辙"中的"由求辙"。这个字的本音念 lou，这里取"北音"念法为 liuo，但未影响辙口。"四呼"中属"开口呼"，"五音"中属"舌音"。念这个字方法：念这个字的字头是 l，方法是舌头贴在上牙内，往下一滑 l 音声母就出来了，滑到下牙龈并贴着声母，字腹的韵母 iuo 音出，这个字韵母要长，舌贴下齿很重要，因为在唱中是有腔的。字尾的收音是 u 音，这个字要求放尾音后收字。止气闭口收字。

"逃"——"京剧"十三辙"中的"摇条辙"。"四呼"里属"开口呼"，"五音"中属"喉音"。念字头前的准备：口微张，双齿微并，舌尖舔住上下牙龈，念字头时由喉头喷出气息，舌尖从上牙齿内往下一滑，字头 t 音自然而出，紧接字腹的 ao 音，口型上下牙齿张开，双唇张，上腭用力撑开。字腹要念稍长一些，字尾的收音是 u 音，这个字要求放尾音后收字。止气闭口收字。

"秦"——京剧"十三辙"中的"人臣辙",这个字属京剧里的尖字。读 c-i-n。"四呼"中属"齐齿呼","五音"里属"齿音"。念这个字的准备:上下齿微闭,舌抵上下牙齿缝,气息冲到时,张开上下牙,双唇嘴角稍后拉,舌尖缩,自然就是字头 c-i 音,紧接 in 音的字腹,字头要短,字腹要上下牙齿对齐略张,撑开上膛,舌往内缩,立即接上字头音,字腹 in 音稍延长,字尾只要闭双唇就是 in 音收住了。

"寇"——京剧"十三辙"中的"由求辙"。"四呼"中属于"合口呼","五音"中属"喉音"。念字头准备:舌两边卷起贴上膛,舌尖贴在下牙龈,小舌头压紧舌后根,字头时气息冲开小舌头压紧的舌后根,喉部打开,自然送出字头声母 k 音,紧接着把上膛张开接字腹 ou 音,字尾的收音 u 要念出,再止气闭唇断音。

"哎"——京剧"十三辙"中的"怀来辙"。"四呼"中属"开口呼","五音"中属于"喉音"。字头准备:口型是双唇微张,小舌头贴舌后根,气息一冲开小舌头抬起,先发字头为 e 音,因为这是唱中字,要有所变异。紧接字头的是 ai 音的字腹,舌放松,居中,字尾时,尾音收 i 音,i 音出止气,收字。

"好"——京剧"十三辙"中的"摇条辙"。"四呼"中属"开口呼","五音"中属于"喉音"。字头前的准备:口微张,小舌头压住后舌根,当气息冲开小舌头压住的舌后根时字头的 h 声母出,紧接字腹的 ao 音,上膛用力撑开,字尾是 u 音,双唇一闭为 u 音,尾音收要出 u 音,放尾音后止气收字。"摇条辙"收音一定要闭双唇收 u,否则就会变成"发花辙"。

"教"——京剧"十三辙"中的"摇条辙"。"四呼"中属"齐齿呼",

"五音"中属于"齿音"。字头前的准备：双齿对齐略留缝隙，舌外卷舌后贴后上膛舌尖抵双齿，当气息冲时，上下齿张开，唇也随之张开，字头 j 音声母出，紧接字腹的 ao 音，上下齿对齐张开。撑上膛，字尾双唇一闭为 u 音。尾音收要求出 u 音后止气收字。

"俺"——京剧"十三辙"中的"言前辙"。"四呼"中属于"开口呼"，"五音"中属于"牙音"。这个字的字头准备：口型微张，气息冲到时双唇向里叩张，字头的 a 音声母出，字头稍延长。同时张开双齿和双唇，舌贴下牙龈，字腹 a-n 音出，保持口型不变，着力撑开上膛，字尾落于 n 音。n 音出后止气闭口收字。

"有"——京剧"十三辙"中的"由求辙"。"四呼"中属于"合口呼"，"五音"中属于"舌音"。这个字的字头，舌后部外卷贴于上膛，气息冲开即发字头 i 音，舌面离开上膛下压，舌尖到下牙龈，保持这个气息通道，字腹 ou 音随之呼出，在唱中这个字头要稍长一些，后接字腹 ou 音韵母，着力撑开上膛也要延长一点，字尾收于 u 音。尾音收要求出 u 音后止气收字。

"国"——本音念 guo，但在这出戏里，我们取"北音"念 gui 音。如果归到京剧"十三辙"，就是"灰堆辙"。在"四呼"中属于"合口呼"，"五音"中属于"喉音"。念这个字的准备：双唇撮口，小舌头压后舌根。气息冲到时抬小舌头，字头 g 音从喉部出，几乎同时双唇打开，字腹 ui 音紧接字头，韵母的时间要延长一些，字尾收在 i 上，i 音出后收字。

"难"——京剧"十三辙"中的"言前辙"。"四呼"中属于"开口呼"，"五音"中属于"舌音"。这个字的字头准备：口形微并，舌尖部分抵住上齿后，气息冲到时舌尖从上滑下便是字头 n

音，几乎同时张开口型，紧接字腹 an 音韵母，舌头在嘴中央，保持口型不变，着力撑开上腭，字尾落于 n 音。n 音出后收字。

"投"——京剧"十三辙"中的"由求辙"。"四呼"中属"合口呼"，"五音"中属"舌音"。这个字的字头，舌尖舔在上齿后面，气息冲开同时字头 t 音发出，在唱中这个字头要稍长一些，后接字腹 ou 音韵母，着力撑开上腭，舌头在嘴中央，韵母也要延长一点，字尾几乎和闭口同时收于 u 音。

"哪"——京剧"十三辙"中的"发花辙"的字。"四呼"中属"开口呼"，"五音"中属于"齿音"。这个字的字头发音前也是舌尖贴住上齿，气息一冲开 n 音的字头出，立即把口张开，撑开上腭接到 a 音的字腹，舌挂在下齿，字符韵母要延长一些，因为是"上声"字，要使用一个滑音，然后收住。"发花辙"不收字尾，气止字断。

"搭"——和前面的字相同，也是京剧"十三辙"的"发花辙"。"四呼"中属"开口呼"，"五音"中属"齿音"。这个字的字头发音前也是舌尖贴住上齿，气息一冲开 d 音的字头出，立即把口张开、撑开上腭接到 a 音的字腹，舌挂在下牙龈，字腹韵母要延长一些，然后收住。

"儿"——不入京剧"十三辙"。"四呼"中属"开口呼"，"五音"中属于"喉音"。这个字只要把口型张好，喉部压紧，只要气息冲开喉部，字头的 e 紧接字腹的 er 音，唱这个字的字头短些，韵母要稍延长一些，字尾收在 r 音上，r 音出后收字。

"相"——京剧"十三辙"中的"江阳辙"，上口"尖"字。"四呼"中属"开口呼"，"五音"中属"牙音"。这个字是京剧里的尖字，xiang 要念成 s-iang 的字头发音准备：字头准备上下牙齿微闭，舌头前部贴下牙齿。气息冲，上腭撑，口张开 s

的字头出，即刻转到 iang 的字腹，着力撑开上膛，口型张开不变，字尾闭口发出略带鼻音的 n 音上。注意：闭口前的字尾要发出略带鼻音的 n 音，然后止气闭口。否则就容易跑到"发花辙"上去。

"求"——京剧"十三辙"中的"由求辙"。凡"由求辙"的口型是小圆型，但是内腔一定要打开。"四呼"中属"合口呼"，"五音"中属"唇音"。念字头时准备：舌两边卷起贴后膛，舌尖贴在下牙龈，气息由后往前推送出 q，紧接着把上膛渐张开接字腹 iu 音，字尾的收音 u 要念出，再止气闭唇断音。

"救"——京剧"十三辙"中的"由求辙"。"四呼"中属"合口呼"，"五音"中属"牙音"。念字头时准备：舌两边卷起贴后膛，舌尖贴在下牙龈，气息由后往前推送出 j，字头略长些，紧接着把上膛撑开接舌头缩，字腹 iu 音，字尾的收音要收到 u 上，闭唇收音。

"定场诗"：

"欲"——京剧"十三辙"中的"一七辙"，是闭嘴音，就是我们含嗓子中的"衣"音。"四呼"中属"撮口呼"，五音中属"唇音"。念字头音准备：上唇压下唇压紧，舌尖贴在下牙龈（注意这个字口型吐字的全过程不变。）yü 是舌舔上长齿后面，气息冲出字头，字腹字尾都是 ü 音，这个字不收尾音。

"送"——京剧"十三辙"中的"中东辙"。"四呼"中属"合口呼"，"五音"中属"喉音"。念这个字时候双唇小圆型。念字头时准备：上下齿微微张开，舌尖舔上膛抵住齿缝，气息冲到舌尖后缩，字头 s 音即出，字腹 ong 音跟上，上膛撑开居中，字头要短，字腹要立即接上，收字尾只要闭双唇就是 u 音收住了。"中东辙"的字都是这个念法。念时要借用一点"鼻音"。

"登"——京剧"十三辙"中的"人臣辙",这个字的本音读 deng,在京剧里属上口字,读 den。"四呼"中属"齐齿呼","五音"里属"牙音"。念这个字的准备:上下齿微微张开,舌尖舔上膛抵住齿缝,气息冲到时,立即发字头 d 音,紧接 en 音的字腹,字头要短,字腹要立即接上,舌往内缩,上下牙要用力。收字尾只要闭双唇就是 u 音收住了。

"高"——京剧"十三辙"中的"摇条辙",这个字是上口字。"四呼"中属"开口呼","五音"中属"喉音"。字头前的准备:口微张,小舌头压住后舌根,当气息冲时 g 声母出,紧接字腹的 ao 音,字尾是 u 音,双唇一闭为 u 音。

"千"——京剧"十三辙"中的"言前辙"。"四呼"中属"开口呼","五音"中属"齿音",这个字是尖字。念这个字的准备:口微张,上下齿也微张,舌尖舔上膛抵住齿缝,气息冲到时,立即发字头 qi 音,紧接 an 音的字腹,就是尖字了,上下牙齿对齐打开,撑开上膛,舌往内缩,字头要短,字腹要立即接上,收字尾闭嘴就是 n 音收住。

"里"——京剧"十三辙"中的"一七辙"。"四呼"中属"齐齿呼","五音"中属"齿音"。这个字的发音准备:闭嘴时舌尖舔上牙抵住齿缝,气息冲到时舌尖从上牙滑下,发字头 l 音,进入字腹 i 音时,全舌贴在下牙龈。这个字的字腹要滑一下音(因为是上声字)。收气音断即是字尾("一七辙"不收音)。

"目"——京剧"十三辙"中的"姑苏辙"。"四呼"中属"合口呼","五音"中属"唇音"。念字头的准备:口型紧闭,气息把闭着的嘴冲开就是字头的 m 音,紧接着声音转到 u 音的韵母。口型是半张的圆形。这个字的字尾不收音。

"愁"——京剧"十三辙"中的"由求辙"。"四呼"中属"合口呼"，"五音"中属"舌音"。这个字的吐音准备：口型半张成圆形，卷舌抵在上膛，气息冲开同时字头 ch 音发出，要带出一点摩擦音，后紧接字腹的 ou 音韵母，撑开上膛，字尾落于 u 音。一定要 u 音后止气闭口。

"云"——京剧"十三辙"中的"人臣辙"。"四呼"中属"撮口呼"，"五音"中属"舌音"。念这个字的准备：后舌卷贴上膛，舌尖抵下齿，口型半张成圆形时，气息冲到时字头 yu 音即发出，字腹 un 音时，上唇扣下唇"撮口"型不变，舌尖贴在下牙龈，字尾收在 n 音，方法是舌面抵上膛，气止 n 音收。

"低"——京剧"十三辙"中的"一七辙"。"四呼"中属"齐齿呼"，"五音"中属"齿音"。念这个字的准备：口型微微张开，上下齿也微张，舌尖舔上膛抵住齿缝，气息冲到时，舌滑到下齿立即发字头 d 音，紧接 i 音的字腹，口型不变，撑开前上膛，舌挂在下牙龈处，字头要短，字腹要立即接上，收字尾闭嘴音止。止气就是收尾音。

"锁"——京剧"十三辙"中的"梭波辙"。"四呼"中属"合口呼"，"五音"中属"舌音"。念这个字的准备：嘴微张，上下牙齿中间合起微漏空隙，舌抵牙齿空隙中。气息到字头音 s 音便出，字腹的 uo 音时成半圆的口型。这个字的韵母也要上滑一下，随着滑音口张开，字尾就收音在 o 音上。收得要干净。

"衡"——京剧"十三辙"中的"人臣辙"。字本音是 heng，变京剧的"上口字"为 hen 音。"四呼"中属"合口呼"，"五音"里属"喉音"。念这个字的时候，口型张开，上下牙齿半张，舌两边卷起贴后膛，念字头时保持口型不变 h 音由喉内发出，接字腹音en时舌头收回口腔中间，上腭撑起。双唇略往两边拉紧，字尾舌尖抵上腭落n音，收得要干净。

"阳"——京剧"十三辙"中的"江阳辙"。"四呼"中属"开口呼"，"五音"中属"舌音"。这个字的字头发音准备：上下牙齿微闭，舌头前部贴下牙齿，气息冲，上腭撑，口张开，yi的字头即出，即刻转到ang的字腹，舌置口中间，撑开上腭，口型张开不变，字腹略放长，字尾闭口时发出略带鼻音的n音上。

"路"——京剧"十三辙"中的"姑苏辙"。"四呼"中属"合口呼"，"五音"中属"舌音"。念这个字时的准备：口微张开，舌头外沿抵在上腭，用舌尖反面抵住上牙。用气息冲开舌头就是字头发l的音，同时舌头由上牙后打到下牙后龈，字腹u音同时发出，字尾也同时收在u上。这个字字腹的韵母要放长一些。

"鱼"——京剧"十三辙"中的"一七辙"。"四呼"中属"撮口呼"，"五音"中属"唇音"。念这个字的准备：上唇扣下唇，外部口角夹紧。舌两边卷起，舌尖抵缩下牙齿后，气息冲时保持这个口型不动，字头u音、字腹u音、字尾u音是同样的。这个字在这里念得比较短些，止气就收尾。

"书"——京剧"十三辙"中的"姑苏辙"。但这是一个"上口"字，原shu音，变成shur。"四呼"中属"撮口呼"，"五音"中属"舌音"。念这个字时，上唇扣下唇，外部口角夹紧。舌头卷在上腭，用气息冲出时口型不变，发sh的字头，字腹的ur同字头相接，字尾同字腹相接，几乎都是shur音的延续，止气就收尾。

"不"——京剧"十三辙"中的"姑苏辙"。"四呼"中属"合口呼"，"五音"中属"唇音"。念这个字时的准备：双唇闭紧，用气息冲开发 b 的字头，紧接着双唇被冲开，外口型也是半张，字腹的 u 音的韵母同字头的 b 紧相连，字尾也同时收在 u 上。这个字也是个短促的字。止气就收尾。

"至"——不入京剧"十三辙"。"四呼"中属"齐齿呼"，"五音"中属"舌音"。念这个字时的准备：半张口型，舌头卷抵上膛，用气息呼出的 zhi 音，既是字头，也是字腹，也是字尾。这个字的发声要短促一些。止气就收尾。

"雁"——京剧"十三辙"中的"言前辙"。"四呼"中属"齐齿呼"，"五音"中属"牙音"。这个字的吐音准备：半张口型，舌头后部抵后膛，前部舌尖抵下牙，气息呼出时抬上牙部分，出 i 的声母音，随着下颚往下开，上下牙打开，字腹的 an 紧接上。这个字腹的韵母要延长一些，后音要往上调一下再收字尾。这个字整个过程保持口型不变，着力撑开上膛，字尾落于 n 音。

"无"——"京剧"十三辙"中的"姑苏辙"。"四呼"中属"合口呼"，"五音"中属"唇音"。念这个字时的准备：外口型椭圆形的。舌头自然在内膛中。用气息冲开发 w 的字头，字头、字腹、字尾都是韵母 u 音。这个字也比较短促。止气就收尾。

"凭"——京剧"十三辙"中的"人臣辙"。本音的 ping 变京剧的"上口字"为 pin 音。"四呼"中属"齐齿呼"，"五音"里属于"唇音"。念这个字的准备：外口型闭嘴，舌头自然在内膛中。用气息冲开发 p 的字头时，口型被冲开，双唇有喷口，字腹要紧接着字头发 in 音的韵母，此时上下牙齿对齐，舌头抵住牙缝，以保证字腹音正常运行，字尾收在 n 音，这个字要求放尾音后收字。但是字尾收得要干净。

"几"——京剧"十三辙"中的"一七辙"。"四呼"中属"齐齿呼"，"五音"中属"牙音"。念这个字的准备：口型微张，口内舌两边卷起贴上腭，舌尖贴在下牙齿后面，气息冲时保持这个口型不动，字头念法是气息从上腭挤出 j 的声母音，并形成一个气流的空隙，字腹的 i 音、字尾的 i 音都从这气流中发出，并且收住。

"番"——京剧"十三辙"中的"言前辙"。"四呼"中属"开口呼"，"五音"中属"唇音"。这个字的吐音准备：下唇和上牙齿互相摩擦，下唇向外用力，就是字头的 f 音，下唇和上牙互相摩擦后，口型上下打开，上腭撑起，舌后缩，声音紧接 f 的声母变 an 音的韵母，字腹略延长。字尾收于 n 音。这个字也要求放尾音后收字。

"空"——京剧"十三辙"中的"中东辙"。"四呼"中属"合口呼"，"五音"中属"喉音"。念这个字的准备：双唇半张，口腔里小舌头压住舌后部。气息冲开小舌头就是字头 k 音的声母，紧接 ong 音是字腹，这时的口型，双唇是圆形，舌头在口中央，上腭要撑起。这个字要注意，字头要短，字腹要立即接上。收字尾只要闭双唇止气就完成。

"作"——京剧"十三辙"中的"梭波辙"。"四呼"中属"合口呼"，"五音"中属"舌音"。念这个字的准备：嘴微张，上下牙齿中间合起微漏空隙，舌抵牙齿空隙中。气息到字头音 z 音的声母便出，字腹的 uo 音时，外形成圆的口型。字尾收音在 o 音上，收得要干净。

"悲"——京剧"十三辙"中的"灰堆辙"。"四呼"中属"齐齿呼"，"五音"中属"唇音"。念字方法：外部双唇闭，内腔舌居中，做好准备。气息冲开嘴唇，上下牙齿对齐张开，舌缩到中间靠下，与气息冲开的同时，字头 b 音声母和字腹的 ei 音韵母几乎是连在一起喷出。主要着力在双唇，同时外部的嘴唇两边嘴角向旁边拉，字尾收 i 音，止气即收尾。

"秋"——京剧"十三辙"中的"由求辙",京剧里的尖字。"四呼"中属"合口呼","五音"中属"牙音"。这个字的吐音准备:口型半张,上下牙齿对齐微漏缝,舌尖抵缝隙处。气息到时舌尖冲开上下牙,发字头 cq 二合一的声母,尖字显出紧接字腹 ou 音的韵母,口型外部双唇打开,内部舌头缩后。字尾收 u 音,这个字也要求放尾音后收字。字尾收得要干净。

"赋"——京剧"十三辙"中的"姑苏辙"。"四呼"中属"合口呼","五音"中属"唇音"。念这个字时的准备:外口型为椭圆形,舌头自然在内腔中。气息到时上唇与下牙齿摩擦,下牙齿向外,上唇向后。字头的 f 声母音和字腹的 u 韵母音几乎连在一起。字尾收 u 音,气止字收。

"回"——京剧"十三辙"中的"灰堆辙"。"四呼"中属"合口呼","五音"中属"喉音"。这个字的念法:外形上双唇角往中间挤,成小圆形。口里双齿上抬。舌居中间做好准备。字头的气息在喉部发 h 音的声母,字腹 ui 音时,外部双唇张开。字尾双齿并拢微张,舌尖落下牙龈,字尾收在 i 上,这个字也要求放尾音后收字。

"首"——京剧"十三辙"中的"由求辙"。"四呼"中属于"合口呼","五音"中属于"牙音"。这个字的念法:舌两边卷起贴上腔,气息冲念字头 sh 声母音,接着舌后缩接字腹 ou 韵母音,外口型张开,撑开上腔,字腹要延长些。字尾的收音要收到 u 上,闭唇收音。

"西"——京剧"十三辙"中的"一七辙"。"四呼"中属"齐齿呼","五音"中属"牙音"。这也是尖字。念这个字的准备:口型微张,口内舌两边贴左右上牙龈,舌尖贴在下牙齿后面,气息冲时保持这个口型不动,念字头出音时嘴角向两边用力，舌尖贴在下牙齿张开，气息从上膛顺出 xi 的双重声母音，尖字形成，舌后缩，使气流形成一个上圆通道，字腹的 i 音、字尾的 i 音都从这通道中呼出，并且收住。

"山"——京剧"十三辙"中的"言前辙"。"四呼"中属"开口呼"，"五音"中属"舌音"。这个字的吐音准备：上下牙齿对齐，舌面卷，两边抵上颚气息从舌的两边冲出就是字头的 sh 声母音。上下牙大张字腹的 an 韵母音即出，口型上下打开，上膛撑起，舌后缩，字腹略延长。字尾收于 n 音。这个字也要求放尾音后收字。

"日"——不入京剧"十三辙"。但是个上口字，r 要上口念成 ri。"四呼"中属"合口呼"，"五音"中属"齿音"。念这个字时的准备：半张口型，舌头卷抵上膛，用气息呼出的 ri 音，使气流形成一个细小的上圆通道，呼出字头，也是字腹，舌挂在下牙龈，字尾落在 i 上。这个字的发声要短促一些，止气就收尾。

"又"——京剧"十三辙"中的"由求辙"。"四呼"中属"齐齿呼"，"五音"中属于"牙音"。念这个字时的准备：舌两边卷起贴上膛，舌尖贴在下牙龈，气息由后往前推送出 i 的字头，紧接着把上膛张开接字腹 ou 音，上下牙张开，舌后缩，字腹要延长些，字尾的收音要收到 u 上，闭嘴收音。这个字也要求放尾音后收字。

"斜"——本是京剧"十三辙"的"乜斜辙"（读 xie 阳平），但是在这出戏中念北音 xia 音，就归到了"十三辙"的"发花辙"。"四呼"中属"开口呼"，"五音"中属于"牙音"。念这个字时的准备：口中上下牙齿要对齐，并拢舌头贴在下牙后面，字头 x 的声母开始就是用气息冲开双齿，上下牙打开，立刻接 ia 的韵母音，只要上下牙大张开，口型也张开，舌

· 109 ·

缩进，字腹音就放出来了，同时也是字尾。气断音收。

"天"——京剧"十三辙"中的"言前辙"。四呼中属"开口呼"，五音中属"齿音"。这个字的吐音准备：上下牙齿对齐，留有缝隙。舌头缩在牙齿后面。气息冲到，舌尖抵上下牙齿缝，字头的 t 声母音冲出，紧接着上下牙齿和上下唇都大张开，舌挂在下牙龈下，字腹 an 韵母音接声母而出。上膛撑起，字腹略延长。字尾收于 n 音。这个字也要求放尾音后收字。

"涯"——京剧"十三辙"中的"发花辙"。"四呼"中属"开口呼"，"五音"中属"齿音"。这个字的发音准备：舌面自然贴上膛和双齿边，舌尖抵下齿，气息冲到时字头 i 音已经带出来了。接着是上下齿大张，口型大张，舌后缩。字腹 a 的韵母音要紧接 i 的声母。口型不变，着力撑开上膛，字尾同字腹。气止闭口。

"孤"——京剧"十三辙"中的"姑苏辙"。"四呼"中属"合口呼"，"五音"中属"舌音"。念这个字时口型成圆形，舌头贴膛下用气息冲开舌根发 g 的字头，几乎同时舌头由后膛往下打，形成气流的直通道，字腹 u 音发出，字尾也同时收在 u 上。这个字也是个短促的字。

"客"——本是京剧"十三辙"中的"梭波辙"，但这出戏里读北音的 qia 音，因而变成"怀来辙"。"四呼"中属"齐齿呼"，"五音"中属"牙音"。念这个字时的准备：上长牙齿对齐，中间留一细缝，舌面抵住上膛，气息一冲上下齿打开，字头 q 声母冲出，紧接上下牙张开，舌后缩。字腹 ai 韵母接紧，尾音舌面贴上膛，同时舌尖抵下牙龈就收到 i 音。放尾音后止气收字。

"真"——京剧"十三辙"中的"人臣辙"。"四呼"中属"齐齿呼"，"五音"中属"牙音"。念这个字时的准备：下牙齿对齐半张，舌两边卷贴上腭气息冲，舌放平滑时字头的 zh 声母音出来，紧接着上下牙张开，双唇角往两边用力，字腹 en 韵母音放出，略延长一些，字头、字腹要浑然一体，字尾收 en 音，放尾音后止气收字。

"难"——京剧"十三辙"中的"言前辙"。"四呼"中属"开口呼"，"五音"中属"舌音"。念这个字时的准备：口形微并，舌尖部分抵住上齿后，气息冲到时舌尖从上滑下便是字头 n 音，几乎同时张开双齿和口型，舌后缩，紧接字腹 an 音韵母，字头、字腹要浑然一体，字腹略延长一些，保持口型不变，着力撑开上腭，字尾落于 n 音。n 音出后收字。

"度"——京剧"十三辙"中的"姑苏辙"。"四呼"中属"合口呼"，"五音"中属"舌音"。念这个字时的准备：口微张开，舌头外延抵在上腭，舌尖抵住上牙，用气息冲开舌头就是字头发 d 的声母音，同时舌头后缩，口型变成圆形，字腹 u 音同时发出，字尾也同时收在 u 上。这个字字腹的韵母要放长一些。

"丈"——京剧"十三辙"中的"江阳辙"。"四呼"中属"开口呼"，"五音"中属"舌音"。念这个字时的发音准备：上下牙齿微闭，舌头抵上腭，气息冲，上腭撑，口张开，舌头由腭上滑下来 zh 的字头自然出来，即刻转到 ang 的字腹，着力撑开上腭，上下牙张开，口型张开，字尾闭口发出略带鼻音的 n 音上。然后止气闭口。

"夫"——京剧"十三辙"中的"姑苏辙"。"四呼"中属"合口呼"，"五音"中属"唇音"。念这个字时口型自然平，舌头自然在内腔中，气息到时上嘴唇与下牙齿摩擦，下牙向前，上唇向后下。字头的 f 声母音和字腹的 u 韵母音几乎连在一起。字尾收 u 音，气止字收。

"有"——京剧"十三辙"中的"由求辙"。"四呼"中属"合口呼","五音"中属"舌音"。念这个字时的准备：舌两边卷起贴后膛，舌尖贴在下牙龈，气息由后往前推送出字头 yi 的声母音，紧接着把上膛张开接字腹 ou 音，字腹略延长，同时这个字有一上滑音，字尾的收音要收到 u 上，u 音出后，气断字收。

"泪"——京剧"十三辙"中的"灰堆辙"。"四呼"中属"合口呼","五音"中属"舌音"。念这个字时，口微张开，舌头外沿抵在上膛，用舌尖反面抵住上牙。用气息冲开，舌尖由内上齿下滑就是字头 l 的声母音，舌头下滑后立即回缩，字腹 ui 韵母音同时发出，字腹音略延长些，字尾也收在舌面贴上膛。i 音后再收字，气断字收。

"不"——京剧"十三辙"中的"姑苏辙"。"四呼"中属"合口呼"，五音中属"唇音"。念这个字时，口闭紧，用气息冲开双唇，就是字头发 b 的声母音，同时口型保持被冲开的半圆状，舌头后缩，字腹 u 音接上声母的 b 发出，字尾也同时收在 u 上。这个字字腹的韵母短促。

"轻"——京剧"十三辙"中的"人臣辙"。本音的 qing 变京剧的"上口字"为 qin 音。"四呼"中属"齐齿呼","五音"里属于"齿音"。这个字是尖字。念这个字的时候上下牙齿半张，舌两边卷起贴后膛，舌尖抵下齿下，字头发 qi 双声母音就是保持这个形态，尖字也出来了，这个字头的音要长一点接 in 音的字腹，使字头、字腹浑然一体，字尾收 en 音，字尾收得要干净。

"弹"——京剧"十三辙"中的"言前辙"。"四呼"中属"开口呼","五音"中属"舌音"。这个字的发音准备：口形微并，舌尖部分抵住上下齿中后，气息冲到时上下齿打开舌后缩，便是字头t音，几乎同时张开上下齿，张开口型，紧接字腹an音韵母，保持口型不变，着力撑开上腭，字尾落于n音。n音出后收字。

"只"——不入京剧"十三辙"。"四呼"中属"合口呼"，"五音"中属"齿音"。念这个字时的准备：半张口型，舌头卷抵上腭，舌挂在下牙龈，用气息呼出的zh音，使气流形成一个细小的通道，呼出字头，也是字腹和字尾，这个字的发声要短促一些。止气就收尾。

"因"——京剧"十三辙"中的"人臣辙"。"四呼"中属"齐齿呼"，"五音"中属"舌音"。念这个字的时候上下牙齿半张，舌两边卷起贴后腭，舌尖抵下齿，字头发yi声母音就是保持这个形态，这个字头的音要长一点接in音的字腹，字腹放出即收字尾n音，字尾收得要干净。

"未"——京剧"十三辙"中的"灰堆辙"。"四呼"中属"齐齿呼"，"五音"中属"唇音"。念字方法：外部双唇闭，内腔舌居中，做好准备。气息冲开嘴唇，上唇与下牙摩擦，下牙向外滑上唇向内滑，出字头w音紧接字腹ei音，舌面贴上腭，这个字头与字腹紧紧连一起而且要快，字尾收i音，止气即收尾。

"到"——京剧"十三辙"中的"摇条辙"。"四呼"中属"开口呼"，"五音"中属"喉音"。字头前的准备：口微张，舌面抵住上腭，气息冲时舌与上腭打开，字头d声母出，紧接字腹的ao音，字尾是u音，双唇一闭字腹放出u音即收字。

"伤"——京剧"十三辙"中的"江阳辙"。"四呼"中属"开口呼"，"五音"中属"舌音"。这个字的发音：字头上下牙齿微闭，舌头卷到上腭。气息冲，舌放平，上腭撑，口张开，sh的字头出，即刻转到ang的字腹，着力撑开上腭，口型张开不

变，这个字的字腹要延长一些，字尾闭口发出略带鼻音的 n 音上。

"心"——京剧"十三辙"中的"人臣辙"。这个字是上口字中的尖字，读音是 s-i-en。"四呼"中属"齐齿呼"，"五音"中属"舌音"。念这个字的时候上下牙齿半张，舌两边卷起贴上膛，舌尖抵下齿，气息冲舌面立即贴上膛发 s-i 音的字头，在保持这个形态下，接字腹 ien 音，这个字头要长一点，接 ien 音的字腹，使字头、字腹浑然一体，字尾闭口要发出 en 音，再断气收字。

"处"——不入京剧"十三辙"。"四呼"中属"撮口呼"，"五音"中属"唇音"。念这个字准备的口型：上嘴唇压下嘴唇。嘴唇变为椭圆形，内部舌面抵住后上膛。舌尖舔下牙龈，字头、字腹、字尾都是在这个口型下发出的 chu-r 音，这个字要求短而促。

第三章 茹富兰老师教《林冲夜奔》>>>

第二节 《林冲夜奔》一场戏谱式

一、准备

出场前的准备动作:"双脚为根,腰为轴""气沉丹田,头顶虚空"(全身放松),这是每个角色上场之前要遵循的规律。"右丁字步"站好,右手叉腰(注意"茹派"对叉腰的规格)。左手"握剑式"(肩膀平、扣小肘、手从外向里握剑柄,以下同)。

二、出场

打击乐收住后我们喊"啊嘿——"。之后是出场的起式:打击乐是"小钹四击头"(大 台│才才│大巴 才│另 才‖)。"大"双脚跟抬起,找准出场的方向右脚跟落地站稳,同时扶握宝剑的左手,撒开向左腰外面变"托宝剑"式;打击乐"台"时,向上举右手,同时左腿大腿带小腿平抬起;打击乐第一"小钹""才"时,左腿盘腿,右手按剑。[见《林冲夜奔》图1:出场"按剑式"] 打击乐第二"小钹""才"时我们是身体稍向前冲,眼向斜下方看,走五步或七步"圆场"停住,此时是左脚在前的"丁字步"。打击乐"大巴"时脸抬起,打击乐第三"小钹""才"时,左手放剑由宝剑里面抓住剑柄,同时双脚拧动向右后,右脚上前半步,右手放松垂下来;打击乐"另"时,抬右手到"倒缨盔"右上方,同时"行肩跟臂"身向左拧,左脚跟在右脚中,成

· 115 ·

"左丁字步",眼看右手;在打击乐末锣时以腰为轴向左拧身,全身下沉。脚下变成"左丁字步点脚",同时变脸向中间亮相。按照茹老师的要求,此时双眉尖稍内簇,眉后梢要挑起来,眼神中有一种夜间向远看的感觉。注意:茹老师特别强调林冲这个人物不是草寇,而是个落魄的将军,气度要大。这在第一次亮相中就要体现出来。[见《林冲夜奔》图2:出场亮相"握剑'夸赞式'"]

三、三跨腿

接着前面的亮相,打击乐起"小钹冲头"——崩 嘟 | :才才 | 才才:‖,我们将左脚点步站,变全身立起,右手从上方下来变山膀,脚下仍是左丁字步。接下来是三跨步(三跨腿时左手始终"握剑式")。跨第一步:"起步拧脚挪后跟",所谓拧脚,是双脚翘起脚后跟,为了找准前进方向。右脚右拧脚后跟着地,左腿大腿带小腿平抬之后便"盘腿",同时向内扣左脚,扣左脚时左脚后三脚趾用力往上翻,形成盘腿时厚底上翻的优美形态。右脚在下五脚趾抓地,"金鸡独立",接着右手由山膀合向左胸前(手心朝胸)。脸向前,眼神仍然是在黑夜行走察看前方。接着左脚落处注意一个"艺诀":"高抬,低落,近一点。"就是说亮靴底时要高一点,让观众看到靴底。然后迈步时要往回收"低落",左脚落地的方向是沿着前进的方向。"近一点",这样腰就不晃,有了美感,另外舞台没有那么大,如果大步往前赶,舞台则不够用,人物也显得不稳重。只要左步前进立稳后,接着跨第二步:左腿顺右腿而下,抓地。迈右步亮右靴底,右盘腿。右手右拉开山膀,眼神从前面远望一直随右手看到右面前方。[见《林冲夜奔》图3"握剑'跨腿式'"]然后落步时要往回收"低落",右脚落地的方向也是沿着前进的方向,"近一点"。跨第三步方法如同第一步:右山膀又合向胸前(手心朝胸)。随着右脚落地,左腿如第一次的方法抬起、盘

腿、翻靴底。右山膀又拉开。接着左腿顺右腿而下，迈步亮靴底，还是"高抬，低落，近一点"的方法。第三腿跨完右脚跟半步。持宝剑的左手撒手，紧接右肩带动背，双脚随着向后拧，此时身体已经拧向右斜后方。这时打击乐进"小钹收头""才七另｜才一‖"。"才七"是左手在伸向右前方时抓宝剑柄（"握剑式"）。"另"是双脚又向左变成左丁字步。左肩"行肩跟臂"把身体带向了左前方。同时右手举到"倒缨盔"前，末锣"才"以腰为轴，全身下沉。右手在上掌变"夸赞式"。这时脸部要放松，两只眼睛随着亮相向前方看，并不是皱眉，因为巡视了一圈，感到前面没有什么人在注意自己，簇眉稍展。

"三跨腿"现在几乎在所有的走边中被删节了，大多数演员认为这个节奏太慢，观众接受不了。其实这是一种程式。一个角色出场，如何让观众看你这个演员的火候和功力？无论是穿薄底还是穿厚底，"三跨腿"所表现的是一种有武功在身的"大格局"，包括了大度、大气、大本领的。夸张的戏曲形体完成得出色，观众则在出场就看出了这个演员的功力（包括腿功、金鸡独立功、脚步功、手眼配合功）和艺术分量（一个演员艺术积累的厚度）。茹老师在上课时特别强调这三抬腿、三跨腿要走好。在我的艺术观念中，这三跨腿和三抬腿在学生打基础时是不能够取消的。

四、云手、后拉

接下来就是松弛站立。双手手心朝前下垂，略微停顿。接着顺时针双缓手一圈。左手握拳，右手按掌。脚下左虚丁字步，提神远望前方。[见《林冲夜奔》图4"按掌式"]接着退左脚变右丁字步，再退右脚变左丁字步。这两步是单脚退步，眼睛看前方。后面是连脚退步，眼看右手三到五步，右手随着脸部拉，小臂随着大臂抬，这叫"半拉半抬"。注意，"茹派"在拉云手的形体动作过程中，特别讲究"半拉

半抬"。具体做法是：当手掌拉到离开身体时就以抬臂为主了，此时的手掌也不许"折腕子"或"抖腕子"（即手腕往上翘，软腕子）。这样一种拉法可以表现形体动作的大气、规整，避免小家子气。眼随手走，拉到头后往外撑腕子时头向正前方变脸（此时随打击"小钹收头"节奏，最后一锣变脸）。[见《林冲夜奔》图5：拉开"山膀式"]

五、云手、跨腿、踢腿……"四击头"

拉山膀到上场门后，首先要求眼睛提一下神，好像在前面发现了什么东西的感觉。接着在打击乐"小钹丝鞭一击"嘟—│巴大│才—‖的节奏中起云手。"丝边"是眼睛提神。"巴"之前把左拳变掌，右肩往右后带动后背，右掌在后肋处准备。在"巴"时右掌从下穿过左掌。右肩同时带动后背右侧，右掌向上推掌。这里有一个微微的停顿是"穿掌式"。"大"时右肩将后背带回右侧，在身向右的同时左右手有一个顺时针的上下圆圈。然后右掌变拳后撑与肩平，左手变掌放在自己的胸前，脚下归左丁字步。"才"时左肩带动后背向左，左掌同时压掌。左丁字步变丁字步点脚式，变脸同时以腰为轴，全身往下一沉，眼神看前方（这是"茹派"云手中的"穿手云手"），成"压掌式"。[见《林冲夜奔》图6：踢腿"准备式"]

随着打击乐"小钹四击头"大台 才│才 大巴│才 另│才—‖的节奏，"大"时左掌放松下垂，掌心向外。"台"时外伸缓一个逆时针的圆圈，同时跨右腿（茹老师说："跨腿如跨毛，大腿带小腿。"这是保证大带不被踢到头上）。"才"时左腿向脑门踢出，左掌随之。第二锣"才"左腿落地，左掌随之落左胯，接着顺时针沿自身缓一大圈后向外推掌式。右后脚趋前左脚往前变成左前弓后箭式。[见《林冲夜奔》图7："'前弓后箭''推掌式'"]接着"大巴"时左掌会归为左下肋，身向左转，右拳变掌。左腿盘腿。第三锣"才"时左腿落地，跨

· 118 ·

右腿，由左变身向后，双脚站成与肩宽。上身先起半个云手成"双手托天掌式"。脚下旁吸左腿。下面"另"时双手顺时针转一大圈。左腿落地，左手与肩平变拳，眼看左手，右手变掌，在胸前落住，做好准备，等待末锣。末锣"才"时，腰撑住劲，往下一沉蹲，脸由左变到前方，右手变成按掌式，此时是背朝前方。

六、云手拉回

接着是站身。注意，"未曾动左，先动右"，以腰为轴，先向右，然后左倾。同时收左腿，变左丁字步。接着上身动作右手置于右肋下（掌心朝上）。左手与左肩平（"平按掌式"）起正云手。脚下左脚先迈，共五步连步。最后右脚跟半步，仍然落在左丁字步上。左手握拳与肩平，右手按掌式，然后开始退步。退步和前面的讲究一样，提神远望前方。接着退左脚变右丁字步，再退右脚变左丁字步。这两步是单步。后面是连脚退步，眼看右手三到五步，右手掌拉法还是"半拉半抬"。拉开山膀时眼也是随右手走的。在"小钹收头"的末锣变脸看前方。

七、走边第3个"四击头"

在打击乐没起"四击头"之前。有一个"小钹丝边一击"。我们在丝边中变掌。先举左掌，接着左右掌交叉举起。举右掌同时跨右腿。然后右掌背在下额前拍左掌心。右掌背再拍跨腿的右大腿。同时在打击乐"巴"时右腿落。"大"时盘左腿，右腿"金鸡独立"。上身左手"栽锤"戳在盘腿的左膝上。右手朝天掌。[见《林冲夜奔》图8："'金鸡独立''栽锤式'"]注意，这里有一个高级的要求，在起丝边变掌时，双肩同时画一小圈。右肩是顺时针方向，左肩是逆时针方向。这是一个内在的小圈，然后左右掌上下交错。

下面接着打击乐的"小钹四击头"<u>大 台</u> 才｜才 <u>大巴</u>｜才 另｜才一‖。在"大"时左脚落地,左大丁字步前点步。同时双手变掌(掌心向上)落在左腿前,"<u>台</u>"向右拧身,别右腿双手掌在上。第一锣"才"双手顺时针向里缓一大圈。右脚一个小趋步。第二锣"才"左脚踏步在右脚后。双手顺着缓式张开一个大翻身。"大巴"时是翻过身来双手延伸再一个顺时针的缓手。脚下左脚在前。双手掌心向上,缓到右腿侧停顿一下。接着"另"的节奏。双手相对翻手腕。右手掌高举在上。左手掌横于腰前。亮相前,左肩带动后背向前变身。脚下变左丁字步。末锣"才"腰撑住劲,往下一沉蹲,脚变左丁字步点脚,脸由右方变前方,亮相〔见《林冲夜奔》图9:"双掌顺风式"〕。

八、云手、后拉

接着上身动,左手向前上方掏,归至左肋下(掌心朝上)。右手手与右肩平("平按掌式")起正云手。脚下左脚先迈,上三步最后右脚跟半步,仍然落在左丁字步上。左手握拳与肩平。右手按掌式。亮相稍停顿,然后开始退步。退步和前面的讲究一样,先退两步单步。提神远望前方。退左脚变右丁字步,再退右脚变左丁字步。后面是连脚退步眼看右手三到五步,右眼随着脸部拉山膀,后面连步时是"半拉半抬"。在"小钹收头"的末锣变脸看前方。

九、走边、三跨腿

斜线山膀拉到上场门台口后。打击乐"小钹收头"收住。接着又起"小钹冲头"。但是这个冲头是比较慢节奏的"冲头",原因是要配合我们演员前面几个要节奏的身段。我们在拉开山膀亮相后,接着的形体动作是盘左腿,左手向下抓住宝剑柄。这个动作的同时右手掌上举,再跨右腿。(小钹冲头的第一锣"才")右掌划右腿转身(小钹冲头的"台")。转身后是左手抓宝剑柄。右手拉山膀亮相(小钹冲头的第二锣"才"以下是自由节奏)。接下来沿着边幕,从上场门台口外走向上场门前方的形体动作。这是名副其实的"走边"(听老先生讲,走边就是指这一组沿着边幕从后向前的动作。除了"走边",在戏曲中表示前进的都没有这一组动作,起霸也不用这动作,只是几个台布就带过来了。所以,要重视在走边中的这组动作。)接下来还是"穿手云手",将持宝剑的左手变掌往前伸,左脚跟着往前一步虚点步。右掌在后肋处准备。从下穿过左掌。这里一个微微的停顿是"穿掌式",接着右肩向后背带入右侧。在身右方左右手有一个逆时针的上下交错的圆圈。然后右掌变拳与肩平。左手变掌向着自己的面。脚下归左丁字步点脚亮住、略停顿。左掌放松下垂,掌心向外。再向外伸缓一个逆时针的圆圈,同时跨右腿,左腿向脑门踢出,左掌出掌(挡住可能被踢起的大带)。左腿踢腿落地。接着左手顺时针沿自身缓一大圈向外推掌。右后脚趋前左脚往前变成"前弓后箭式"。接着是右掌在左掌下穿出。注意,这里有个小圈套大圈的细微的形体动作处理。首先要"以腰为轴":这时左掌在前面要画一个逆时针的小圆圈,从而带动左肩的逆时针晃动。紧接左腿向台中心微步,整个这组动作离不开"行肩跟臂",右掌沿胸下顺时针推出,左手在上逆时针一个反云手小晃动,左手心朝上穿出,顺势变为"托天掌",同时右腿抬大腿带小腿"盘腿式",右手变拳,放在盘腿之上,身法在这几个圆圈变化中灵动地以腰带动晃圆,当成为"栽锤式"亮相时,身形正好落向右倾[见《林冲夜奔》图10:"行进中'栽锤式'"];接着是"扑身转身云手式",走法是:放在右腿上的右拳,变成掌,有一个顺时针的小圈。同时盘着的右腿伸向斜方。张开左右臂双手都变成向外的掌,左手在上,右手在下,此时有一个小停顿。随后向前扑身。起反云手右转身,转身后面向舞台下场边(面对鼓师)左手与肩平,右手拉开山膀。我们的身段走到这时，打击乐"小钹冲头"收住。下面一个特殊的身段，举右手向鼓师有一个交代。鼓师这时会领打击乐"三锣"（<u>八大</u> 才 才 才）。我们在"八大"时，右手由里向外顺时针画一大圈，同时上右脚。接着右手合胸，跨左腿。右手拉开山膀，跨右腿。右手再合胸，跨左腿。接下来这组动作又是"茹派"专门的动作，打击乐器"小钹丝边一击"（嘟……｜八 大｜才一‖），在"嘟"时我们的形体动作是向后撤左腿，右掌向前上方伸。身体在左肩的带动下面向后。然后顺着起半个"大刀花"，右步随着迈到左步之前。右肩带动身体转向观众。当"大刀花"面向观众时左手在上、右手与肩平行伸开时，在身前方左右手有一个双手上下向内"轱辘拳"。这些动作都在打击乐"丝边"里。接着打击"八"时向外跨右步顿足，上身是双臂向外张开，"大"时右手拳，左手掌向胸口处合拢。接着打击乐"才"，撑开双手变左手掌在上，右手拳横握的"顺风旗式"，脚下是左丁字步，眼睛提神往远方看。[见《林冲夜奔》图11：立身"顺风旗式"]表现走了这么长时间的路，没有发现什么特殊情况。眼神释放的是心神稍定后简短的些许激动。

十、开唱前动作

这组动作是"茹派"的专门动作。亮相后全身放松，这时的打击乐仍是"小钹冲头"，我们的形体动作："顺风旗式"在上的左掌由外翻转向里。同时身体随之渐渐向后倾。左步跟着向后一步做支撑。[见《林冲夜奔》图12："'行肩跟臂'之'领手式'"]然后全身左转向后。左手随手腕翻后大臂缓一外圆，手在左肋下，右手臂与肩平。此时背向观众。脚下往里面走两步，右脚跟右转，全身以腰为轴随右臂转向观众。此时打击乐"小钹归位" 0 <u>大台</u>｜才·<u>嘟</u><u>才台</u>｜才·<u>另</u>｜才 0‖，"<u>大台</u>｜才"起一个整云手。"<u>嘟</u><u>才台</u>"上左腿举右掌，"｜才·<u>另</u>｜"

左脚落地，右脚向前脚尖虚点地，同时伸出左掌。打击乐下面一个"才"我们撤回右脚，同时左手变拳。上右手变掌，拍左拳。向下放到胸前"双手拱手式"。脚下是左丁字步。[见《林冲夜奔》图13：立身"前拱手式"]

十一、唱【点绛唇】

下面几段戏，茹富兰老师在他的文章中记述得稍微具体一些。我们根据茹富兰老师的话，略加注释。

"'走边'后唱【点绛唇】，词是'数尽更筹，听残银漏。逃秦寇，哎好、好教俺有国难投！哪搭儿相求救？'舞蹈动作是围绕着唱词的内容进行的。如唱'数尽更筹'时，（注：在'走边'的最后，打击乐'小钹帽子头'末锣，也是'双手拱手式'。唱：'数'的第一个音符"3"时是放下双手，松弛上一步[见《林冲夜奔》图14：'放松起唱']：第二个音符'6'是拱手。）向前上步，双手一拱手，手分开（注：这个云手，是右手往上后领。右肩带臂扛背转身。[见《林冲夜奔》图15：右转身云手前的'行肩跟臂']）起反云手向右后方转身，右拳提起，左手按掌于拳上，吸抬左腿落地成点脚式，正好落在唱词'更筹'的'筹'字上，目前视亮相[见《林冲夜奔》图16：'右拱手点步式']。稍停，随着小锣两击'才才'上左步跨右腿目视左前角，立脖颈向右转身，（注：这个转身很重要。是'茹派'处理细微的一个表演动作，'立脖颈向右转身'是先要向右转头。因为头上戴的是倒缨盔。右转头红缨从左面到右面露出，观众看得很清楚。此时右手是由上往下压掌，抬右脚往里走的过程。这组身段呈现了细致的美。）右手拉成单山膀，左手扶握剑柄。'听残银漏'是左手扶剑不动，右手下滑；同时跨抬右腿即落。踢左腿云手左转，前弓左腿，右臂上举，手握拳，拇指向后面稍高一点的方向指。[见《林冲夜奔》图17：'听残'

后亮相，打击乐'大大'] 目前视，右耳向右手指的方面仔细倾听。这一段舞蹈说明林冲在夜行中注意时间的变化，古代都用敲更和银漏报时，他要分辨时间必须注意听着木梆声和滴滴答答的银漏声。（注：这里'逃秦寇－哎好'没有记录。以下补上：唱完'听残银漏'后，打击乐接两小锣，<u>才大 才 ‖</u> 我们在这两小锣中，面向上场门台口双缓手拉开山膀。唱'逃'字时双手臂变掌先往左腿前点放一下（掌心向上）然后顺时针双缓手一大圈，上左步，双手臂正好变成逆时针缓手半圈接踏右腿一翻身，翻身转过身来，唱'秦'动作是双手臂由左方缓落右方下侧，接双掌内翻手，然后双手举到右上方，右手在头上方，左手在右肩前，正好唱'寇'，这个字有一个甩腔，我们在甩腔中摇头表现出自己居然当了贼寇的愤懑。脚下归为左脚丁字步点步，这个字的腔收住。接着'哎好'，'哎'字左步上前弓腿，右手搂大带。唱'好'字时正好撤回左腿。脚下归为左脚'丁字步点脚'。右手搂大带于胯下。左手'夸赞拳式'在左腰前，大拇哥指向自己。）唱'好叫俺'［见《林冲夜奔》图18：唱'好叫俺'的姿势］右手搂大带，左手握拳，拇指对胸，左脚虚点，存右腿，微微摇头三下。接唱'有国'时，先吸一口气，向右偏脸皱眉，眼里露出凄惨的光芒，缓缓地摇头。这是表示林冲被高俅所害，才落得这步田地，心里冲出一口怨气。（注：唱'国'时摇两下头接着向右方上两步'圆场'跑至上场门台口扔大带，左转身，面向里。左手持剑柄，右手按掌式，接'圆场'）唱'难投'时，左手扶剑，跨抬左腿，随着'难'字的拖腔，沿着舞台中心向右缓慢地行一小圆场，开始的两步是足下像坠着石头一样的沉重，同时眼神也要从左向右扫视一周，这一眼要表现出林冲有家难奔，有国难投的心境。而这一切都是高俅迫害所致。唱完'投'字，身向右后角微微摆动几下上身，右手慢而有力地向前指出。要指得高些、远些，因为指的是高俅。高俅又非在眼前，而是在自己来的方向，所以要向后指，动作这样处理，才能增加林冲对高俅愤恨的表现。［见《林冲夜奔》图19：唱'难投'后亮相]（注：舞台上的最后指出是'小钹二三锣'。）"

注：茹老师的记录中缺少一句："哪搭儿相求救"，唱"哪"是左转身面向观众左手扶宝剑，右手高举，再左转身向后手掌向左斜上方。冲向左台口唱"搭儿"时，右手由上往下按掌，左脚上步。然后一个顺时针弧形圆场走到台中央。拉开山膀，"相"起正云手，跨右腿转向台左侧踢左腿，上身"拱手式"，落脚"左丁字步"[见《林冲夜奔》图20：唱"相"的姿势]。"求"起反云手，跨左腿转向舞台右侧踢右腿，上身"拱手式"，落"右丁字步"。[见《林冲夜奔》图21：唱"求"的姿势]唱"救"时双手顺时针缓一大圈，右手攥拳左手拉开山膀。接着打击乐又起"小钹归位"：0 大 台 | 才 嘟彡 才台 | 才·另 | 才 0 ‖，"大台"时注意：茹老师强调此时要先"行肩跟臂"，双肩同时转一小圈，左肩顺时针，右肩逆时针，几乎同时举右手臂，迈左脚亮靴底，眼看前方；"才"时左脚落地。嘟 才台右脚前迈，脚尖虚着地。举右臂向左张手掌，右手掌随后甩向后方，并以右肩带动，同时身向右。"| 才·另 |"时稍停顿，右手直接拍向左拳。最后"才"时右掌压左拳内于胸前。)

十二、定场诗

茹老师讲述："在下面的八句诗中，动作和舞是与诗相应的。如头一句'欲送登高千里目'，身段是两个小穿手[见《林冲夜奔》图22：先穿右手]向下一缓，虚点左腿，双手握拳，右上左下，目远视亮高相。[见《林冲夜奔》图23：'千里目'的姿势]这个动作说明林冲想登高远瞩，看一下自己的家乡。念'愁云低锁衡阳路'时，起云手，跨右腿踢左腿，落成左弓箭式，右手向下指路，眼顺着手指的方向望去。表示他想眺望家乡，但被低锁的云层遮住视线。（注：学习时这句动作的过程是这样：'愁云低锁'前三个字保持上一句形体不变，眼神要有愁云压心头的感觉，念到'锁'字，原来在上的右手变掌，直接由上点到左方与左肩平，打击乐起'丝鞭一击''嘟—｜巴大｜才—‖'身段是：右手在上起竖着的"反云手"右手360°大圈后伸左前方握拳，左手缓圈后掌压右大臂，'巴'时左掌掌出，同时踢左腿，右手在肋旁握拳，'大'时左腿落地于左前，变'左前弓后箭'，左手掌与肩伸平变拳，'才'时右手掌心朝上，一个内转'提溜'掌心向下变'双指式'。眼看远方。接念'衡阳路''衡'字时，眼'耷拉'下来看右手。右手心朝上半指式。'阳'字时，眼看左前方。右手同时抬起半手指。下面有一虚字'呃'，念这个字时，行右肩带动后背，右手在胸前画一个逆时针的小圈，右臂带动的双肩也随之一个小圈。随着这个小圈眼睛看要指的方向。'先看后指'，这个看是一个眺望式的看，然后再指出看的方向。[见《林冲夜奔》图24：念'衡阳路'的指]这又是一个'似指非指，不许指，先看后指'舞蹈化的指法。按照茹老师教学的这个形体动作，'丝鞭一击'是个规范动作又是对后面'衡阳路'内心表现的铺垫。而后面这三个字'圈套圈'的动作正是对林冲心中层层黑云压抑的舞蹈韵律美的表现。这个动作完成后，打击乐有'小钹二三锣'，我们随着节奏，双臂顺时针大缓。右手变拳，左手拉开山膀。"茹先生文章继续说："念'鱼书不至雁无凭'（古代多用鱼雁传书，信可藏于鱼腹）时，动作是收左腿站起，回身向内，左手按剑，右手叉腰低头摇晃。接念'雁无凭'时，急向外转身撤右步，（注：这个身段在茹先生教戏时没有转身。而是撤右腿，左腿跟。变左脚丁字步点脚式）仰面看天，摆手摇头。[见《林冲夜奔》图25：念'无凭'的姿势]表示出鱼雁虽能传书，但对林冲已不起作用，感到失望伤悲。念'几番空作悲秋赋'时，用右手背击左手心，左手掌式伸出，掌心向内，同时跨抬右腿即落，再跨起左腿耗住（注：盘腿）不动，右手指式举过头顶，反指左手心，立腰，目视左手。[见《林冲夜奔》图26：念'（几番空）作'的亮相]上身随头微微晃动。这个动作形容林冲为自身遭遇感到凄凉可悲，虽几次三番奋笔遣怀，但这些都不足以表达他对高俅的愤恨情绪。念'悲秋赋'时，要把左手视成那篇无济于事的诗赋一样感叹才行。念'回首西山日又斜'是起云手，向左跨右腿，转身向后伸腿，向左翻身变腰落成别卧式，双手顺风旗式，眼朝左上方一望（注：茹老师文章在这里念'回首'后落下有打击乐'小钹丝边一击'后的动作，这个动作停住后念'西山'[见《林冲夜奔》图27：念'西山'的亮相]）。随即前弓右腿，右手前指，目视右前方[见《林冲夜奔》图28：念'日又斜'的亮相]（注：茹老师实际教学中念完'西山'形体是，右臂逆时针大缓，在右上方高举，同时吸右腿念'日'，接着右脚落右前，右手带动全身从左面向右面上身几乎贴地面运动时念'又'，身体运动到右方脚下'前弓后箭'，左手上'托天掌'，右手指前念'斜'，茹老师要求这里的三个字要大幅度'大跃大片'才能显示和前面动作的反差，大武生的美。念'斜'后有打击乐'小钹二三锣'，我们随着节奏，先撤回右腿，双臂顺时针大缓。右手变拳，左手拉开山膀，脚下左丁字步）。这里不是表示林冲回头望见日已西落。夜间不会有太阳，而是表现林冲回首以往，感到现在的凄凉景象，好似夕阳西下一样。念'天涯孤客真难度'时，仰首望天，双手一拱，随后眼视己手，接念'真难度'时，后撤右脚，右手握拳连击左手心三下。[见《林冲夜奔》图29：念'真难度'三'顿足顿手'前]这些动作在生活中也是常见的，人在着急时，常会捶胸顿足。[见《林冲夜奔》图30：念'真难度'三'顿足顿手'落手、足]《林冲夜奔》中的林冲正像马致远的散曲《天净沙·秋思》中所描写的那样'……夕阳西下，断肠人在天涯'。这些舞蹈动作表现了林冲孤身流落天涯，日子是难挨的。念'丈夫有泪不轻弹'时，是后撤右步，右手撩大带，左手赞美式指自身，虚点左步。这个动作形容：我就是堂堂的'丈夫'[见《林冲夜奔》图31：念'丈夫'姿势]。接念

'不轻弹'时，先吸气，向右偏脸、摇头。左拳变掌在胸前连忙摆动，眼里显示悲色，把面部颧骨两处的肌肉僵起。这里表现林冲含有满腔悲愤，激动得说不出话而哽咽住了。"念"只因未到伤心处时"先右山膀，身向右［见《林冲夜奔》图32：念"伤"右手山膀］，后左手山膀面向左，抬右侧手掌向上中指弹泪［见《林冲夜奔》图33：念"心"左手山膀］，再双手作挥泪状，右脚弹起，落地。左腿盘腿。双手掌合在左右眼方向，向前弓右腿，双掌摊开（注：双手中指弹泪），"向下砸气，向前俯身亮相［见《林冲夜奔》图34：念'处'双手抛泪］。这里表明林冲悲愤至极，抑制不住自己，情不自禁地掉下几滴男子轻易不落的泪水。"

十三、表白、进庙——出庙

茹老师说："下面的动作是配合着独白进行的。"（注：但是在记录茹老师谈《林冲夜奔》文章中，此处缺了一组身段，我在下面补上。）念完"定场诗"后打击乐起"小钹收头"0 龙 冬｜大大 大台｜才大 另才｜依另 才‖。我们在"龙 冬｜"时双手掌举起，顺时针缓圈，左手攥拳右手拉开"山膀"，"｜大大"时举右掌上左腿，身向正前方，"大台｜"时举左手上右腿前点步，此时身形向右方，"｜才大"举右手撤右步，"另才｜"举左手，脚下归"左丁字步"，"｜依另"时右手从左手后起绕一圈，右手变拳，末锣"才‖"时右手拳的胸前砸在左掌上。茹老师以前的教学中有"报名"，教我们时说黑夜里自己报自己姓名和情境不符，所以改掉了。下面接着念"是俺一时愤怒"，"是俺"时左扣扶宝剑，"一时愤怒"一边皱眉摇头一边右手拍自己腰间，表示自己受了侮辱是实在不得已。下面念"拔剑"时左手外翻托起宝剑，右脚上一步，左脚跟上变"右丁字步"，右手变指先是掌心向上一指剑柄，紧接外拉一下右手从下逆时针一圈变手背向上指剑柄。此时打击

第三章　茹富兰老师教《林冲夜奔》>>>

乐配合我们有"八才"我们在"才"时向右指剑亮相。[见《林冲夜奔》图35："拔剑"]接念"杀死高家奸佞二贼"右手二指分开，表现自己英勇杀了二人，接念"官兵拿俺甚紧"边咬牙边摇头，撤左步归右步回到台中心，接念"是俺"时右手"夸赞式"大拇指指向自己，再念"日间不敢行走"无可奈何的摇头，"只得黑夜而行"。下面接记录茹老师谈《林冲夜奔》文章：

"'我只得黑夜而行'时，动作是两手向两旁摸索，同时由台中退至右后角(虽然这是退步，但应理解为在黑暗中摸索前进才对，因为在生活中人不可能退步行走，这里所以要用退步表示前进，因为下面一段舞蹈要占用更大的空间表现前进)。眼睛先向两旁胡乱睃视，然后又像在黑暗中影影绰绰地瞧见什么。随着'呀'止步停立，念'看前面黑洞洞有户人家'时，眼不停地向前张望(注：念'有户人家'时，右手外画半圈向前指)。随着'待俺急行几步看来'的独白，是向前三跨步接一个飞脚，弓左腿，右手单山膀，左手扶剑亮矮相[见《林冲夜奔》图36：念'看来''飞脚'后亮相]。眼睛仍向刚才望着的地方仔细观望。因为急赶了一段路程，距离缩短了，更要看清楚那到底是什么地方。[见《林冲夜奔》图37：'按剑看路'式]看清那确是房屋时，向右行圆场。说明林冲朝着这个方向疾步奔驶，跑到跟前，(注：由下场门台口到上场门台口走一个逆时针的弧形圆场。左手持剑柄，右手由按剑慢慢拉山膀看台中间。)才发现原来看见的是庙宇[见《林冲夜奔》图38：看见庙门]，眼睛盯着庙倒退了两步，(注：右手自然垂下。握拳。)看了一下地上的雪念道：'雪光之下照见匾额'，随着'待俺看来'向前上一步(注：拉开右山膀往中间看)，顺着地面往上移动视线，表现出林冲在黑夜借着白雪的反光，辨认匾额上的'白云庵'字迹。(注：念'白云庵'三个字时，右手掌向内画一圈变成手指，从右向左指三个字。)之后目光移向虚掩着的庙门。念'看庙门半掩半开'时，眼睛仍在瞧着门，(注：我们的身段是撤右步跟左步变左

·129·

丁字步点脚。）双手一开一合形容庙门是半张半闭。（注：先是念'半掩'[见《林冲夜奔》图39：念'半掩'双手'遮脸式']后念'半开'[见《林冲夜奔》图40：念'半开'双手'半开式'])当念'待俺'时，是跨右腿表示上了台阶，抬左腿迈进门槛，重心置于左脚，向前探身，两眼左顾右盼，看看庙内有人与否。接着撤身回来，重心移到右脚，双手作推门状，然后快步进庙[见《林冲夜奔》图41：念'挨身而进']，走一个小圆场至台中左右一望。（注：此时打击乐收住）这一段舞说明林冲是被官府四处搜捕的逃犯，他为了自身的安全，必须小心翼翼，对于一切都要戒心防备，进庙前后不得不警惕地检查一下环境。但也绝不能因此就失掉林冲的身份，不要演得像一般的蟊贼、盗寇在行窃时一样贼眉鼠眼、鬼鬼祟祟，这不仅因为他是英雄人物，况且他的落荒而逃，只是遭了不白之冤。

"在这一段动作中，演员要在空无一物的舞台上，通过内心视觉看到庙、匾额、门、雪、台阶以及庙内的神像、供器等一切景物。表演时才会有戏。特别值得注意的是要把假定的环境搞准确。从哪儿进门还要从哪儿出门，上台阶必须下台阶，假使虚构的景物任意移动位置，就会影响到舞台的真实。"（注：收住打击乐以后，念'且喜庙中无人。一路行来。身子有些困倦'。前面的台词没有身段。只是保持左手持剑，右手自然下垂，握拳。到'身子有些困倦'时，双手手掌背对背从肚脐中线向上一直伸到头顶变双拳虎口相对，握拳式。接念：'不免关了庙门。''不免'身段还原左手持剑，右手自然下垂。'关了庙门。'的身段是双手张开，虚拟地扶在被自己推开的两扇庙门上。然后把庙门合上，右手插上门闩。打击乐接'小钹二三锣'。身段随节奏还原左持剑，右手自然下垂。接念'起来再行便了。''便了'的'了'有一个晃头，再点两下头。接着就念'正是'。念'正'时全身往起拎，双脚欠脚。这里有个衬字'呐'，身段是拎起的身体下衬。下衬时左脚一脚着地。右脚亮靴底抬起。左手托右拳护手。衬最后一下时念

'是'，在这个身段中上下衬两衬上下颤两颤。后面打击乐接'小钹五击头'，我们向舞台右方右步领前行上三步，接念'一觉放开心定稳'，念到'心'字时右手顺时针缓半圆，拍腰上方。接念'梦魂千里'，身段是右手逆时针在前面缓一大圈指右前方，脚下变成右"前弓后箭"。接念'到阳台'。'到'字的身段为身体前后晃一下，左腿趁势把大带斜踢到右肩。'阳'字 左手持剑顺时针由左向右甩剑穗，同时左转身。念'台'时右手高举掌，右腿金鸡独立，左腿吸腿［见《林冲夜奔》图42：'飞脚'前'预备式'］。这时打击乐起'丝边小钹一击'，我们的形体动作在丝边时使用'打飞脚'技巧，用右手接飞起的右脚心，飞脚落地后。随势吸左脚，右脚金鸡独立向左转了两圈。到正面向观众时，左脚落地踢平右脚，上身向后趟。再打左膀子变成探海式，头和脚两边同时往上翘起，随着往上一个跐脚就势落地成'卧鱼式'［见《林冲夜奔》图43：'入睡卧云式'］。节奏正好落在末锣上。接着打击乐起鼓声，起三更。）（下面是记录茹老师的文章）"林冲在沉睡中被'更声'惊醒之后，揉一下双眼（注：这时打击乐器起'大大……才'。我们的身段是左手在上，右手在下，手心相对。右手顺时针左手逆时针揉手。双手分开时，都用中指相对放在左右眼表示揉眼。然后双手上翘式放在臀两边［见《林冲夜奔》图44：惊醒后的姿势］。念'哎呀且住！'紧接打击乐'小钹五击头'，我们在这个节奏中站起），起身念道：'朦胧听得已交三鼓（注：右手上举。小指和大拇指压住。伸出中间三指），恐有追兵至此（注：右手下指）。我开了庙门，甩开大步，直奔梁山走遭也'。念'我开了庙门'时，随着'我'字的拖音眼睛一转，然后定睛看门，表示正在无策之际，发现了门，才产生开门快逃的动机。以下的动作是随着"开了庙门"的独白拨插关、做开门状。（注：'我开了庙门。'后打击乐是'小钹二三锣'，我们随着这个节奏完成下面动作：左手扶门梁，右手拉开门闩。从中间把门栓打开。后面打击乐接'小钹三击'第一'才'，左手向左甩剑穗，上左步迈步

着地。右手按宝剑柄，面向右方，右腿后平吸，)念'甩开大步'是左手按剑、跳下台阶[见《林冲夜奔》图45：念'甩开大步'的'步'字落脚]（注：边念边后平踢左腿、右腿、左腿），'直奔梁山'身体左转，向左后一指（注：下场门）[见《林冲夜奔》图46：'直奔梁山'的'山'字身段]，随跨右腿，（跨虎）'走'踢左腿，（注：念'遭'）踢右腿、'也'再踢左腿横落左脚成别卧式亮相。以上一段动作，着重表现了林冲犹恐追兵赶到，心忙意乱地开了庙门，用极大的步伐离开庙宇。尽管这些动作是快的，但必须把每个动作都交代准确，要做到忙而不慌、快而不乱，才是恰到好处。只有这样才能把剧情细致地传达给观众。"

十四、唱【新水令】

唱前"圆场"：接出庙后的念白"走遭也！"亮相之后，右手持剑柄，左手掌按剑，逆时针走"圆场"，此时开始打击乐都是"小钹冲头"（直到开唱），到上场门台口停顿。举右手半个"劈掌大刀花"上左步左转身向后，变左掌向上右掌平举式，左脚别腿。注意：这个转身的着力点仍是以腰为轴"行肩跟臂"，才能显示出转身的美感。接着是"扑身圆场"，所谓"扑身"是上身向别脚的方向重心先倾斜后走圆场，也就是用上身领"圆场"，这种"圆场"的走法在"茹派"中运用很多，它的着力点仍是以腰为轴"行肩跟臂"，表现出"圆场"变化中的美。在这里也表现出林冲疾走的心情，"圆场"走到台中心面右侧时，打击乐起"小钹归位"，0 大台 | 才·嘟ヶ 才台 | 才·另 | 0 才 ‖ 我们的形体随着节奏，"大台 | 才"右掌在下左臂在上"穿云手"拉开山膀。

"嘟ヶ"左手从外横托宝剑身于左胯前，右手"剑诀式"掌心向上右前伸，同时右腿跟上前。随着右手"剑诀式"掌心向上回点宝剑柄，右腿随之收回。落到打击乐"才台"接着右手向外走一太极圆，右手在下逆时针画一圈，左右脚同时向外拧，右手"剑诀式"变为手指宝剑剑柄前，在打击乐"｜才另｜"，脚下"右丁字步点步"，全身同时撑腰下蹲变脸"亮相"。正好落在末锣"０才‖"上，注意：着力点在右手"剑诀式"右起向上走一太极圆时，以腰为轴"行肩跟臂"形成内在逆时针小圈，随着向外拧身，以腰为轴"行肩跟臂"又接顺时针小圈，然后以腰为轴拎起全身，等待末锣的亮相［见《林冲夜奔》图47：起唱前亮相］。从唱前"圆场"到打击乐"小钹归位"的动作贯穿既体现了林冲对于自己的武器"宝剑"缠绕不开的心情，又表现了一个流畅的美。

"按龙泉血泪洒征袍"：唱"按龙泉"的"按"字，形体动作保持原姿势不动。"龙"是右手"剑诀式"翻掌心向外伸，右脚上前一步，变右"前弓后箭式"。横拉向外右臂的"剑诀"在下缓一个逆时针的小圆圈，眼随右手走，在右"前弓后箭式"矮相中，右手"剑诀式"（手掌向下）按在宝剑剑柄前。在唱"泉"字时，脸变向前方［见《林冲夜奔》图48：唱"按龙泉"的"泉"字身段］。用形体和眼神再次强调表现林冲对于自己的武器"宝剑"缠绕不开的心情，又展现上下身配合的矮相的一个流畅的美。

接着是打击乐"小钹二三锣"：第一锣是左脚向台右侧迈一步，右脚跟上一步，跟到左脚前，右脚跟着地时即向左拧，变成面向后，左手臂横向左，外臂与肩平，右手横手臂用手挡在眼睛处，左腿旁吸腿，唱"血"接弧形"圆场"，走到下场门台口，左腿向前趟步，右腿跟上前变"前弓后箭"步，接唱"泪"时挡住眼睛的右手手臂向右下中指弹出眼泪。全句的唱是"血泪洒征袍"。这里"血泪"是形容作战的"征袍"是血泪换来的，"茹派"的这组动作安排是戏曲非常夸张的手法。"血泪"两个字在唱腔上用了高腔，表现心中的悲伤，因此我们的形体动作必须夸张起来。用右手掩面大幅度的半个圆场后弹眼泪，就突出了林冲为了自己将军的征袍流了多少血、洒尽了多少泪的伤心心情［见《林冲夜奔》图49：唱"血泪"的"泪"］。这里在舞台上应当是一个小小高潮，唱腔和形体动作统一起来，而且"圆场"的流畅性和弹指的儒将风格都表现了戏曲流畅夸张的美。唱"洒征袍"，身体稍微后倾，接着前倾收回右腿（"未曾动左先动右"法），身体由左方转向后方，右腿借势向里上半步，落地，右脚金鸡独立盘左腿，左手拳，右手掌，左手从右手里掏出，拳与头平，右手掌护左手肘——这是唱"洒"。接着唱"征"，身段与"洒"反向：左脚落地，左脚金鸡独立盘右腿，右手拳，左手掌，右手从左手里掏出，拳与头平，左手掌护右手肘。接着唱"征"，右手由拳变掌，从上下来提起"箭衣"的右边袍边，同时左手"手指式"由里向前探出手，手背朝上，身体行左肩跟臂亦探出。接着唱"袍"，被左肩领出的再由左肩领回右斜方，同时左手的"手指式"手背朝下回指右手拎起的"箭衣"战袍，收左腿变左腿"丁字步点步"，头微点，落到"袍"字亮相上［见《林冲夜奔》图50：唱"洒征袍"］。整个这组动作说明了林冲对在以往的战斗中，用自己的鲜血和自己的勇敢、辛劳换取的战功、名誉已经失去的痛心。

下一句"恨天涯一身流落"：在上一句的末尾打击乐进"小钹二三锣"。左手持宝剑右手山膀，向右转身拉开。唱"恨天"时，开头动作先对天拱手，因为林冲对天——朝廷总是忠心耿耿的［见《林冲夜奔》图51：唱"天"字身段］。双手自然下垂，手心朝前，脚下左丁字步，面向下场门台口，从形体动作上是一个松弛的动作，但双眼中一定要透出无可奈何由敬而生恨的情感。接唱"涯"字时上左步再拱手看天，随着"涯"字出往后撤右腿，又随"涯"字的拖腔，双手沿着胸前向两边分，同时以右脚为支撑点半下腰，双手从身的两边向上画一个大圈，回到胸前拱手，身体已然顺势立起，随后左脚在前，走三小步，一个小蹦子左脚金鸡独立，右脚向后伸平，双手拱手推出——这里用了三个不同拱手的姿势，表现林冲在多次惊涛骇浪的冲击下，矢志不渝的敬天地又忠于宋朝的忠心。落到"涯"字在尾腔上的亮相［见

《林冲夜奔》图52：唱"恨天涯"的"涯"字尾音身段］。最后尾音的这个姿势如果站得稳，"探海"走得好，是非常漂亮的中国戏曲形体美的典型。接着唱"一身"形体动作是左手伸出与肩平握拳，右手掌心向外，护在右肘处，后右脚落地［见《林冲夜奔》图53：唱"一身"的身段］；接着左手变拳，右手护在左臂肘处，按掌在左肘旁，身随右肩向右侧。脚下右脚丁字步点脚——这是"身"字的落点。后面接唱"流落"，形体动作是：眼沿着右拳看前方——这是"流落"亮相。唱"落"时的眼神沿舞台右侧渐渐向中移动，眼中充满了流落江湖、夜奔梁山的无奈心情，随着眼神的移动双手向右，顺时针缓手一圈，左手变拳，右手慢慢拉开，在下面"小钹二击"时完全拉开亮相。之所以慢慢拉开，就是前面林冲流落江湖、无可奈何的情感延续。全剧中有无数个云手，但是表现了各种不同的情感，这就是"一个程式，万种性格"。

后面接唱"专心投水浒"。"专心"形体动作是左手拍腰（偏左上），这时打击乐跟进"小钹五击"，我们形体动作是右步向左前方上一步，正"云手"打开双手掌，骗左腿。右手跟到左方，和左手同时拍左脚外侧两响，左脚落地变左"前弓后箭"步，左手攥拳，左臂与肩平，右手指下场门。接唱"投水浒"，"投"字形体不动，"水"字随着腔的两个擞音，把双手从里向外边双手合腕翻变成右手在前左手在后的"按掌式"，然后随着"浒"字的腔双手在胸前有两按，脚下迈左步、跟右步，成为右丁字步点脚，双手变指左手在上，右手在下，亮"双手指"式［见《林冲夜奔》图54：唱"投水浒"的"浒"字身段］。眼神向上场门台口亮住，微微愁闷地点头，表达一种我不得不去这个地方落草为寇的情感。下面接打击乐"小钹三击"，全身不动，眼神进一步释放人物的情感。接唱"回首"的"回"字，先把右手掌从上打开，左掌从左肋下穿进，双手交叉打开（两只手都是半个圆圈）时停，这是我们云手中的半个云手，此时的身形已经被右肩在云手中带向右面向上场门台口，脚下和上身是同时的，先是一个左步趋右步，再上左步，

"云手"打开双手臂时，唱"首"字骗右腿。左手跟到右方，和右手同时拍右脚外侧两响，右脚落地变右"前弓后箭"步，右手攥拳，右臂与肩平，左手指上场门。接唱"望天朝"，"望"字开始不动，后面随着擞音左倾身、右倾身，"天"字时随着右倾身蹬右腿起，同时双手拱手在胸前［见《林冲夜奔》图55：唱"望天朝"的"天"字身段］，随着这个字的腔往上场门方向走三步，跪右腿拱手到脑门［见《林冲夜奔》图56：唱"望天朝"的"朝"字身段］。接着打击乐有"小钹二击"我们形体是站起来上右步左转身。这组形体动作虽然辅助了唱腔的字，但它表现了我们舞台动作的左右对称，情感的鄙视与尊崇在"望天朝"用了一站拱手和前行蹲下拱手，即使我们不看文字，也知道他忠心于国志向不改，对称的形体动作完全表现了舞蹈与语汇对称的美。

后面接唱"我急急走忙逃"。此时我们是站在上场台口，"我急"时右手拍自己腰前大带［见《林冲夜奔》图57：唱"我急"的"急"字］。"急走"左手扶剑，右手张开掌划于胸前跨左腿（注意：用大腿带小腿），接着右手拉开跨右腿，再接跨左腿。接唱"忙逃"时形体动作是右手掌往后上方领，同时右肩带着臂向右侧，左腿则由盘腿蹚向左前方［见《林冲夜奔》图58：唱"忙逃"后的向后"行肩跟臂"扛云手"起范"］，后面接正云手转身，脚下跨右腿，左转过身来，左腿放在左前方变左"前弓后箭"，双手有一个顺时针的缓大圆圈，然后左手握拳伸臂与肩平，右手在胸前外指［见《林冲夜奔》图59：唱"忙逃"的"逃"字身段］。这一组形体动作是接着他对天朝下跪而来的，所以似乎是程式接程式，实际上表现了林冲跪拜"天朝"后怕人发觉，心忙意乱地赶快逃跑的感觉，但表现在林冲的性格上，"茹派"的安排又不失稳重和美的程式。

后面接唱："顾不得忠和孝"。"顾不得"右手先往右上方领，带动右肩转身，这是一个明显的"扛云手"起范儿，接着跨左腿，全身向右转身，同时起云手。"得"字在向舞台正中"顺风旗式"的停顿，表示看远离自己的家国。接着唱"忠"是右手拳左手掌的拱手，这个拱手是在鼻子的前方，唱"和"时双手拱手直落到腰前方，唱到"孝"时又举到鼻子的前方，同时左腿向观众的方向吸腿，脸由右方变向观众方向，左腿落地成"左丁字步点脚"式［见《林冲夜奔》图60：唱"孝"的身段］。茹老师说："变脸之后唱'孝'字，一定要摇两圈头，眼神要透着对家国的留恋……"这组动作和这个唱词配合起来，充分表现了林冲在行路艰难中，家国情怀一直缠绕在心中。形体动作对于台词的解释、肢体动作外化十分准确而且优美。

后面曲牌转【驻马听】接唱："良夜迢迢，良夜迢迢"，这里的唱是排比句。我们先来说说戏曲的形体。唱完了前一句"忠和孝"后，后面打击乐"小钹二击"我们不动。唱"良"的形体是左掌从右手掌上掏出。左掌在上伸出，肘微曲，掌与下巴取齐，肘与左乳取齐，右掌托在左肘下，身形上开始由左肩带动臂，变成身体面向右前侧方，脚下仍是"左脚丁字步点脚"，眼看左掌的前方［见《林冲夜奔》图61：唱"良夜"的"良"字身段］；唱"夜"时，和唱"良"动作相同，方向相反。即右掌从左掌上掏出，右掌在上伸出，肘微曲，掌与下巴取齐，肘与右乳取齐，左掌托在右肘下，身形上开始由右肩带动臂，变成身体面向右侧前方，脚下上右脚变"右脚丁字步点脚"，眼看右掌的前方［见《林冲夜奔》图62：唱"良夜"的"夜"字的身段］。下边接唱"迢"时左手掌缓一个顺时针180°的大圆圈，唱第一个"迢"，左掌伸直贴着头向前探，脚下是左脚在右脚后向前踏步，右手在身前护住右手肘，此时，整个身形是顺着左臂向前下右侧腰，眼睛向前看。之后唱第二个"迢"字形体动作是由左手臂在上由左前方几乎贴地面向左涮。上身越接近地面越好，一直到右后方，左手变拳，右手托左肘，头枕在拳上做睡觉姿态，在开始下涮的同时左脚迈向后成左脚"前弓后箭式"［见《林冲夜奔》图63：唱"迢迢"第二个"迢"的身段］。

唱第二个排比句的"良夜迢迢",从舞台动作上和第一个基本上是一致的,只是方向相反。唱"良"时形体动作是先收左脚变右脚在前的"右丁字步点脚"。上身右掌从左掌上掏出。右掌在上伸出,肘微曲,掌与下巴取齐,肘与右乳取齐,左掌托在右肘下,身形由右肩向后带动臂,身体向右前方,眼看右掌的前方;唱"夜"时,和唱"良"时是方向相反相同的动作。即左掌从右掌上掏出。左掌在上伸出,肘微曲,掌与下巴取齐,肘与左乳取齐,右掌托在左肘下,身体由左肩带动背,向左侧前方,脚下上左脚变"左脚丁字步点脚",眼看左掌的前方;下边接唱"迢"时右臂顺着身体缓一个逆时针的180°大圆圈。此时右手掌伸直贴着头向前探,左手在身前护住右手肘,脚下是右脚在左脚后向前踏步。整个身形是顺着右臂向前下左侧腰,眼睛向前看〔见《林冲夜奔》图64:第二次唱"迢迢"第一个"迢"〕。唱第二个"迢"字时形体动作是由右手臂在上猛地从左前方低头涮向右,上身越接近地面越好,涮到右方,然后右手变拳,左手掌托右肘,头枕在拳上做睡觉姿态,在开始下涮的同时右脚迈向后变右"前弓后箭"式〔见《林冲夜奔》图65:唱"迢迢"第二个"迢"的身段〕。下边打击乐接"小钹三击",我们在第三锣时收右脚站起身来,"左丁字步"。这两番左右相同的动作看来简单,实际上重复反映了林冲细腻的情感。"良夜迢迢"出自宋代柳永的《鹤冲天·闲窗漏永》,良夜是形容美好的夜,其中带有夫妻一起生活的和谐之意。林冲多么向往这样的良夜,但是却远远地、永久地离开了自己的家乡。这里表现了戏曲的对称美学观念,演员表演时往往不注意。茹先生曾要求:"这两手掌托手掌(前后共四次),我们眼睛看上面的手掌时,一定要看到林冲眼中的美好夜晚,手掌伸直贴着头向前探为什么要求用侧腰?这是表现林冲心中的良夜再也看不到了,但他还要努力去看、去想。所以这个身段要强调夸张,但是更重要的是眼睛里的戏和神。"

接着是念"投宿",形体动作是:"投"右手沿着前身缓180°的一个大圆圈，右脚同时跺脚站住。"宿"时右手向前指；左腿盘腿，这时的金鸡独立要站稳。这里打击乐有"小钹一击"，我们在锣上亮相［见《林冲夜奔》图66：念"投宿"的"宿"］。接唱"休将他"时双手变掌，由上缓一大圈，护于胸前。接唱"门"向前踢左腿，上身保持不动，吸回左腿。双手平向外推，双手往前推［见《林冲夜奔》图67：唱"门"推掌吸腿］。接着唱"户"，我们重复向前踢左腿，双手拉回前后掌护胸，在这个字的腔中仍有一番向前踢左腿，双手拉回前后掌护胸，这个踢腿回吸腿的动作共做三次，第三次吸回左腿。双手在胸前绕"轱辘拳"三周后右手握拳要在左手上面，左手掌心向上，在右掌下面。唱到"敲"时上拳砸下掌，左脚同时落地。这踢三腿和绕三个"轱辘拳"动作是紧连着而且快，先需要搞清楚再反复练快。下面接打击乐"小钹二击"，我们在打击乐中双手顺时针缓手拉开山膀。

下面接唱"遥瞻残月，暗渡重关"。唱"遥瞻"的"遥"是跨右腿，唱"瞻"是左腿绷脚面踢腿，右手拍左脚面，接着落地。接唱"残月"，形体动作是跨右腿转身向下场门，一个"踹殃"，即右腿绷脚面踢出，上身平躺，双臂打开。接一个左翻身，右腿踏在左面。翻身后双腿是"别腿式"双手手掌变双指"虚拟比月"状，身体拧向左边，接唱"残月"［见《林冲夜奔》图68：唱"残月"的身段］。后面接唱"暗渡重关"，从"暗"字起，脚下由别腿处撤右腿，向右前方变右"前弓后箭"，下面是边唱边做动作。上身由左方下探身向右方，距离地面越近越好，在右面抬起身，"渡重关"时左手变掌"托月式"，右手前指落在"关"字上［见《林冲夜奔》图69：唱"重关"的"关"］。接着收左腿跟着站起，接唱"我急"形体动作是左手扶宝剑，右手掌向前，跑半个圆场到下场门前又手拉山膀亮住。此时形体动作上我们要抬一下右手，向鼓师交代一下。这里鼓师要打"多罗"两楗子，下面接唱"急走荒郊"，形体动作是三跨腿。"急"的身段跨左腿同时右手掌变拳悠向胸前，"走"是跨右腿右手拳向外划到与肩平，唱"荒"

字还是左跨腿同时右手拳悠向胸前,唱"郊"时形体动作是起反云手,变右"前弓后箭",右拳与肩平,左手前指,方向是向着下场门台口前侧。下面打击乐接"小钹二击"我们形体不动。

下面接唱:"俺的身轻,不惮这路途遥。"形体动作:"俺的身轻"身体收前腿站起,站法"逢左必右",身向左略靠,再向右前点晃,右腿趁势收腿。右手掌向上,在腰前抖一下,表示我的步健脚轻。下面打击乐接"小钹五击",我们的形体动作是向下跺右脚,同时左手与肩平,右手在上,张开手掌,身体向左倾斜,左脚着地,右脚抬起,准备右转身[见《林冲夜奔》图70:转身前]。接着起反云手,向右转身。当云手打开时,双手掌右手在上左手稍低向上举高,然后平压放在腰前。左手在腰中间,右手在右腰旁,在上场门九龙口亮相[见《林冲夜奔》图71:唱"俺的身轻"后"小钹五击"末锣的身段]。接唱"不惮这"保持这个姿势向外走一凸形圆场,至下场门台口左转身。接唱到"路"时左手扣扶剑柄,右手掌缓到左肩前,接着前盘左腿,向前迈变"左前弓后箭"步,右手平拉和右肩平。身体向正前方,正好落在"途"的唱上。接唱"遥",右手依照行腔的旋律。往前三点手,右手向右推开。在右腰前方,亮住[见《林冲夜奔》图72:唱"路途遥"的"遥"的身段]。下面接打击乐"小钹三击",我们保持身形不动。

下面接唱:"我心忙。"右脚站起,双手抖动着手指顺时针绕胸二周,接着念"哎呀"。双手攥拳向外"轱辘拳"三圈,下面接"哎呀"夹白"哎"跺左脚,"呀"跺右脚。下面打击乐接"小钹一击"(八才),我们形体在"八"上时右拳击左手掌,同时盘左腿。"才"时左腿落地变左"前弓后箭"式,同时双臂向前摊掌,向左前方亮住[见《林冲夜奔》图73:念"哎呀"后的身段]。下面接唱:"又恐怕人惊觉"。唱"又恐怕"时收左脚立起身来,撤回左脚,变右丁字步,左手扶剑柄,右手掌面对着嘴。脚下右脚丁字步点腿造型。接唱"人惊觉",此时的林冲是惊恐的神情,右手捂嘴前唱"人"时,眼睛左一看[见《林冲夜奔》图74:唱"人"时眼看右的身段],唱"惊"时左一看[见《林冲夜奔》图75:唱"惊"时眼看左的身段],然后脸归正一点头,心理是"人在矮檐下就是这样"。唱"觉"时,看到左方、右方都没有人,稍定下心来。下面接打击乐"小钹二击",随着节奏我们右脚向后撤,变左脚丁字步,此时身归正面。

下面接唱:"也吓,吓得俺魄散魂消",念"也吓"时,右手掌心向上抖两下,打击乐进"小钹一击",右手续前面姿势往前一摊手,落在左胯前向左变脸前方亮住。接唱"吓得俺"的"俺"字上,左右手掌朝上,拉向腰同时向前迈左步[见《林冲夜奔》图76:唱"俺"的身段],落地跟一小蹉步,成左丁字步,双手由腰里伸向腰外,唱"魂"时,跟右脚,唱"消"时双手往两旁下方沉一下,然后由里往外翻手。沿双肩前向上举起,亮"双手托天式"[见《林冲夜奔》图77:唱"魂消"的"消"时的"双手托天式"]。下面打击乐起"小钹三击",我们身体姿势不动。

下面接唱:"红尘中误了俺这五陵年少"。唱"红尘中"落左手扣扶剑柄,右手从右方缓半圈上压手掌落在胸前,脚下左丁字步,眼神向正前方远望[见《林冲夜奔》图78:唱"红尘中"时"扶剑压掌式"],释放出一种在茫茫红尘之中,不甘心落到这般地步的心情。接唱"误了俺"顺台口绕舞台一个逆时针的大圆场,走到下场门台口,接唱"俺这五陵年少",右手拉开山膀正好落在"俺"字上,这时脸对上场门台口。唱"这"时形体是起反云手,跨右腿,唱"五"字时踢左腿[见《林冲夜奔》图79:唱"五陵"时踢腿],接着跨右腿身向外,唱"年"时拎起右手由上至下指地,唱"少"时右脚上步着地。左腿吸腿,双手攥拳拉开[见《林冲夜奔》图80:唱"年少"后"双拳拉开式"],下面打击乐接"丝鞭"左手扳左腿朝天蹬,右手"托天掌"式,当然腿扳到脚尖贴脑门最好,右脚"金鸡独立"要站稳。然

后将腿放开。双手"剑诀式"。躺平"射燕式",然后向右慢慢翻身变"探海式",要求头带着双肩和左腿尽量向两边翘起,接着起半个正云手。左手由右手内穿出,双手变拳,右腿微蜷,左拳在帽檐上,虎口对帽檐,右拳在右腿胯轴前,虎口对胯轴,在"丝鞭"收住0八丨大大丨仓0‖时末锣亮相。接着打击乐起"小钹四击头",我们形体动作是右手穿左手下面一个大蹦子蹦向下场门,脚下变右"前弓后箭"式,左手"栽拳式"栽于左腿上方,右手"护掌式"护在左拳前半尺左右,脸向右方,两眼凝视右前方[见《林冲夜奔》图81:"小钹四击头"亮相],表现林冲在走过了一段路后,仍然没有放松警惕。接着打击乐接"小钹冲头",这时要亮两锣时间。然后脚下由左"前弓后箭"式转向外面右"前弓后箭"式,左手托剑身,右手掌按剑,面向前方[见《林冲夜奔》图82:下场前再巡视],看两眼进一步巡视后面有没有人追赶。稍停,接着右腿渐渐伸直,渐渐蹭着地面后撒。撤到左腿前,上身右手臂带右手掌伸到最高处带动右肩向右后转。同时左手持剑向右后甩剑袍,右手掌变为"按剑式"[见《林冲夜奔》图83:下场式]。盘左腿,稍停,接着圆场,从下场门下。

第三章 茹富兰先生教《林冲夜奔》

第四章　茹富兰老师教《八大锤》

我是三年级第一学期向茹老师学的《八大锤》。按照老的传统，大剧团演全本《八大锤》，第一位主演是老生扮演王佐，也有文武老生前扮陆文龙，后扮王佐的。而学校学《八大锤》一般都是武生或武小生为主，从开场演到"车轮战"完。陆文龙是第三场上。记得一进课堂时茹老师就笑了，说："你从我这儿学了三出基础戏，以后你上台要是'山东胳膊直隶腿'，我可丢大人了。你们通过这个戏，还要上层楼，给我变个样。"我知道，这是茹老师对学生最基本的要求和期望。

附：

《八大锤》（第三场节选）

（茹富兰老师 1962 年授课本）

宋捷整理

人物：

　　陆文龙

　　小　番

陆文龙

　　扮相穿戴：

　　　　武小生——俊扮

　　　　穿　戴——头：网子、水纱，戴紫金冠，插翎子，挂狐狸尾。

　　　　　　　　　身：穿水衣，搭小胖袄、护领，内穿白龙箭衣，背蓝绦子，扎蓝大带，外穿白龙蟒，搭苫肩、红玉带。

　　　　　　　　　下身：红团龙彩裤、黑厚底靴。

小　番

　　扮相穿戴：

　　　　丑　扮——勾丑脸

　　　　穿　戴——头：网子、水纱，戴鞑帽。

身：穿紫箭衣，系小大带、马褂。

下身：黑彩裤、黑薄底靴。

陆文龙：（内）嗯哼！

　　　　［陆文龙上。

陆文龙：（引子）胸藏韬略，英名几时标。

　　　　（念"定场诗"）中原成逐鹿，

　　　　山河风雨飘。

　　　　金戈征尘滚，

　　　　壮气吞南朝。

　　　　（白）俺，陆文龙。父王兀术。俺虽生在北番，最喜南朝打扮。父王与宋室不和，屡战不能取胜，如今兵扎朱仙镇，不知胜负如何？也曾命小番前去打探，未见回报。正是：

　　　　（念）欲图登九阙，早除南朝君。

　　　　［小番上。

小　番：（念）奉了狼主命，搬请智勇人。

　　　　（白）参见殿下。

陆文龙：（白）罢了。我父王兵扎朱仙镇胜负如何？

小　番：（白）启禀殿下，宋将十分骁勇，奉了狼主之命，特搬请殿下前去助战。

陆文龙：（白）好，待我同乳娘说明，前去中原助战。正是：

小　番：（念）全凭殿下双枪勇，

陆文龙：（念）哼，哪怕宋军百万强！

　　　　［陆文龙下，小番随下。

第一节 《八大锤》"念大字"

这是我向茹富兰老师学的第三出剧目。按照茹老师的教学要求，不管第几出戏都要从"念大字"开始，这是"四功五法"的基础之基础。即使是学武戏，念白和唱也是第一位的。当然，随着向茹老师学戏一出一出的积累，念功有了一定的长进。茹老师说："看来你们的'嘴皮子'功夫长了不少，尤其是通过《林冲夜奔》这出戏。但是念功是要跟随你们一辈子的基本功。你们练私功的时候不能把它放过去。《八大锤》我们还是得从'念大字'开始。""要领还是字头、字腹、字尾，不同的字有不同字的念法和长短节奏。你们要听着我念的三者处理的不同关系。"

"《八大锤》中陆文龙是一个小王爷的身份。因为他的武艺确实高强。自豪自傲，谁也不放在眼里。但是因为他年龄不大，所以非常单纯可爱。这个人物的性格和他的情感首先要从念白中体现出来。'念大字'是韵白的基础，所以大家不能轻视。"

由于篇幅的关系，我们只把一场（上场——定场诗——表白）做一纸上记录。（立体示范请看视频第四章）

陆文龙出场前有一个幕内的"架子"："嗯哼——"需要说明的是一般老生才用这个架子。

陆文龙出场为什么要有这个架子呢？他是个十六岁的少年，为了表现自己小王爷的身份，故意学他父亲的声音。

"嗯"——京剧"十三辙"中的"人臣辙"。"四呼"中属"齐齿呼"，

"五音"中属"喉音"。念这个字的准备：嘴唇微张，双齿对齐。发音时后舌居中放松。底气从丹田送到口中，字头 e 音自然带出。舌尖贴下牙龈（舌挂齿），字腹、字尾都是这个音，一要保持口型不变；二要延长。收字尾时只要舌面从下牙龈往上膛长一贴。气断音收。

"哼"——京剧"十三辙"中的"人臣辙"。"四呼"中属"齐齿呼"，"五音"中属"喉音"。"哼"本音是 heng，在京剧里这是个上口字，读 hen 音，所以落到"人臣辙"。为了表现陆文龙是学大人，这里不是单念一个"哼"而是念"呃哼"，这两个字紧接起来就像老人嗓子咳嗽一样。对这两字处理是前面的"嗯"拉长音后有一个断气，接着"呃哼"再念出来，"呃哼"的"呃"准备发音都一样，只是在断气时"偷"了一下气，"偷气"后小舌头快贴上膛，小舌头往下一张，字头即出 e 音，这个 a 音后面要带一点 n 音，这个字的字腹、字尾连在一起极其短促，就出来"咳嗽音"接到哼 hen 音，这是个字头、字腹、字尾都可以连接的，念这个字时不单要连接好，而且要延长，把陆文龙既单纯又故意耍小王爷脾气的性格念出来。

下面是"引子"：

"胸"——属京剧中"十三辙"的"中东辙"。"四呼"中属"合口呼"，"五音"中属"喉音"。念这个字的时候双唇小圆型，字头准备：上下齿微微张开，舌尖舔上膛抵住齿缝，气息冲到舌尖后缩，字头 x 音即出，字腹 iong 音跟上，上膛撑开，字头要短，字腹要立即接上，收字尾只要闭双唇就是 u 音收住了。

"藏"——京剧"十三辙"中的"江阳辙"。"四呼"中的"开口呼"，

"五音"中属"舌音"。这个字的发音：字头准备上下牙齿微闭，舌头前部贴下牙齿，气息冲，上膛撑，口张开，c的字头即出，即刻转到ang的字腹，舌置口中间，撑开上膛，口型张开不变，字腹略放长，字尾闭口时发出略带鼻音的n音上。

"韬"——京剧"十三辙"中的"摇条辙"。"四呼"中属"开口呼"，"五音"中属"舌音"。念这个字时的准备：上下牙齿对齐微闭，舌头前部抵住齿缝，气息冲开上下牙张字头的t声母出，紧接字腹的ao音，上膛用力撑开，口张开，字尾是u音，双唇一闭为u音，尾音收要出u音，放尾音后止气收字。

"略"——京剧"十三辙"中的"梭波辙"。"四呼"中属"合口呼"，"五音"中属"舌音"。念这个字时的准备：嘴微张，上下牙齿中间合起微露空隙，舌抵牙齿空隙中。气息到字头音l音便出，字腹的üo音时成半圆的口型。这个字的韵母也要下滑一下，随着滑音口张开字尾就收音在o音上。这个字尾收得要干净。

"英"——京剧"十三辙"中的"人臣辙"。"四呼"中属"合口呼"，"五音"中属"舌音"。字本音是ying变京剧的"上口字"为yin音。念这个字的时候：口型张开，上下牙齿半张，舌两边卷起贴后膛，舌前部抵下齿，念字头时口型不变气息顺通道yi音送出，接字腹音en时舌尖贴上膛，上膛撑起。双唇略往两边拉，字尾舌尖抵上膛落n音。

"名"——京剧"十三辙"中的"人臣辙"。"四呼"中属"合口呼"，"五音"中属"唇音"。字本音是ming变京剧的"上口字"为min音。念这个字的时候：口型张开，上下牙齿半张，舌两边卷起贴后膛，舌尖抵下唇，念字头口型不变m音是由气息冲开双唇发出，接字腹音en时舌头在口腔中间，上膛撑起。双唇略往两边拉紧，字尾舌尖抵上膛落 n 音。

"几"——这个字在京剧"十三辙"中也是"一七辙"。"四呼"中的"齐齿呼"，"五音"中的"齿音"。念这个字时的准备：口型微张。上下齿也微张，舌两边卷起贴上膛，舌尖抵下齿，气息冲到时，立即发字头 j 音的字头，紧接 i 音的字腹，口型不变，舌挂在下牙龈处，字头要短，字腹要立即接上，收字尾闭嘴音止。

"时"——这个字不入京剧"十三辙"。"四呼"中的"齐齿呼"，"五音"中的"舌音"。念这个字时的准备：半张口型，舌头卷抵上膛，用气息呼出的 shi 音，既是字头，也是字腹、字尾。这个字的发声要短促一些。止气就收尾。

"标"——京剧"十三辙"中的"摇条辙"。"四呼"里属"开口呼"，"五音"中属于"唇音"。念这个字时的准备：双唇闭，舌居中，气息冲时开双唇字头 b 声母出，紧接字腹的 iao 音，上膛要撑开，口张开字腹延长，字尾是 u 音，双唇一闭字腹放出 u 音即收字。

"定场诗"：

"中"——京剧"十三辙"中的"中东辙"。"四呼"中属"合口呼"，"五音"中属"喉音"。念这个字的时候双唇半张，舌卷在上膛气息到声母状态下发 zh 音，是字头，ong 音是字腹，这个字要注意，字头要短，字腹要立即接上，借一点鼻音，收字尾只要闭双唇就是把音收住了。

"原"——京剧"十三辙"中的"言前辙"。"四呼"中属"开口呼"，"五音"中属"唇音"。字头是 yu 音，发音前双唇是闭着的，舌平放口中，用气冲开就是 yu 音，紧接 an 音张口，舌尖略上卷，这个韵母要比字头延长，发这个字的音时双唇是半开的，字尾 n 音要放出，舌面贴上腔音出字收。

"成"——京剧"十三辙"中的"人臣辙"。字本音是 cheng，变京剧的"上口字"为 chen 音。"四呼"中属"合口呼"，"五音"里属于"舌音"。念这个字的时候：口型张开，上下牙齿半张，舌卷起贴上腔，念字头时保持口型不变，ch 音由舌和上腔缝内发出，最好能带有摩擦音，接字腹音 en 时舌头落在下牙龈，上腔撑起。字尾舌尖抵上腔落 n 音，这个字尾收得要干净。

"逐"——京剧"十三辙"中的"姑苏辙"。"四呼"中属"撮口呼"，"五音"中属"唇音"。念时口型双角紧压，成小口型，字头声母的字头 zh 音是呼出来的，紧接着韵母 u 还是"呼"，这个字的字尾不收音。

"鹿"——京剧"十三辙"中的"姑苏辙"。"四呼"中属"合口呼"，"五音"中属"舌音"。字头声母 l 音是张小口舌尖抵上齿滑下来呼出，紧接着舌尖打在下牙龈，上面形成通道，韵母 u 由这通道"呼"，这个字的字尾不收音。

"山"——京剧"十三辙"中的"言前辙"。"四呼"中属"开口呼"，"五音"中属于"舌音"。字头是 sh 音，发音前双唇是闭着的，舌卷上腔，用气冲开就是 sh 音，字头应听出摩擦音，紧接 an 音。舌头尖向后缩一下，立即抵下牙龈，这个韵母要比字头延长，发这个字音时双唇是张开的，字尾收在 n 音。

"河"——京剧"十三辙"中的"梭波辙"，又是个上口字，原音念 he，上口念 huo。"四呼"中属于"合口呼"，"五音"中属"喉音"。念这个字的字头 h，方法是小舌头贴在舌根，用气冲开，即是声母 h 音接着双唇向前半张，舌平贴下腔立即变为 uo 的韵母，这是字腹，字尾收到 o 音，闭口就是收字尾。

"风"——京剧"十三辙"中的"中东辙"。"四呼"中属"合口呼"，

"五音"中属"唇音"。这个字发音前下齿抵上唇内,气息到时下牙外滑,上唇内滑。上下滑开就带出字头 f 音,接着上膛撑,口型半圆,把 ong 的字腹送到上膛,随着字腹放出渐闭口收尾音。

"雨"——京剧"十三辙"中的"一七辙"。"四呼"中属"撮口呼","五音"中属"唇音"。上唇扣下唇,气息从这个口型出来。字头字腹都是 ü,这是上声字,中间要向上滑一下,收气音断即是字尾。

"飘"——京剧"十三辙"中的"摇条辙"。"四呼"里属"齐齿呼","五音"中属"唇音"。念这字前双唇紧闭,气息冲破时出字头 p 音,这个字头要听出"喷口音"紧接舌压在下牙龈,字腹的 ao 音出,字腹略长些,字尾是 u 音,双唇一闭为 u 音。

"金"——京剧"十三辙"中的"人臣辙"。"四呼"中属"合口呼","五音"中属"齿音"。念这个字前双唇放松,上下齿对齐中间留小缝,舌抵牙缝,气息冲开双齿即是字头的 j 音,双齿被气息冲开舌抵下牙略外伸,上牙落舌中间,紧接字腹 in 音,字腹的韵母要略延长,字尾也是 in 音。

"戈"——京剧"十三辙"中的"梭波辙"。"四呼"里属"合口呼","五音"中属"喉音"。念这个字的字头是 g,方法是小舌头贴在舌的后上颚,用气冲开,立即变为 e 的韵母,这是字腹,字尾收到 e 音,闭口就是收字尾,这个字短促。

"征"——京剧"十三辙"中的"人辰辙"。"四呼"中的"撮口呼","五音"中的"舌音"。这是个上口字,原音的 zheng 上口念 zhen。这个字发音前双口角压紧,口型小半圆,内舌尖卷在上膛,气息到冲开舌尖就是字头声母 zh 音,接着舌头缩到下牙龈后接字腹韵母 en 音,字腹要延长些,随着字腹放出渐闭口收尾音。

"尘"——京剧"十三辙"中的"人臣辙"。"四呼"中属"齐齿呼","五音"中属"舌音"。念这个字前舌尖贴住上齿，气息一冲开舌往下滑 ch 音的字头出，立即要转到 en 的字腹，这个字在这出戏里要念得短促，字尾闭嘴在 n 音。

"滚"——京剧"十三辙"中的"人臣辙"。"四呼"中属"合口呼","五音"中属"喉音"。念这个字的时候：准备小舌头压在舌后根，念字头时小舌头从舌后根抬，g 音由喉内发出，接字腹音 un 时舌头在口腔中间，上腭撑起。双唇略往两边拉紧，字尾舌尖抵上腭落 n 音，这个字尾收得要干净。

"壮"——京剧"十三辙"中的"江阳辙"。"四呼"中属"开口呼","五音"中属"唇音"。这个字的发音：双嘴唇撮口，口内舌抵下牙龈，气息冲到口张开 zh 的字头出，即刻转到 uang 的字腹，着力撑开上腭，口型张开，字尾闭口发出略带鼻音的 n 音上。

"气"——京剧"十三辙"中的"一七辙"。"四呼"中属"齐齿呼","五音"中属"舌音"。这个字的发音：口内舌两边卷在上腭，双齿对齐，气息到，上齿摩擦舌面，发字头 q 音，气息一冲立刻张开上下牙接 i 音的字腹，这时候舌头尖抵下齿下边。字尾同字腹相同，止气收字。

"吞"——京剧"十三辙"中的"人臣辙"。"四呼"中属"合口呼","五音"中属"舌音"。念时口型张开，上下牙齿半张，舌尖贴上齿，气息到，冲开舌尖就是字头 t 音，紧接舌要缩腔后接字腹音 un，上腭撑起。舌渐放松，延长字腹，双唇略往两边拉紧，字尾舌尖抵上腭落 n 音。

"南"——京剧"十三辙"中的"言前辙"。"四呼"中属"开口呼","五音"中属"舌音"。这个字发音准备：双齿上下对齐微闭舌抵齿缝，气息到双齿开，同时字头 n 音发出，接着撑上腭，张大口接字腹 an，这个字腹要延长，字尾为落于 n 音，闭口 n 音就收了。

"朝"——京剧"十三辙"中的"摇条辙"。"四呼"中属"合口呼"，"五音"中属"舌音"。念这个字双齿并齐，舌两边上卷贴上腭出字头 ch 音，紧接 ao 音的字腹，这时要张大口、张双唇，双唇和双齿同样有个圆形的过程。字尾收在 u 音，一闭嘴 u 音就出来了。

表白：

"俺"——京剧"十三辙"中的"言前辙"。"四呼"中属"合口呼"，"五音"中属"喉音"。吐音时小舌先压住舌后根，气息冲开同时字头 a 音发出，然后撑开腔，张口转字腹 an 保持口型，字尾也收在 an 音，把后面的"小钹一击"叫起来。字尾落于 n 音，闭口 n 音就收。因为是自报姓名前的音，所以字腹要延长一些。

"陆"——京剧"十三辙"中的"姑苏辙"。"四呼"中属"合口呼"，"五音"中属"舌音"。念字头前口型微张，l 舌尖是贴上齿，然后用气冲开，贴上齿的舌尖就是字头的 l 音，紧接舌尖打到下牙龈接字腹 u 的韵母，双唇闭上，唇要用上力，出唇音的共振，在共振时收字尾。

"文"——京剧"十三辙"中的"人臣辙"。"四呼"中属"合口呼"，"五音"中属"唇音"。这个字在吐字头时下牙贴上唇内，气息冲开时上唇内收下牙外滑磨擦口，字头 w 音就喷出，这个字的字头要稍长些，然后舌尖抵上齿字腹的 en 就出来了，出字腹即可收字尾，是舌尖抵上齿收在 n 音上。

"龙"——京剧"十三辙"中的"中东辙"。"四呼"中属"合口呼"，"五音"中属"喉音"。念这个字的时候双唇半张，舌尖抵住上齿往下滑即是 l 音的字头，ong 音是字腹。字头要短，字腹要立即接上而且要延长，收字尾只要闭双唇音就收住了。

"父"——京剧"十三辙"中的"姑苏辙"。"四呼"中属"齐齿呼"，"五音"中属"唇音"。这个字的吐音准备：下牙贴上唇内，牙齿互相摩擦，下唇向外用力，就是字头的 f 音，互相摩擦后，舌后缩居中，声音紧接 f 的声母变 u 音的韵母，这字的字尾不收音。

"王"——京剧"十三辙"中的"江阳辙"。"四呼"中属"开口呼"，"五音"中属"唇音"。这个字的发音：双嘴唇撮口，气息冲到口张开 w 的字头出，即刻转到 ang 的字腹，着力撑开上腭，口型张开不变，字尾闭口发出略带鼻音的 n 音上。

"兀"——京剧"十三辙"中的"姑苏辙"。"四呼"中属"齐齿呼"，"五音"中属"唇音"。念这个字时双唇微张，上下牙齿对齐，用气息冲开发 w 的字头，字腹 u 音发出，字尾也同时收在 u 上。

"术"——京剧"十三辙"中的"姑苏辙"。上口字念 zhu，"四呼"中属"撮口呼"，"五音"中属"唇音"。念这个字时舌尖卷上腭，用气息冲开舌尖发 zh 的字头，几乎同时舌头内卷，同时撮口，字腹 u 音发出，字尾闭嘴收在 u 上。

"俺"——京剧"十三辙"中的"言前辙"。"四呼"中属"合口呼"，"五音"中属"喉音"。这个字的吐音，念时小舌先压住舌后根，气息冲开同时字头 an 音发出，这个字的字头、字尾都 an 音，保持口型"合口呼"不变。

"虽"——京剧"十三辙"中的"灰堆辙"。"四呼"中属"撮口呼"，"五音"中属"舌音"。念这个字的准备：双唇撮口，舌尖抵牙中缝，气息冲到，就是字头 s 音，几乎同时舌尖后缩，双唇略张字腹 ui 音紧接字头，韵母的时间要延长一些，字尾收在 i 上，i 音出后收字。

"生"——京剧"十三辙"中的"人臣辙"。本音的 sheng 变京剧的"上口字"为 shen 音。"四呼"中属"齐齿呼"，"五音"中属"齿音"。念这个字的时候上下牙齿半张，舌两边卷起贴上膛，字头发 sh 音并保持这个形态，这个字头稍长一点，双唇微张接 en 音的字腹，使字头、字腹浑然一体，字尾是 en 音，这个字尾收时上下齿仍对得很齐。

"在"——京剧"十三辙"中的"怀来辙"。"四呼"中属"齐齿呼"，"五音"中属"牙音"。念这个字双齿并齐，舌面贴上膛，舌尖抵下齿，气息冲到张嘴出字头 z 音，紧接半张口接字腹 ai 音。ai 是圆形字腹，双唇和双齿同样有个圆形的过程。字尾收在 i 音，一闭嘴 i 音就出来了。

"北"——京剧"十三辙"中的"梭波辙"。这是个"上口字"，原音念 bei，"上口"后念 be，"四呼"中属"合口呼"，"五音"中属"唇音"。念这个字前双唇闭，气息冲开双唇就是字头的 b，紧接嘴张开，舌落下牙龈，立即变为 e 的韵母，这是字腹。字腹要略长，字尾收到 e 音，闭口就是收字尾。

"番"——京剧"十三辙"中的"言前辙"。"四呼"中属"开口呼"，"五音"中属"牙音"。这个字的发音准备：下齿和上唇内侧互相摩擦，下齿向外用力，上唇内滑，就是字头的 f 音，口型上下打开，上膛撑起，舌后缩，声音紧接 f 的声母变 an 音的字腹，字腹略延长。字尾收于 n 音。这个字也要求放尾音后收字。

"最"——京剧"十三辙"中的"灰堆辙"。"四呼"中属"撮口呼"，"五音"中属"唇音"。念这个字的准备：双唇撮口，舌头贴下牙。气息冲到时略张口，字头 z 音出，几乎同时双唇半打开，字腹 ui 音紧接字头，韵母的时间要延长一些，字尾收在 i 上，i 音出后收字。

"喜"——京剧"十三辙"中的"一七辙"。"四呼"中属"齐齿呼"，"五音"中属"舌音"。这是个尖字，念这个字的准备：上下牙齿闭，舌尖抵下牙，发 x 音和 s 音双声母字头，尖字就形成了，舌两边卷起，贴上牙齿后面，接着就变字腹的 i 音，气息冲时保持这个口型不动，字腹、字尾都发 i 音，这个韵母要求长一些。

"南"——京剧"十三辙"中的"言前辙"。"四呼"中属"合口呼"，"五音"中属"舌音"。这个字的吐音，舌先贴上膛，气息冲开时字头 n 音发出，张嘴同时舌缩膛中央进入字腹 an，保持口型"合口呼"不变，字腹 an 着力撑开上膛，字尾落于 n 音，闭口 n 音就收了。

"朝"——京剧"十三辙"中的"摇条辙"。"四呼"中属"张口呼"，"五音"中属"舌音"。念这个字双齿并齐，舌上卷贴上膛，气息到口微张，用舌尖摩擦上膛出字头 ch 音，紧接 ao 音是圆形字腹，双唇和双齿打开撑上膛，舌贴膛下。这个字腹要延长，字尾收在 u 音，一闭嘴 u 音就出来了。

"打"——京剧"十三辙"中的"发花辙"。"四呼"中属"开口呼"，"五音"中属"齿音"。和前面的"大"字念法一样。这个字发音前双齿对齐，舌尖贴住双齿，气息一冲开双齿微张 d 音的字头即出，接着舌尖抵下齿，嘴型张大 a 的字腹就出来了，这个字腹要延长些，在这里要往上挑着念，"发花辙"不收字尾。

"扮"——京剧"十三辙"中的"言前辙"。"四呼"中属"合口呼"，"五音"中属"唇音"。这个字吐字头时上下唇并拢，气息冲开时字头 b 音就喷出，字头要沿着 b 再加 o 音，实际字头变成 bo，然后张嘴，舌自然下垂，字腹的 an 就出来了，字尾是双唇合拢收在 n 音上。这个字的字腹的韵母也要稍长一些。

"父"——京剧"十三辙"中的"姑苏辙"。"四呼"中属"齐齿呼"，"五音"中属"唇音"。这个字的吐音准备：下牙贴上唇内侧互相摩擦，下齿向外用力，上唇内滑，就是字头的 f 音，唇齿互相摩擦后，口型上下打开，上腔撑起，舌后缩，字腹 u 音的韵母就出来了，这个字的字尾不收音。

"王"——京剧"十三辙"中的"江阳辙"。"四呼"中属"开口呼"，"五音"中属"唇音"。这个字的发音：双嘴闭，气息冲到口张开双唇前 w 的字头已出，张口即刻转到 ang 的字腹，着力撑开上腔，口型张开不变，字尾闭口发出略带鼻音的 n 音上。

"与"——京剧"十三辙"中的"一七辙"。"四呼"中属"撮口呼"，五音中属"唇音"。念这个字的准备：上唇扣下唇，气从这个口型出来。字头、字腹都是 ü，收气音断即是字尾。

"宋"——京剧"十三辙"中的"中东辙"。"四呼"中属"合口呼"，"五音"中属"舌音"。这个字发音前也是舌尖贴住下齿，气息一冲开 s 音的字头即出。接着舌头立即要缩到腔中间，接字腹的 ong 音，字腹略长些，字尾闭口在 u 音。

"室"——这个字不入京剧十三辙，但是个上口字。"四呼"中属"齐齿呼"，"五音"中属"舌音"。念这个字的时候，注意舌的两侧卷贴上腔，上下牙齿对齐，中间略留缝隙，字头、字腹、字尾都是气息冲出来的 sh 音，止气闭口即收。

"不"——京剧"十三辙"里的"姑苏辙"。"四呼"中属"合口呼"，"五音"中属"唇音"。念这个字时的准备：口闭紧，用气息冲开口型，就是字头发 b 的声母音，同时口型保持被冲开的半圆状，舌头后缩，出字腹 u 音，字尾也同时收在 u 上。

"和"——京剧"十三辙"中的"梭波辙"。"四呼"中属"合口呼"，"五音"中属"喉音"，这个字是"上口字"，原音念 he，"上口"后念 huo。念这个字的字头是 h，方法是小舌头贴在舌的后上颚，用气冲开，口微张，立即变为 uo 的韵母，这是字腹，字尾收到 o 音，闭口就是收字尾。

"屡"——京剧"十三辙"中的"一七辙"。"四呼"中属于"撮口呼"，"五音"中属"唇音"。念这个字的准备：双唇撮口，舌头尖抵上牙后，气息冲到时舌尖滑下，字头 l 音即出，舌尖滑下后贴在下牙龈，ü 的字腹接上，口型不变，韵母的时间要延长一些，字尾收在 i 上，i 音出后收字。

"战"——京剧"十三辙"中的"言前辙"。"四呼"中属"撮口呼"，"五音"中属"唇音"。发字头舌两边卷起贴上膛，气息到 zh 的字头出，字腹要发 uan 和 an 的中间音，接字腹时嘴要张开些，略延长些，着力撑开上膛，字尾落于 n 音。n 音出后收字。

"不"——京剧"十三辙"中的"姑苏辙"。"四呼"中属"合口呼"，"五音"中属"唇音"。念这个字时的准备：双唇闭紧，用气息冲开发 b 的字头，紧接着双唇被冲开，外口型也是半张，字腹的 u 音韵母同字头的 b 紧相连，字尾也同时收在 u 上。这个字也是个短促的字。止气就收尾。

"能"——京剧"十三辙"中的"人臣辙"。"四呼"中属"合口呼"，"五音"中属"舌音"。正音读 neng，京剧上口为 nen 音。这个字发音前也是舌尖贴住上齿，气息一冲开 n 音的字头即出。接着舌头立即要缩到膛中间接字腹的 en 音，字尾闭口在 n 音。

"取"——京剧"十三辙"中的"一七辙"。"四呼"中属"撮口呼"，

"五音"中属"牙音"。这个字是闭嘴音,京剧上口的尖字。发音准备:双唇两边压紧,舌尖贴在下牙龈,气息到时字头的声母要念 c 音和 q 音,双合音,尖字就出来了,接着 ü 的字腹是口型不变,舌往后缩,字腹字尾都是 u 音,不收尾音。

"胜"——京剧"十三辙"中的"人臣辙"。"四呼"中属"合口呼","五音"中属"舌音"。"上口字"原音念 sheng,"上口"念 shen。这个字发音前也是舌两边卷起贴上膛,气息一冲开 sh 音的字头即出。接着嘴微张,舌头立即缩到膛中间接字腹的 en 音,字尾闭口在 n 音。

"如"——京剧"十三辙"中的"一七辙"。"四呼"中属"撮口呼","五音"中属"唇音"。"上口字"原音念 ru,"上口"念 ru,是闭嘴音。发音准备:双唇两边压紧,舌内卷贴上膛,气息冲出字头 r 即出,字腹 u 时舌尖贴在下牙龈(注意这个字口型吐字的全过程不变),字腹、字尾都是 u 音,这个字不收尾音。

"今"——京剧"十三辙"中的"人臣辙"。"四呼"中属"齐齿呼","五音"中属"舌音"。念这个字的时候上下牙齿半张,舌两边卷起贴上膛,舌面抵双齿缝,字头发 j 音就是保持这个形态,这个字头的声母要长一点舌尖往下齿一贴就是 in 音的字腹,使字头、字腹浑然一体,字尾是 n 音,这个字尾收得要干净。

"兵"——京剧"十三辙"中的"人臣辙"(这个字正音读 bing,京剧上口为 bin 音,因此变为"人臣辙")。"四呼"中属"合口呼","五音"中属"唇音"。念这个字的时候双唇紧闭,气息冲开双唇就是 b 音的字头,紧接缩舌于双齿后,字腹 in 音接上,字头要短,字腹要立即接上而且要延长,收字尾

· 159 ·

要收在 n 音上。收时要借用一点"鼻音"。

"扎"——京剧"十三辙"中的"发花辙"。"四呼"中属"开口呼","五音"中属"齿音"。这个字发音前也是舌卷起贴住上腭,气息一冲开 zh 音的字头出,嘴张开就转到 a 的字腹。这个字在这出戏里要念得短促,"发花辙"没有字尾收音。

"朱"——京剧中上口字,不归"十三辙"。"四呼"中属"撮口呼","五音"中属"唇音"。念这个字时摆好口型,"撮口"气息冲到,字头、字腹、字尾都是 zhu 音,气断字收。

"仙"——京剧"十三辙"中的"言前辙"。"四呼"中属"开口呼","五音"中属"齿音"。念这个字的准备:口微张,上下齿也微张,舌尖抵住齿缝,气息冲到时,张口发字头 xi 音(尖字),紧接撑开上腭接字腹 ian 音,上下牙齿打开,舌抵下牙龈,字腹接得要紧,字尾闭嘴收在 n 音。

"镇"——京剧"十三辙"中的"人臣辙"。"四呼"中属"齐齿呼","五音"中属"牙音"。念这个字时的准备:下牙齿半张,舌面贴上腭,气息冲到时舌面和上腭打开,字头的 zh 音出来,紧接着上下牙张开,双唇角往两边用力,字腹 en 韵母音放出,略延长一些,字头、字腹要浑然一体,字尾收 n 音,放尾音后止气收字。

"不"——京剧"十三辙"中的"姑苏辙"。"四呼"中属"合口呼","五音"中属"唇音"。念这个字时的准备:口闭紧,用气息冲开口型就是字头发 b 的声母音,同时口型保持被冲开的半圆状,舌头放松,字腹 u 音接上声母的 b 发出,字尾也同时收在 u 上。这个字的字腹韵母短促。

"知"——京剧"十三辙"中的"一七辙"。上口字,由 zhi 变 zh-i,故为"一七辙"。"四呼"中属"齐齿呼","五音"中属"牙音"。念这个字时的准备:口型微张,口内舌两边贴左右上牙龈，气息冲到就是 zh 的字头，舌尖由上滑下贴在下牙龈面变 i 就是字腹韵母，保持上下牙齿对齐，口型不动，嘴角向两边用力，气断收住音。"一七辙"没有字尾，止气就是收尾。

"胜"——京剧"十三辙"中的"人臣辙"，上口字，原音念 sheng，"上口"念 shen。"四呼"中属"齐齿呼"，"五音"中属"舌音"。这个字发音前是舌卷两边贴上腭，气息一冲开 sh 音的字头出。接着张嘴舌尖立即抵下牙龈，接字腹的 en 音，上下牙齿要对齐，字尾闭口在 n 音。

"负"——京剧"十三辙"中的"姑苏辙"，"四呼"中属"合口呼"，"五音"中属"唇音"。念这个字时的准备：上嘴唇内侧贴下牙，舌尖抵下牙龈，气息到时上嘴唇与下牙齿摩擦，下牙向前，上唇向后下。字头的 f 声母音和字腹的 u 韵母音几乎连在一起。字尾收 u 音，气止字收。

"如"——京剧"十三辙"中的"一七辙"，"上口字"原音念 rü，"上口"念 rü，是闭嘴音。"四呼"中属"撮口呼"，"五音"中属"唇音"。发音前准备：双唇两边压紧，舌卷两边贴上腭，气息冲到，舌尖贴在下牙龈口微张就是字头 r 音出，紧接舌贴下牙龈，发韵母 ü，这个字口型吐字的全过程不变，气息冲出字头，字腹、字尾都是 ü 音，这个字不收尾音。

"何"——京剧"十三辙"中的"梭波辙"。"四呼"中属"合口呼"，"五音"中属"喉音"。这个字是"上口字"，原音念 he，"上口"念 huo。字头 h，念时小舌头贴在舌的后上颚，用气冲开，立即变字腹 uo 的韵母，字尾收到 o 音，闭口就是收字尾。

"也"——京剧"十三辙"中的"乜斜辙"。"四呼"中属"齐齿呼"，"五音"中属"牙音"。开始念字头的准备是上下牙齿对齐微张，舌卷两边贴后齿，随着气息冲到字头 i 音即出，接着嘴张开接上字腹的 ei 音，这个字腹的韵母可长可短，这里我们念短促些，字尾也收在 ei 音上，止气断音。

"曾"——京剧"十三辙"中的"人臣辙"。"四呼"中属"合口呼"，"五音"中属"牙音"。本音是 ceng 变京剧的"上口字"为 cen 音。念这个字的时候，上下牙齿微张，舌抵齿缝，气息一到，上下牙打开就是字头 c 音，此时舌尖抵下牙龈，紧接字腹 en 音，上膛撑起。双唇略往两边拉紧，字尾落 n 音，收得要干净。

"命"——京剧"十三辙"中的"人臣辙"。"四呼"中属"齐齿呼"，"五音"中属"唇音"。这是上口字，由 ming 音变 min 音，念这个字时的准备：口闭紧，用气息冲开口型，就是字头发 m 音，接着口型保持被冲开的半圆状，舌头放松，就是字腹 in 音，字尾也同时收在 n 上。

"小"——京剧"十三辙"中的"摇条辙"。"四呼"中属"齐齿呼"，"五音"中属"齿音"。这是个尖字，念这个字双齿并齐，舌尖抵齿中缝。气息冲开双齿即是字头 x 音和 i 音的双音字头，这样尖字就出来了，紧接张口，舌抵下牙龈，出字腹 iao 音，iao 是圆形字腹，双唇和双齿同样有个圆形的过程。字尾收在 u 音，一闭嘴 u 音就出来了。

"番"——京剧"十三辙"中的"言前辙"。"四呼"中属"开口呼"，"五音"中属"唇音"。这个字的吐音准备：双唇闭，上牙贴下唇内侧，气息冲到，上牙向内用力，下唇向外用力，就是字头的 f 音，上牙和下唇互相摩擦后，口型上下打开，上膛撑起，舌后缩，声音紧接变 an 音的韵母，字腹略延长。字尾收于 n 音。这个字也要求放尾音后收字。

"前"——京剧"十三辙"中的"言前辙"。"四呼"中属"开口呼"，

"五音"中属"齿音"。这是个尖字。念这个字时的准备：口微张，上下齿也微张，舌舔上膛舌尖抵住齿缝，气息冲到时，立即发 c 音和 q 音双音字头，尖字就形成了，紧接上下牙齿打开，撑开上膛，舌往内缩，字腹 an 音跟上，字头要短，字腹紧接，收字尾闭嘴就是 n 音收住。

"去"——京剧"十三辙"中的"一七辙"。"四呼"中属"撮口呼"，"五音"中属"齿音"。念这个字时的准备：双唇口角压紧，口型成撮口，后舌面贴后上膛，齿微张念字头 q 音出，紧接舌尖抵下牙龈接字腹 ü 音，字尾亦 ü 音，气止音收。

"打"——京剧"十三辙"中的"发花辙"。"四呼"中属"开口呼"，"五音"中属"舌音"。舌尖舔住上齿，用气冲开即是 d 音的字头，紧接把嘴张开就是字腹 a 音，凡是"发花辙"都不收音。

"探"——京剧"十三辙"中的"言前辙"。"四呼"中属"合口呼"，"五音"中属"齿音"。这个字的吐音：上下牙齿并拢，舌尖舔上牙后，气息冲开时 t 的字头就喷出，舌尖要迅速缩到下牙龈处，字腹的 an 就出来了，字尾是牙齿合拢，收在 n 音上。在这出戏中这个"探"字也是短促音。

"未"——京剧"十三辙"中的"灰堆辙"。"四呼"中属"齐齿呼"，"五音"中属"牙音"。念字方法：外部双唇闭，内膛舌居中，做好准备。下牙齿尖抵上唇内侧气息冲，下牙向外滑，上唇向内下滑，字头 w 音是一种特殊滑音，紧接字腹 ei 音，双齿对齐，舌往后缩到中间，字尾收 i 音，止气即收尾。

"见"——京剧"十三辙"中的"言前辙"。"四呼"中属"合口呼"，"五音"中属"牙音"。念这个字时的准备：口微张，上下齿也微张，舌面贴住上腭，气息冲到时，舌面打开立即发字头 j 音，紧接 an 音的字腹，上下牙齿打开，撑开上腭，字头要短，字腹要立即接上稍延长，字尾上下牙合收 n 音，止气即收尾。

"回"——京剧"十三辙"中的"灰堆辙"。"四呼"中属"合口呼"，"五音"中属"喉音"。这个字的念法：外形上双唇角往中间稍挤，成圆形。字头的气息在喉部发 h 音的声母，外部双唇张开接字腹 ui 音，舌抵上腭，字尾收在 i 上，这个字也要求放尾音后收字。

"报"——京剧"十三辙"中的"摇条辙"。"四呼"中属"合口呼"，"五音"中属"唇音"。这个字在吐字头时上下唇并拢，气息冲开时字头 b 音就喷出，舌自然下垂，字腹的 ao 就出来了，字尾是双唇合拢收在 o 音上。

"正"——京剧"十三辙"中的"人臣辙"。"四呼"中属"合口呼"，"五音"中属"舌音"。正音 zheng，上口念 zhen 音。念这个字时的准备：口型微张，上下牙齿半张，舌卷起贴上腭，气息冲开卷舌，字头 zh 音出，接字腹音 en 时舌头在口腔中间，上腭撑起。双唇略往两边拉紧，字尾舌尖抵上腭落 n 音，这个字尾收得要干净。

"是"——不入京剧"十三辙"。"四呼"中属"撮口呼"，"五音"中属"舌音"。发音前双唇的两边压紧，舌尖缩抵下齿下面。气息冲出来时就是 shi 音，字腹、字尾都保持这个音。凡是 zhi, chi, shi, zi, ci, si，在京剧里不入"十三辙"。

"欲"——京剧"十三辙"中的"一七辙"。"四呼"中属"撮口呼"，"五音"中属"唇音"。念这个字时的准备：双唇两边压紧，中间留扁缝，舌尖贴在下牙龈（注意这个字吐字的全过程口型不变）。字头 yu 音是上唇往下扣，气息冲出后字头、字腹、字尾口型不变，都是 y ü 音，这个字不收尾音。

"图"——京剧"十三辙"中的"姑苏辙"。"四呼"中属"合口呼"，"五音"中属"舌音"。这个字的字头，舌尖舔在上膛前，气息冲开舌到下牙龈，字头 t 音出，接着字腹 u 音延长，口型变 o 形，舌居中，字尾几乎和闭口同时收于 u 音。

"登"——京剧"十三辙"中的"人臣辙"。"四呼"中属"齐齿呼"，"五音"中属"牙音"。这个字的本音读 deng，在京剧里属于上口字，读 den。念这个字时的准备：上下齿微微张开，舌尖抵住齿缝，气息冲到时，张上下牙即发字头 d 音，紧接舌尖落下牙龈，上膛撑开，en 音的字腹紧接，字头要短，字腹要立即接上，收字尾只要合双齿就是 n 音收住。

"九"——京剧"十三辙"中的"由求辙"。"四呼"中属"合口呼"，"五音"中属"舌音"。凡"由求辙"的口型是小圆型，但是内膛一定要打开。念这个字时的准备：舌面贴上膛，舌尖贴在下牙龈，念字头时气息由后往前推送出 j 音，字头略长些，紧接着把上膛撑开，舌头缩，字腹 ou 音紧接，字尾的收音要收到 u 上，闭唇收音。

"阙"——京剧"十三辙"中的"乜斜辙"。"四呼"中属"撮口呼"，"五音"中属"唇音"。这个字的吐音口型很重要，必须是"撮口"型，舌边卷抵上膛，气息冲开同时字头 q 音发出，后紧接 ue 音韵母，双唇用力往外送一下，字尾气止音收。这个字要念得短促。

"早"——京剧"十三辙"中的"摇条辙"。"四呼"中属"开口呼"，"五音"中属"齿音"。念这个字时上下齿并齐，舌尖贴齿缝，出字头时上下牙打开，发 z 音，紧接字腹 ao 音，张口、撑膛，字腹呈圆形，字腹收 u 音，闭嘴音即收。这个字的过程要明显地念出枣核形。

"除"——京剧"十三辙"中的"姑苏辙"。"四呼"中属"撮口呼","五音"中属"唇音"。这个字是上口字,读音 chu,念这个字时的准备:舌卷于上膛,双唇两边压紧,上唇扣下唇,用气息冲时卷舌打开就是 ch 的字头,舌尖抵下齿,外口型不变,字腹、字尾同样,止气就收尾。这个字也是个短促的字。

"南"——京剧"十三辙"中的"言前辙"。"四呼"中属"开口呼","五音"中属"舌音"。这个字的发音准备:口型微并,舌尖部分抵住上齿后,气息冲到时舌尖从上滑下便是字头 n 音,几乎同时张开口型,紧接字腹 an 音韵母,舌头抵下齿,保持口型不变,着力撑开上膛,字尾落于 n 音。n 音出后收字。

"朝"——京剧"十三辙"中的"摇条辙"。"四呼"中属"合口呼","五音"中属"舌音"。念这个字双齿并齐,舌两边上卷贴上膛,打开出字头 ch 音,紧接字腹 ao 音,这也是圆形字腹,双唇和双齿同样有个圆形的过程。字尾收在 u 音,一闭嘴 u 音就出来了。

"君"——京剧"十三辙"中的"人臣辙"。"四呼"中属"撮口呼","五音"中属"唇音"。准备时双唇两边压紧,舌卷起两边贴上膛,气息冲时舌面触一下上膛,即出字头 j 音,双唇被冲开后,外口型不变,内舌尖落下牙龈,字腹 uen 音接紧还要延长,字尾收 n 音,放 n 音再止气收字。

第二节 《八大锤》三场谱式

《八大锤》一场，实际上是京剧武戏中的文场。现在很多武生演员不注意文场的表演和戏曲文场的表演程式规格。其实这里面是很有学问的。茹富兰老师特别强调："武戏演员一定要学会文场怎么演。怎么'出场'？怎么'走脚步'？怎么'整冠'？怎么'坐'？'程式'的规格是什么样？武将在文场戏当中的气质怎么表现？不同的人物怎么运用？……《八大锤》陆文龙的头场，就是要给大家打这么个基础。"从《八大锤》这出戏来看，是要表现一个十六岁的小王爷的气质。又因为他武艺高强，艺高人胆大，养成了一种什么事儿都得我说了算的性格。但在文场戏中怎么表现呢？如果表现不好，后面的武戏就只能算作技巧的卖弄。茹富兰老师说："我们演戏就要演出人物个性来，演出这个角色的风度、性格、情感。从这个人物第一次出场到后面两个文场，再到开打，都统一到十六岁小王爷，那你才够得上一个武生或者是武小生的标准。这出戏如果带上后面的'说书'，戏是非常好看的。陆文龙这个人物也是非常抢眼。"我自己认为，向茹老师学这出戏的时候，已经积累了一些"茹派"的感悟，尤其是对第一场文戏的理解。后来在自己演出这个戏的时候，前面文戏"坐场"和后面"说书"的戏一对照，才感觉到了茹富兰老师的艺术精湛，才感觉到茹老师所说在文场戏下功夫的重要。我后来改小生后，凡是穿蟒袍戴翎子的角色，比如周瑜、吕布等，表演起来很自如，就是得益于这个戏的文戏。

现在演出《八大锤》基本上都是演后面"车轮战"的武戏部分。我了解很多武小生演员都不知道穿蟒袍戴翎子出场、"坐场"的一些基本规律，所以今天还是要以"谱式"的方法把文场记录下来。既然是我回忆中的记录，就算为茹老师留下一份遗产吧。

一、出场

出场前陆文龙站在三道幕后。"气沉丹田，头顶虚空。"这个"艺诀"在每出戏出场前都要实实在在体会到，如果感觉没有做好，就要蹲下放松，然后站起来再感觉。这出戏的打击乐是大锣。在大锣缓锣、收住之后，我们要气沉丹田。呼出"嗯——呃哼"的架子，一定要有十六岁小王爷装出大人咳嗽的感觉。站法是双脚站八字，面向下场门，双手端带。两只手要端在玉带两旁第一对"圆品"的后面（玉带正中长方品，长方品两旁是圆品，也有方品的），心里要默默想着腰。

接着是打击乐的"四击头"<u>大 台</u> | 仓一 | 仓 <u>大巴</u> | <u>仓令</u> 才<u>仓0</u>‖，接"回头"<u>仓才才</u> | <u>才才 才才</u> ‖：<u>才才 才才</u>：‖。我们的动作放过"四击头"的前两轮，在"<u>大巴</u>"上双脚后跟抬起向右微转，看准脚将要迈出的方向，右脚后跟即落地，同时从腰椎往上顶着脖颈从左后到右后放松，自然逆时针晃一小圈，在"才"时心要想把着力点仍回到腰，再把着力点送到左脚尖。此时左脚尖已是"大腿带小腿"，脚后跟抬起，腰撑住劲，左脚抬起迈出台帘，勾脚面亮出靴底。打击乐已经放出"回头"，这时要把靴底亮一会儿，迈步左脚站稳接着右脚抬起，勾脚面亮出右靴底，使右脚落地后左脚跟着迈出，同样是勾脚面亮靴底，然后落地，右脚跟上成"八字步"亮相，这三步是连步走的。接着打击乐"一锤锣"<u>龙冬 大台</u> | <u>仓才 才才 台才 才才</u> ‖：<u>仓才 才才 台才 才才</u>：‖这是一种不限演员节奏的锣经，我们迈单步。迈法如出场前起步时要领相同。这里要讲一下，按照茹老师的要求，迈单步时一定要大腿带小腿，然后亮靴底，走法上一定遵循"高抬、低落、近一点"的"艺诀"。迈步时"眼随腰走"，迈左脚落地，眼睛随腰看到

右方；迈右脚落地，眼睛随腰看到左方……双眼要聚神，放出十六岁年龄小王爷的傲气眼神。亮相随着身体变动的方向，要迎左、右胸脯的子午相。这里重要强调两点。一是晃脖子的小圆圈，迈步要自然放松。这就是"头顶虚空"的妙用，脖颈往后的半个小圆圈可以带动双翎子，后面有两个自然的小圆圈。这个走法在台上起步时，也应当熟练地用上，可以展现我们武气中的脚步的灵动美。二是走步时一定要撑住腰，可以免除上身晃动不稳。

出台口三步以后要稍作停顿。然后继续使用前面出场脚步的要领，再向前左、右、左走三步，就走到了"九龙口"的位置（凡文戏都要走到这个位置有停顿）。接下来的动作是双手举到与鼻子一般高的位置，同时左脚撤半步，右脚跟回。双手抖袖同时抖出，抖到"胯"与"肩"之间的位置。注意，这个要领是着力于大臂带小臂（有艺诀说"蟒大臂，官衣小臂，巾生腕"），双手腕手心向前，大拇哥要朝上顶住蟒袖中缝线。抖袖举起来时，眼皮要耷拉下来，抖出去时随着抬起眼神就要抬起看前面表现气势。只有这样，才能抖出武将的气质。抖完后要落下臂膀有个来回一荡，眼神也随着回收，表现我们台上的每个动作都带有一种飘逸之美。接着就是"出袖"，两个膀子不能夹膀子，手掌要顺着肘端平，用腕力挑大拇指，把水袖抖在蟒袖上，双手指的部分露出。左脚撤半步，右脚跟回，双手举到"九龙冠"额前三寸，手掌向内。中指和拇指略出手掌的圆形，眼神随着左上看，再右上看，然后归中。这就是戏曲的"整冠"程式，这来自周礼的"整冠"生活，舞台上夸张了。接着双手顺着整冠的方向往下捋脸两旁的双穗，此时的眼神随着捋穗往左右两旁看穗，然后眼神归为正中。同时双手持穗底端向外有一小小圈放穗。接着双手向外分手，往下端起玉带。下面开始往中间走。起步的要领如同出场一样。先迈左步一单步，再迈右步一单步。然后三步连步，走至台口中心停住。下面打击乐是"大锣归位"大台 | <u>仓嘟</u> | <u>才台</u> | 仓 — | 仓 0 ‖，我们的形体动作是在

"台"时左步上半步,将右臂举起。手半握到鼻前准备抖袖,同时跟上右步,在第一锣仓时抖出右袖,后面锣鼓、出袖等都在节奏中,直到双脚站"八字步",在最后一锣同时抖袖,身向正前方亮住。此时在台上要停顿一下,然后念引子。

二、引子

引子:"胸藏韬略,英明几时标。"引子前面的六个字都是念,只唱"几时标"三字。

"胸藏"念"胸"时上右步,左步跟,面转向左前方。念"韬略"头要顺势点头。念"英名"时上左步,右步随着跟,面转向正中。鼓师此时打两楗子"大 大"。我们唱"几时"时开始没有动作,"时"的后半截,我们的形体动作往后撤左步。耷拉眼皮,同时右手大拇哥翘起。归右腿与左腿合,眼神要看住右手大拇哥。再唱"标","标"的腔不多,但是右手大拇哥不动,眼神释放出去时傲慢地晃一圈头,再点两下头,表现陆文龙非常自豪地认为,我将来一定能成为天下名将。唱完后抖右手袖,打击乐仍是"一锤锣"。抖袖后,右手扶玉带,上右步左转身向后。左腿开始走两步单步,然后便是连步走,走到小座前(戏曲舞台的椅子分"小坐""大坐""边坐"。放在桌子前为"小坐")。右腿要靠在椅子右边。左腿撤向椅子左边,身体左转向前方。坐下前稍低头,向前点一下翎子,打击乐起"归位"<u>大台</u>|仓・嘟|才台|仓一|仓一‖,我们的动作跟着节奏,"大台"就是"点翎子",然后坐下就是"仓"(凡头盔插雉尾翎的入座,不管老生、小生、花脸都要有个前躬身点翎子的程式,它表现了四肢配合身体的灵动美)。坐下时也有个讲究。谚诀"逢坐三分椅"就是说,一把椅子,我们演员只能坐三分之一,不能一屁股坐全,二分之一也不行,因为坐下要左右转动,和对方交流,向观众交流。"才台|仓一|"就是坐下抖左袖,坐

下后出袖，双手扶玉带就是末锣"仓"。

三、定场诗

坐下时，身形稍左侧，双脚外侧着地，内侧微离地面翻起，目光向前平视。

念"定场诗"第一句"中原成逐鹿"。在"成"字上长身抬头"逐鹿"点两下头。因为头戴双翎，我们一个小动作就可以带动翎子的运动，陆文龙的这个点头表示他年龄虽小，但是也看懂了天下形势。下面接"山河风雨飘"。"山河"没有动作，念完"河"字后，语气一顿，头突转向左前方，右掌随之，也放到左前方。手指向上，手心向外与下巴平行的高度。接念"风雨飘"手指前后波动拉向右方。我们的眼神也随之从左一直看到右远方。稍顿，脸变正前方，念"飘"，动作是头随之而点。其实十六岁的孩子并不懂什么军事和政治，只是学大人们说法：宋朝不行了，就像一只鹿被人来回追逐着，在风雨来回飘摇着。此时陆文龙念出来的表情也是一种小大人的口吻，但是他感到自己比别人都明白。这是要通过脸上的表情来表现的。下面打击乐接"二三锣"，我们右手仍放回端带处。第三句"金戈征程滚"。念"金戈"虽然没有动作，但要提一块神，因为说的是自己的国家，眼神要释放出很自豪的感觉。"征尘滚"抬头接着从右后向左顺时针绕两圈头，这时的翎子也跟着动起来（转圈主要颈的转动，抬头要真抬起头，向左头也必须左倾到位，向前必须低头到位，向右也必须右倾到位。转圈时不能停顿，但各方向必须衔接无痕迹，翎子才会显示大圆之美）。接下来念"壮气吞南朝"。念"壮气"时没有动作，但是要用上丹田气，砸中丹田两下，表现的是他这个年龄骄傲而又得意的自信感。念"吞"时脸往左前方看。右手指准备指的"指式"放于胸前。身体向后稍仰，"南"时脸从左转向正面，右手稍往回拉。眼睛直盯前方，

似乎看到了宋朝的衰弱。形体动作上是左右肩稍有两小圈晃动，右手再指出（艺诀"是指非指，先看后指"是也）。指出后身子要前后晃两晃，腰撑住劲，两晃不要太大。

四、表白

念完最后一句定场诗"壮气吞南朝"后，打击乐起"大锣收头"龙冬｜<u>大大</u> <u>大台</u>｜仓儿 <u>另才</u>｜<u>乙台</u> 仓｜，我们身段在"龙冬"时不动继续保持定场诗时的指，"<u>大大</u> <u>大台</u>"把神收回，同时举左手，"<u>仓儿</u>"时左手抖袖，"<u>另才</u>"抖袖手放下后，在"<u>乙台</u>"时右手拉住蟒袖后角，到末锣"仓"把水袖翻上来（把蟒袖和水袖都翻到手心一面），左手把蟒袖和水袖举到鼻子上面一点，然后右手拉住左蟒袖后角下移，拉移的同时念"俺"——这时候左手心蟒袖位于脖颈前，右手在右腰前，身体向左面侧一点。念"陆"时眼睛看一下下面的水袖，念"文龙"二字把脸抬向前面。（这是一种报名的程式。不管什么戏，什么人，遇到自我报名时，报姓必须看自己的左手，报名眼睛抬向观众。低头报姓表现了谦虚礼节，抬头报名是和观众的一种交流，是戏曲表演中的"活泛"。初学时死了一点，用熟了就会感觉到其中的神韵之美。现在年轻演员都不懂，丢掉了这个传统也很遗憾。）报名之后，打击乐起"住头"<u>大 台</u>｜仓才｜仓 0‖，我们在第一锣抖左水袖，末锣时右手自然地扶在玉带原处。

后面就是自我表白了，表白一般都是散文式的，没有太多的节奏限制。在要求加重语气或要求节奏和打击乐的关系处理好，这是一般的规律。表白时要比念定场诗松弛一些。第一句是"父王兀术"。"父王"没有动作，"兀术"的"兀"字起双手拱手举到鼻子的平面，这句要念慢些，念完"兀术"双手下来归于扶玉带原处，下句"俺虽生在北番"的"北番"时点两下头，接念"最喜南朝打扮"，"最喜"两

字不动,"南朝"时双手把玉带提起一点,头从左起顺时针绕一大圈,"朝"字头落在正前方,低头看玉带中间的品,然后翻眼睛看观众,心里憋着笑。接念"打扮",借"打"字把笑喷出来大点头两下。这个相的处理是"坐场"中的重点动作,脖子顺时针绕圈时要求把翎子涮一大圈,笑是真心的,同时要表现陆文龙少年的心态,其内心的潜台词是"南朝的服装多漂亮,哪儿像这土里土气的北番,我就是爱穿南朝的服装,你们谁也管不了我",破一点而活全剧,一场似乎严肃的"坐场戏",这句台词中一个大动作就把陆文龙性格夸张、突出的心理和年龄感表现出来。我看其他演员演这出戏时没有这个动作,一场戏就很死板。下句"父王与宋室不和",只在"不和"时摇头,右手有一摇手,接念"屡战不能取胜",只是把右手翻到手掌向上"摊手式"。接下来念"如今兵扎朱仙镇",仅在"朱仙镇"时左手指左前方,接念"不知胜负如何","不知"摇摇头,"胜负如何"双手"摊手式"。接念"也曾命小番前去打探",只是在"前去"右手往右前方一指,接念"未见回报",右手外翻"摊手式"。接念"正是"后打击乐进"住头"<u>大台 | 仓才 | 仓０‖</u>,我们在"住头"的"<u>大台</u>"上举左手,"仓"上抖左袖"才 | 仓０‖"手出袖。接念"欲图登九阙,早除南朝君",这一句"对儿"里没有太多的动作,念"登"时身体往上拎一下。"九阙"时点两下头,"早除"后念"南朝君",这里又一个往前指:"南"脸往左前方看。右手指准备指的"指式"放于胸前,身体向后稍仰。"朝"时脸从左转向正面,右手稍往回拉,眼睛直盯前方,似乎看到了宋朝皇帝的宝座。形体动作上是左右肩稍有两小圈晃动,右手再念"君",同时右手从胸前指出。指出后身子要向前晃两晃,腰撑住劲,两晃不要太大,心里潜台词是:"宋朝的皇帝算什么,凭着我,一定把他拉下宝座。"念完后身体转向左面,方法是:右脚先往中间挪半步,左脚再往左挪半步,稍抬屁股,然后坐下。

陆文龙念完后打击乐起"小锣五击":<u>多乙０ | 台台 | 台另 | 台</u>

0‖。小番是踩这"五击"上场的，小番念对子后进门向陆文龙行礼，我们在表演上用非常高兴的双眼盯住小番，念"罢了，小番"，这两句几乎是连着念的，小番有一句"谢殿下"是塞着我们"罢了"和"小番"的中间。这个节奏的把握之所以要快，就是表现陆文龙急切想知道前方军情。接念"我父王兵扎朱仙镇，胜负如何？"（小番见过陆文龙之后，是站在陆文龙的左边，因此这两句念白都是面向左方向。）"我父王"是双手向中间拱手，"兵扎朱仙镇"是顺着前面的拱手，右手顺势向外指。念完"朱仙镇"后，有一吸气要吸出"嘶"字声来，这个字虽然是虚字，但是表现了陆文龙心里盼着本国胜利，又怕没有自己上战场的机会，所以在身段动作处理上要全身往上拎一下。再念"胜负如何"，动作首先是要把上半身探出去，两手摊开"双摊手式"，要表现少年的急切心性，想知道前方的军情，这时双眼要又天真又好奇地睁大，盼快得到回答。当小番回答："启禀殿下，宋将十分骁勇，奉了狼主之命，特搬请殿下前去助战。"陆文龙一下子变得高兴起来，因为他是急盼着上战场打仗。所以接念"好"，是笑中很快晃两圈头接大点头两下，下面的台词是"待我同乳娘说明"，"待我"两字时身体要归正，方法是左脚向右迈半步，右脚跟着向右也迈半步，身体就归正了。"同乳娘说明"念到"乳娘"时也要拱手到鼻子前方。念"前去"时，双脚归"八字步"站起身来，"中原"双眼聚神看前方，"助战"点点头，下面打击乐接"大锣五击"<u>大台 | 仓才 | 仓才 | 仓</u>0‖，我们的形体动作是"大"双手举起水袖（到脖颈前即可），"仓"双抖袖，同时迈左脚，扑身向前走三步，末锣停住。这是一个非常有气势的"扑身前冲步"，既表现了陆文龙成算在胸，又表现他的心急如焚。接着小番念："全凭殿下双枪勇。"陆文龙用左斜眼下方看小番，微笑点了点头，这里有一个垫字"哼"，念的同时要稍点头，非常轻蔑的神情立刻就出来了。接念"哪怕宋军百万强"，"哪怕宋军"眼睛由看小番处转向看正中，念"百"字时向左伸左腿，同时右手"指前式"端

在胸前，念"万"字时，右腿在下衬两衬。中间有一个垫字"呐"，随着这个字左脚落地，右脚归在左脚前右丁字步，这时念"强"双眼聚神看要指的方向，双肩前后晃两晃后指出（还是"先看后指"）。这时打击乐"回头"接"一锤锣"，"回头"时保持指不动，"一锤锣"起，向右双抖袖、出袖。上右步，向下场门慢转身，先迈左脚一单步，再迈右脚一单步，然后再迈左步时，右拳抓住水袖在右旁画半圆圈背手，接着迈右步，左拳抓住水袖在左旁画半圆圈背手，双手同时背手连步下场时，背在后面的双手要有一起一伏配合步伐的前进。小番跟下。

这是一场完整的文戏坐场，没有大幅度的戏曲舞蹈动作。但是从走步开始，抬手动作都有着程式。茹老师在教学时对"文戏"的规范要求很严，对于为什么这么做，内在心理和陆文龙的性格剖析得很清楚，"文戏"（《八大锤》的文场戏）既不能演得毛手毛脚，又不能过于稳重。舞台动作基本上是装饰或夸张台词的，但在京剧舞台上，所有的装饰性、夸张性都有一定的美学规格，这里包含着内心的活动和外在表现形式的美，这就是在本书中仅把《八大锤》"坐场"戏拎出来，把茹富兰先生在这场戏中凝聚心血创作的艺术价值用文字形式保存下来的目的。

第四章 茹富兰先生教《八大锤》

下 篇
戏曲形体美学探索

第五章 "艺诀"——大道至简的"戏曲形体理论"

在本书第一章至第四章中，我以忆《茹富兰教学法》开篇，讲了许多具体的戏曲形体和身段。茹富兰教学法是国粹艺术中的璀璨明珠，这是前辈著名艺术家为我们留下的宝贵财富，我用文字写出来的目的是"替祖师爷传道"（如果当代戏曲演员中真有想立志提高身段、舞姿和研究戏曲形体者，我希望能耐心把每章一句一句地看下来，静下心来认真琢磨，用于舞台实践，把"茹派"艺术传下去）。对于戏曲形体来说，这是最具有"抢救"的实际意义了。另外主要还是想为理论家研究戏曲舞蹈提供些素材，以建构中国戏曲美学完整的理论体系。由于茹富兰先生教学中有很丰富的"艺诀"，在这一章仅就中国戏曲形成过程中戏曲形体、程式、身段的发展做些理论性的探索和研究。

第一节 宋南戏、元杂剧、明清传奇
——中国戏曲文本竞争时代的戏曲形体

中国有着五千多年的文化史，这是以文字产生开始计算的。中国戏曲的历史则是以文字剧本的产生开始算起的。

以戏曲文本作为中国戏剧文化进入世界戏剧文化体系的标志，是世界性文化历史发展的必然。最通俗的话就是：剧本，剧本，一剧之本。一切舞台艺术的演出，首先从剧本开始。戏剧理论把剧本创作称"一度创作"。

中国有完整文字的戏曲剧本是在12世纪初（南宋时期）。

"南戏最早的剧目，据《南词叙录》《猥谈》等书记载：有《赵贞女与蔡二郎》和《王魁》两种。这二种被称为'戏文之首'。前者已经只字无存，后者尚存18支曲子。"[①] 有完整剧本的只有《张协状元》《宦门子弟错立身》《小屠户》三种。"南戏，又称为'戏文'。它于北宋末叶在浙、闽一带地区形成。后来发展到南宋王朝首都临安。"[②] 至今有九百年左右历史，南宋时代在文本的创作上也有职业写作者，但是因够不上上层知识分子水平，只能组织"书会"不落署名。就连著名《荆钗记》《白兔记》《拜月亭记》《杀狗记》被后人称为"四大南戏"，一直从南宋到清代传演甚广，作者也落"作者不详"或落"书会才人"等。（到了元、明代，也有著名作家改编这"四大南戏"。）

在最早的南戏剧本中，是可以看出"以歌舞演故事"的戏曲形式的，剧本中的"上""曲""白""介""下"的提示就是"歌""舞"的提示。汉代《毛诗序》中有一段话，始终是讲述中华民族在审美中的追求："在心为志，发言为诗，情动于中而行于言，言之不足，故嗟叹之，嗟叹之不足，故咏歌之，咏歌之不足，不知手之舞之，足之蹈之。"中国戏曲最早演出是不可能脱离这一审美理想的。宋南戏剧本的提示中的"上"离不开戏曲的"脚步"和传统的"礼仪"，"曲"即"歌也"，有歌必然"咏歌之不足，不知手之舞之，足之蹈之"。"介"的提示就是要通过一个或一组形体动作和身段来表现。

---

① 彭隆兴：《中国戏曲史讲义》，文化部干部学院编，1983年，第15页。

② 彭隆兴：《中国戏曲史讲义》，文化部干部学院编，1983年，第14页。

第五章 "艺诀"——大道至简的"戏曲形体理论" >>>

　　为什么这一批剧目找不到历史记载呢？明代著名文学家戏剧家徐渭，在《南词叙录》对宋元南戏有这样的评价："永嘉杂剧兴，则又即村坊小曲而为之，本无宫调，易罕节奏，徒取其畸农、市女顺口可歌而已。……故士大夫罕有留意者。"① "由于它的流行地域不广阔，剧目也不多，并且大多数是民间创作，比较粗糙，文学水平不高，因此受到当时社会上层人物士大夫的鄙视，造成了它进一步发展的障碍。"② 这就是说，宋南戏虽是我国戏曲文本创作的开始，但是由于缺少音乐的规范性（"本无宫调"），歌唱也没有准确的节奏（"易罕节奏"），随意性强（"顺口可歌"），只此三点，便可以说明那一时期的南戏在戏曲形体和身段的角度，也仅是粗糙的，没有准确的规范和规格，达不到审美的高层次。

　　宋南戏几乎跨越了一个世纪，接着就是我们历史上享有盛名的元杂剧时期。大多汉人的知识分子（南人）被划在"四等人"的最末一等，位于"八娼、九儒、十丐"的地位，根本不能进入科举考试。这些文人郁郁不平，竭力挣扎和发泄，把自己的满腹才华都倾注在戏曲剧作中，他们以执着的、直率的、天真绝俗的风骨，一方面继承了唐诗、宋词的豪放情怀和清丽婉转的优秀传统，另一方面直面社会黑暗，以笔作刀枪，使元曲放射出极为夺目的战斗光彩，锋芒直指社会弊端。又由于同最底层的人民共患难，真正体会到人性，因此元曲中描写爱情、人情的戏剧，也比"宋南戏"来得泼辣大胆。

　　"现在知道名字的元杂剧作家有近百人，杂剧作品近千部。最为著名的是关汉卿、王实甫、马致远、白朴、郑光祖等人"③。而此时的南戏并不甘示弱，很多优秀文人的介入，使"宋南戏"渐渐演变为"传奇

---

① 徐渭：《南词叙录》见 "南词叙录注释"，中国戏剧出版社 1989 年版，第 15 页。

② 彭隆兴：《中国戏曲史讲义》，文化部干部学院编，1983 年，第 14 页。

③ 刘彦君：《东西方戏剧进程》 文化艺术出版社 1997 年版，第 137 页。

· 181 ·

剧"。明代评论家吕天成在《曲品》中说："传奇既盛，杂剧浸衰，北里之管弦播而不远，南方之鼓吹簧而弥喧。国初名流，曲识甚高，作手独异，造曲腔之名，不下数百……"① 到了中国的明代"传奇"确实逐渐取代了"元杂剧"，不仅仅是优秀的文人，还有许多士大夫阶层的官员亦持笔写戏，创作的名人如云，如：高则成、梁辰鱼、汤显祖、阮大铖、高濂、李开先、沈璟、徐渭，等等。

至今，我们在昆剧舞台上所看到的剧目，大多来源于"传奇剧"的折子或改编。

"传奇剧"剧本中的舞台提示沿用了"宋南戏"的"上""曲""白""介""下"，不过这些提示都带有具体的指向或形容部分，比如"副净扮阮大铖忧容上""杂上排酒果介""小生怒白""末匆匆下"，这无疑都是对戏曲形体身段的提示、表演的感情提示。这种提示说明了，这个时期的戏曲已经具备了一定规范模式的形体动作和身段。"曲"是"元杂剧""传奇剧"的主体，讲究很多，也可以不做舞蹈，仅借助手势。明代和清代士大夫阶层，"传奇"的作者，甚至一些官员，也上台唱一两曲，可称为一种赶时髦。原因也不足奇，一是"词曲"确实写得好，被称为"阳春白雪"，唱一两曲可尽雅兴或附庸风雅；二是历史记载："帝王之音律者五人：唐玄宗，后唐庄宗，南唐李后主，宋徽宗，金章宗。""三教所尚，道家唱情。僧家唱性，儒家唱理。"② 有皇帝带头，三教倡导，"唱"就变成了高尚。然而真正的演戏却非专业不可。因为演员要有天赋，要从勤学苦练中获得演戏的技和艺。在中国的封建时代，演戏的戏子毕竟属于下九流。由于"元杂剧""明、清传

---

① ［明］吕天成：《中国古典戏曲论著集成》（六"曲品"），中国戏剧出版社1959年版，第209页。

② ［元］燕南芝庵：《中国古典戏曲论著集成》（一"唱论"），中国戏剧出版社1959年版，第159页。

第五章 "艺诀"——大道至简的"戏曲形体理论"

奇"从文本上都代表了时代的文化高峰，所以也有文人记载了那一时期的演员。元明间散曲作家夏庭芝作《青楼记》就记载了许多有成就的演员，如："梁园秀姓刘氏，行第四，歌舞谈谑，为当代称首。""刘燕歌善歌舞。""顺时秀姓郭氏，字顺卿，行第二，人称之曰'郭二姐'。体态娴雅，杂剧为闺怨最高，驾头诸旦本亦得体。""魏道道，勾栏内独舞鹧鸪四篇打散，自国初以来，无能继者。""玉莲儿端丽巧慧，歌舞谈谐，悉造其妙；尤善文楸握槊之戏。"①《青楼记》记载的这些名演员不下百余，但他们都来自"青楼"——与"妓院"同类的地方。元、明时期作家夏庭芝之著书记载了他们的演出，可见"传奇剧"演出之精彩，离不开自幼练习歌舞的专业人。从对他们的记载中，也可以看出专业的演出是"歌舞"融合的。"舞"自然离不开戏曲形体、技艺、身段。当然，作为一般的文人，很难记载这些表现舞蹈的戏曲形体和身段以及其中的绝技，但是证明了一点，歌舞在那一时期是并行的。历经二百余年的"传奇剧"在明代末年走向了辉煌。

以孔尚任的《桃花扇》为例，除了唱词的高雅，可舞蹈的形式处处流淌在笔墨之间，况"借离合之情，写兴亡之感"，超越了时代，而洪昇所作《长生殿》大大拓展了盛唐的舞蹈场面、武打场面，笔尖触及的人性也带来舞蹈表现空间。这两部"传奇"无疑是那个时代的巅峰，因此"一部《桃花扇》，集两百年传奇创作之大成，集五百年戏曲创作之大成，与洪昇的《长生殿》共同形成了清代戏曲视野中的双峰并峙，从而结束了中国戏曲的文人时代。"②"传奇""杂剧"时代不知成就了多少戏曲文本创作的剧作家，其中多数文本是上乘的，在中国五千多年的文化史上，"元杂剧""明传奇""清传奇"形成了三个时代

---

① [元] 夏庭芝：《中国古典戏曲论著集成》（二 "青楼记"），中国戏剧出版社1959年版，第17页、第24页、第25页。

② 刘彦君：《东西方戏剧进程》，文化艺术出版社1997年版，第367页。

的文化艺术巅峰。而将这些文本传递给观众的演出形式，则是"以歌舞演故事"的"歌舞"。

但是，"歌"与"舞"演出形式的历史要早于"宋南戏""元杂剧""明传奇""清传奇"这些完整戏曲文本几千年，然而"歌舞"化入戏曲完整文本的规范是伴随戏曲发展而发展的。

第二节　戏曲音乐进入高峰时代的戏曲形体

中国戏曲的文本和西方的戏剧文本完全是两种文化艺术体系。

"戏曲"标志着"曲"是"戏"的共同体。用俗话说："戏曲，戏曲，无曲不成戏。"这在一方面说明了中国戏曲的特质，另一方面又证实了"戏曲"是对中华民族文化的继承。"曲"即"乐"也，在"四书五经"当中《礼记》的第十九篇就是对"曲"和"乐"的专述，在这里不阐述其具体内容（《礼记》是以儒家的思想为核心的艺术部分），我们要说明的是戏曲中"曲"的来源。

宋代的王灼在《碧鸡漫志》开篇即说："或问歌曲所起，曰：天地始分而人生焉，人莫不有心，此歌曲所以其也。舜典曰：'诗言志，歌咏言，声依永，律和声'。""乐记曰：'诗言其志，歌咏其声，舞动其容；三者本于心，然后乐器从之。'故有心则有诗，有诗则有歌，有歌则有声律，有声律则有乐歌。"[1]如果我们读《乐记》研究声乐，可以知道音乐是先于《诗经》，《乐记》对"乐"（即音乐）的记载主要用于国家政治文化的各种"大典""祭祀"等重大活动，大大提高了音乐的地位。当然在音乐史中也有对民间音乐的记载，老百姓生活中的

---

[1] [宋]王灼：《中国古典学论著集成·碧鸡漫志》，1959年，第105页。

第五章 "艺诀"——大道至简的"戏曲形体理论" >>>

"婚丧嫁娶"有民间的俗乐，乡里歌舞小调也是民间的俗乐。这两种音乐形式在功能上完全是两回事。戏曲的"曲"中这二者则融合一体。"雅""俗"的融合拓宽了戏曲中"曲"的音乐表现力，也标志着中国音乐的一大进步。

在戏曲形成的过程中，"歌舞"是先于"演故事"的。把"礼乐"和民间音乐融合在一起，而且用于舞蹈的是中国唐代的一位非常有才气的皇帝——唐玄宗。《新唐书·礼乐志》记载说这位皇帝懂音律，又会写曲子，又善指挥，他的最大娱乐就是在皇宫附近的梨园，召集300人，指挥他们练习音乐、歌唱、舞蹈。这大概就是我们后来有文本戏曲演出的雏形，后来把从事戏曲的行业称"梨园行"，凡从事戏曲行业者称"梨园子弟"。从"宋南戏""元杂剧"到"明清传奇"，凡是演出，后台必须供奉"老郎神"。这位"老郎神"就是唐玄宗（亦有"灌口二郎"的说法）。

《中国古典学论著集成》在《教坊记》（唐·崔令钦著）的提要中说："教坊创制于714年（唐开元二年），专典俳优杂技等俗乐。所谓俗乐，绝大部分是来自民间——包括来自各民族——的歌舞百戏。"[1]又在《乐府杂录》（唐·段安节著）的提要中说："唐代宫廷中采用的所谓俗乐，胜于开元、天宝时代。天宝乱后遂多丧失，但民间仍继续流行，因而唐中叶以后，仍大量地供给了宫廷方面的吸收。"[2]可见，音乐和舞蹈结合的历史早在"戏曲文本"产生之前就存在了。而且自唐天宝年以后它走向了民间，"音乐"又以它独立存在的形式自由发展，后来又被宫廷乐吸收。

到了南宋时的"南戏"时期，各地分散的民间音乐逐渐集中。明代"四大声腔"的记载（是指明代形成的四种传统戏曲声腔，分别为

---

[1]〔唐〕崔令钦：《中国古典学论著集成》（"教坊记提要"），1959年，第3页。
[2]〔唐〕段安节：《中国古典学论著集成》（"乐府杂技提要"），1959年，第33页。

海盐腔（浙江）、余姚腔（浙江）、昆山腔（江苏）、弋阳腔（江西），已经将民间流传的音乐开始系统化了。除此以外，还有元杂剧北曲和各地方的小调，这一历史时期这些不同腔系（包括"四大声腔"）的特点是旋律、风格、节奏都可以独立存在。

  在中国的舞台表演艺术上，还有一种叫做"说唱艺术"，它形成的历史要比中国戏曲的历史要长。既然称"说唱"就离不开"唱"的音乐艺术。唐代《教坊记》记载："妓女入宜春院，谓之'内人'，亦曰'前头人'——常在上前头也。""平人女以容色选入内者，教习琵琶、三弦、箜篌、筝等者……"[1] 这大约是说唱的起源之一。"唱曲"的"唱"一般都是在有乐器伴奏下的诗、词等。随着时代的发展，"说唱"也成为一门表演艺术。或一人，或二人"以说唱讲故事"——演出形式上存在演员扮演角色的戏曲形体、身段。北宋神宗 (1068—1085) 时汴京勾栏艺人孔三传创作的"诸宫调"就是这种表演形式，历史上早于"元杂剧"一世纪，如董解元的《西厢记诸宫调》早于王实甫的元杂剧《西厢记》一样。说唱艺术似乎与戏曲的形体没有关系，然而虽没有具体成形的身段，但是"表演"有之、"手舞足蹈"亦有之。明代李开先著有《词谑》（谑即开玩笑的意思，中国戏曲里常有的"噱头"也是插科、打诨的玩笑）中说："有咏疟疾者，颇尽其情态：'热时节热的在蒸笼里坐，冷时节冷的在冰凌上卧，颤时节颤的牙关错，疼时节疼的天灵破。兀的不害杀人也么哥，害杀人也么哥，寒来暑往都经过。'"[2] 注意，明代李开先这里所说"颇尽其情态"，"情态"中"情"表达的是人物的喜怒哀乐而"态"恰恰是后来戏曲形成中的"做"功的有形的动作。这说明"说唱艺术"中，形体动作也是存在的。如果

---

[1] [唐] 崔令钦：《中国古典学论著集成》（"教坊记"），中国戏剧出版社1959年版，第11页。

[2] [明] 李开先：《中国戏曲论著集成》三"词谑"，中国戏剧出版社1959年版，第273页。

第五章 "艺诀"——大道至简的"戏曲形体理论"

再往前追溯，隋唐时期的"参军戏"应当是说唱艺术的最早来源。"参军戏"也是戏曲行动早期的起源，不过它的行动夸张性强，自由性较强，它的特点是带有"谐趣"特色，后来戏曲中的"丑行"，恰恰继承了这些形态表演的行动和身段。

到了南宋，为适应北宋南迁文化的需求和观众期待，"歌舞"就寻求了与它相适应的"故事"演变成有演员扮演角色来通过"歌舞"演绎的戏曲，掀开了我国戏曲形成的第一篇。当然，南宋时期"宋南戏"没有完整固定的"音乐"和"腔系"。"戏曲"的"唱"处于不稳定状态，没有曲的稳定，优美的舞蹈（戏曲的形态动作和身段）也就会无所依附。所以"舞"的自由性很大，从"不稳定"到"稳定"还要有一个必然的发展过程。

这里就不得不提到一位昆曲的祖师爷——魏良辅（1489—1566），他也是明代嘉靖年间进士，仕途辗转，嘉靖三十四年（1555）辞去官职，在江苏太仓开始把当时江南流行的"四大声腔"昆山腔、弋阳腔、海盐腔、余姚腔逐一研究，并吸收了当时流行江南民歌小调的某些特点，加上他本就熟悉的"北曲"，一改以往腔调平直又欠意、趣、韵、味的呆板唱腔，创造了一种格调新颖、委婉舒畅的崭新唱腔。以"昆曲"（昆腔）为名定格下来。讲究"转喉押调""字正腔圆"，唱出了"曲情理趣"，细腻得宛如苏州巧匠用木贼草蘸水研磨红木家具一样，故时人称之为"水磨腔"。"昆曲"首先在梁辰鱼的《浣纱记》中体现了它的价值，成为"昆剧"。之后各种传奇竞相以"昆曲"为演出的"歌唱"形式。魏良辅将"四大声腔"和"北曲"、民间流传的音乐系统化，就为各种"杂剧"和"传奇"的戏曲文本在二度创作的第一艺术元素——音乐和"腔体"上带来了统一的规格。"歌"的这一飞跃性的进展，也促使"舞"（戏曲形体）必须和它同步前进。这是"元杂剧""明传奇"时期繁荣的重要原因。"如果说从北曲与南曲的结合这件事实中间可以窥测出中国戏曲交流统一的趋势，那昆曲之流行全国

则更表达了客观上要求出现全国都能共同欣赏的戏曲艺术这一信息。"①一种"腔系"能够统一一个时代大多数的"传奇剧",在中国戏曲史上确实是划时代的进步和革命。"唱"——音乐的统一,确实为"舞"——戏曲的形体动作、身段的统一规格创造了条件。我在前面第一章谈到的《石秀探庄》是清传奇《夺锦标》的一折,《林冲夜奔》是明传奇李开先创作的《宝剑记》里的一折,虽然今天舞台上的演法有所不同,但基本的套数是一致的。这些折子戏还能活跃在今天的舞台上,就说明了"歌舞"融合的经典传统有着超前的惊人的穿透力,也说明了"戏曲美学"板块在魏良辅时期就形成了。

当然这个统一也是逐步的。有些著名的剧作家也还坚持着用家乡"俗曲"演出自己所写的文本。比如著名戏剧家汤显祖(1550—1616)的"临川四梦"——《紫钗记》《牡丹亭》《南柯梦》《邯郸梦》演出的腔系始终坚持用"宜黄腔"加"海盐腔"(《临川四梦》曾把"海盐腔"推向一个新的高峰),但是昆曲一统天下的形式基本形成,汤显祖也阻挡不了。"临川四梦"也被后人改用"昆曲"的"腔体"形式流传下来。在后来的戏曲史上,"传奇本"的演出基本上采取了"昆剧"的形式(个别剧种演出"传奇剧"也允许存在)。

汤显祖是明代中叶一位伟大的传奇作家,他出生在江西临川这个素有才子之地、文化之邦之称的"远色入江湖,烟波古临川"(汤显祖诗)的圣地。他自幼有神童之名,14岁考中秀才,20岁中举,后因明代政治黑暗,竟然到34岁才考中进士。他耿直真诚的性格在宦海沉浮中几乎被击垮。但是在他的生命里始终充满着蓬勃之气。48岁那年,他终于弃官回到家乡临川,在自己50岁诞辰前以他惊天撼地之笔写出了震惊世界的《牡丹亭还魂记》。他笔下的杜丽娘,寄予着他所说的"情不知所起,一往而深,生者可以死,死可以生,生而不可与死,死

---

① 张庚、郭汉城主编:《中国戏曲通论》,上海文艺出版社1989年版,第28页。

第五章 "艺诀"——大道至简的"戏曲形体理论" >>>

而不可以复生者,皆非情之至也"。① 汤氏塑造的杜丽娘这个人物,就如《惊梦》一折中唱道:"'你道翠生生出落的裙衫儿茜,艳晶晶花簪八宝填,可知我常一生爱好是天然。'这声音,是杜丽娘的,也是汤显祖的……陪伴着杜丽娘领略生命之美的是自然之美,汤显祖心笔之下的姹紫嫣红的花园……甚至它自身也加入了进来参与了演出,以它那鲜活、蓬勃的生命。尤其是当它与杜丽娘那坦露的爱美天性融为一体的时候,它便永久地汇入了人类社会与历史文化的范畴,成为生命和青春的确证,而不再纯粹是外在的了。汤显祖把自己的生命意识注入了他笔下的园林中,使无语的景致跃出物理的界域……使其魅力成为人的魅力的对象化,成为与明媚、艳丽的少女形象和谐统一的有机显现。"② 戏剧评论家刘彦君,是从汤显祖的文本中读出了这位先贤对人的生命和人性必与大自然和谐跨时代的思考。但在中国的历史上有多少人能够去读"传奇剧"冗长的文本呢?大部分的观众——老百姓和群众只接受视——"舞"、听——"歌"。这些文本被转化为活态的、动态的表演艺术。人们在欣赏戏曲歌舞时才能领略汤显祖文本的立意和他超时代的对人性的揭示,而且在看戏中大多数的观众开始并不领略文本的思想立意,人们首先要看的是演员表演的唱和舞:是不是优美的,是不是可以令人心旷神怡,是不是可以达到精神上的享受,然后才慢慢悟出故事中的思想,最后文本也成为形式。这是中国大多数观众看戏的基本过程,所以就产生了这样的现象:"传奇本"有些戏并不是演出整本,而是全剧中的一折,观众看得也是津津乐道;有些戏的故事观众早就了然于胸,但是仍然要看这个戏,看什么呢?看名演员,看出色的"歌"和"舞"(业内所说的唱、念、做、打、舞)。本书所附"戏曲录像集锦",其中有我创作的《汤显祖与临川四梦》,节选了

---

① 刘彦君:《东西方戏剧进程》,文化艺术出版社 1997 年版,第 353 页。

② 刘彦君:《东西方戏剧进程》,文化艺术出版社 1997 年版,第 354 页。

· 189 ·

剧中人汤显祖演唱自己写牡丹亭的思想过程和《牡丹亭》中《惊梦》一折，你一定会被演员们歌舞飘逸、柔情雅风、虚实相间的表演带入美不胜收的感受，也会感受到戏曲的形体动作、身段一旦走向高规格的美，对于一个戏有多么的重要。

第三节 "舞"——戏曲形体产生和稳定的阶段

中国戏曲不是一蹴而就的，"以歌舞演故事"是被公认的戏曲定义，我从中国戏曲的产生开始论述，必然要讲"文本"的起始过程。而"歌舞"固然是演故事的形式，但这个形式的形成远远早于讲内容的"文本"，中国戏剧的文本是依照怎样的规律把"歌舞"写进故事创作的。如果把中国戏曲按艺术元素排列起来，"歌"是第一，"舞"是第二，"故事"是第三。追溯五千多年的文化史，这个排列是没有错的，但随着时代发展，人们不满足于听歌看舞，宋代的"说唱"艺术已经开始"手舞足蹈"，到了宋南戏阶段，发现歌舞可以丰富南戏演出，虽然初始阶段还摸不到规律，但到了"元杂剧"时期文人作家较娴熟地掌握了这一规律。

一、中国历史上对舞蹈的记载

中国"歌"即音乐的创作，有文字记载的历史是《尚书·舜典》。
"帝曰：'夔！命汝典乐，教胄子，直而温，宽而栗，刚而无虐，简而无傲。诗言志，歌永言，声依永，律和声。八音克谐，无相夺伦，神人以和。'夔曰：'于！予击石拊石，百兽率舞。'"[1] 舜是中国上古时

---

[1] 《四书五经·尚书·舜典》，黑龙江人民出版社2003年版，第530页。

代的部落首领，早在那个时期，他就提纲挈领地讲述了音乐创作的指导思想。而在这里记载的"夔"相传是舜部下主管音乐的官员，他"予击石拊石，百兽率舞。"这个舞并不是野兽的舞，而是由人装扮成百兽效仿"兽形"的舞蹈（"兽形"舞也可能是图腾舞）。这里证实了：一、舞蹈的形成仅在音乐之后；二、舞蹈要依照音乐的旋律和节奏。

《礼记》又记载："昔者舜作五弦之琴以歌《南风》，夔始制乐以赏诸侯……德盛而教尊。五谷时熟，然后赏之以乐。故其治民劳者，其舞行缀远；其至民逸者，其舞行短。故观其舞，知其德，闻其谥知其行也。"① 这里说明了上古时期的舞蹈是根据治民之政绩——"德"来区别的。

《礼记·曲礼》上记载："道德仁义，非礼不成；教训正俗，非礼不备；纷争辨讼，非礼不决；君臣、上下、父子、兄弟，非礼不定；宦学事师，非礼不亲；班朝治军，莅官行法，非礼威严不行；祷祠祭祀，供给鬼神，非礼不诚不庄。是以君子恭敬、撙节、退让以明礼。"② "凡奉者当心，提者当带，执天子之器则上衡，国君则平衡。大夫则绥之，士则提之。"③ 从这里对古代礼仪形态的记载描述中国古代的礼仪是有着舞蹈元素的，古代"士人"子弟是要学习和训练的，用现代一般"舞蹈"诠释，似乎二者没有什么关系。但它和戏曲形体"舞"却有着不可分割的联系。戏曲中的舞蹈——形体动作中的造型、静止的形态、身段、脚步、礼仪等都是根据这些历史记载规范于舞台的。比如汤显祖在《南柯记》写淳于梦见义王时就用了"一同拜舞。丹墀下扬尘舞蹈"在唱的同时要辅助舞蹈动作。这就说明了中国戏曲的造型、身段是继承了历史上"礼"的传统。

---

① 《四书五经·礼记》，黑龙江人民出版社2003年版，第1229页。
② 《四书五经·礼记》，黑龙江人民出版社2003年版，第986页。
③ 《四书五经·礼记》，黑龙江人民出版社2003年版，第1004页。

二、中国戏曲"舞"的发展

前面我们讲过《毛诗序》里的一段话"咏歌之不足,不知手之舞之,足之蹈之"代表了中华民族对审美的追求和理想。这也是汉代从它以前历史上沿袭总结而来。而这段话清晰地阐述了"歌"与"舞"的关系。中国戏曲从形成的一切舞蹈不可能脱离这一总体审美情趣和趋势去背向发展,而在它健康的发展只能沿着这个民族对美的追求拓展它的"舞"的形式,如中国汉代的"百戏"文字的记载中和出土文物,表现的特点是融杂技中的特技就是腾跳、跟斗、旋转等于舞蹈,这些元素后来都被融进戏曲形体动作中。

"舞"的一个飞跃的发展阶段是在唐代。前面已经讲述唐玄宗(李隆基)在"梨园"教习歌、舞的事,唐玄宗精通音律,又善于指导舞蹈。唐段安节在《乐府杂录》记载:"舞者,乐之容也,有大垂手、小垂手,或如惊鸿,或如飞燕。婆娑,舞态也,蔓延,舞缀也。古之能者,不可胜计,即有健舞、软舞、字舞、花舞、马舞。"后又列举了各种舞的曲子。我们从他记叙的各种舞蹈和列举的曲子,一可琢磨出舞蹈的舞姿,二是从"曲"而"舞"可看出音乐与舞蹈的关系,那时的"舞"分别由曲目决定。不可否认这些舞蹈的舞姿、形态都是后来戏曲形体和身段的原型。这里说的"舞蹈"是戏曲"舞蹈"的"原型",不能代表后来众所公认的王国维所说的"以歌舞演故事"的戏曲定义。王国维在《戏曲考原》中原话是:"戏曲者,谓以歌舞演故事也。古乐府中,如焦仲卿妻诗、木兰辞、长恨歌等,虽咏故事,而不被之歌舞,非戏曲也。柘枝、菩萨蛮之队,虽合歌舞,而不演故事,亦非戏曲也……"[①]王国维这个定义是在戏曲有了稳定统一的表演形式后说的。这段话非常明确地告诉我们,唐代的柘枝舞、菩萨蛮,

---

① 王国维:《王国维戏曲论文集》,中国戏剧出版社1957年版,第201页。

仅仅是一个舞蹈节目，或唱或舞结合在一起，并不"讲故事"。解构王国维的这段定义，应当理解"歌舞"是演故事当中的"歌舞"，这个"歌"主要指"唱曲"，"舞"主要指戏曲形体，此二者的融合是戏曲演出的形式；另外"歌舞"的形式要把"故事"（有人物、有情节、有起、承、转、合）"演"（由演员扮演剧中的角色表演）出来。王国维生于清代末期，他的考证肯定经过阅读"南戏""元杂剧""明清传奇"的文本，研究过唐代歌舞，观看过"明清传奇"的戏，或者是观看过京剧及一些地方戏，对戏曲的本质进行了科学的提炼，才得到了大家的认同。试想，从"宋南戏"留下的剧本开始，仅读剧本就有"上""唱""白""科""介"。而在演员表演的过程中究竟是怎样表现的，恐怕读"文本"是体现不出的。请看我前面所写的《石秀探庄》《林冲夜奔》的"上"。一个"上"的"走边"起码需要五分钟，就是无数的戏曲形体舞蹈组合而成的，"白"念"定场诗""表白"都夹杂着戏曲舞蹈，"唱"在"昆曲"中大多有不停的戏曲形体舞蹈来表现。

  中国戏曲形成如果没有"昆曲"音乐的严谨、规范，即表演的音乐形式的稳定，也就不可能发展为戏曲的"舞"，即戏曲形体严谨规范。被严谨规范的"歌舞"是戏曲独有的演出形式。用一般意义上的"歌舞"来解释戏曲，是肤浅的、"碎片式"的，更分不清中国戏曲和西方的音乐剧的区别，更理解不了中国戏曲是独立于世界戏剧之林的一个完整的审美体系。这个完整的审美体系是由"传奇剧"演员的表演艺术创作的，当然他们要学习魏良辅规范了的格调新颖、委婉舒畅的崭新唱腔。然而，对于戏曲形体的"舞"，则是历代演员们在继承了中国传统的各种生活的形态、舞蹈，再从他所扮演的角色出发积累、创造出来的。

  由于封建时代等级制度，演员归属于下九流，属于倡优、戏子、吹鼓手，与娼妓划到相同类别，是最下层的人。即使演技再好也只能在《青楼记》中被记载一二。所以，今天我们看不到对于"戏曲形体"——"舞"的历史总结、宣传和研究的资料。

三、戏曲形体——"以歌舞演故事"的"舞"

在这里对"戏曲形体"——"舞"做一个基本阐述。

（一）戏曲形体的基本概念

1. "视觉"的艺术

戏曲在舞台上的表现是视、听艺术。戏曲形体——"以歌舞演故事"的"舞"表现了戏曲的视觉艺术。在剧场或演出场地，除了用听觉辨别"唱"之优劣外，只要睁开眼睛，看到舞台上各种人物的各种形体动作，都属于戏曲的"舞"的"视觉"审美范畴，但是这个视觉必须是扮演角色（人物）为"演故事"所舞，必须和其他戏曲表演元素的艺术风格、韵律、节奏保持一致。

2. 有语汇的舞台动作

戏曲的"舞"是戏剧的言语性行动，也就是说戏曲在一出戏上，无论是抬手投足还是形体动作组成的舞蹈都要统一在戏曲表演的风格上，都是一种语汇。这种语汇性一是可以表现戏的情节发展，二是可以辅助唱词的意义，三是可以和各种高难技结合强调、夸张语汇的重要性。但是，这个统一表现了戏曲艺术的一元化，在美学上说，它形成了这一类戏曲艺术的独有个性的美。（它不像"音乐剧"台词，交流、冲突可以是再现主义的生活化，而歌唱和舞蹈插在戏剧需要的段落立即转化为表现主义，允许"多元化"。）

3. 传统基因是戏曲"舞"之根

戏曲形体动作带有中国文化的传统基因，戏曲中的表现就是"咏歌之不足，不知手之舞之，足之蹈之"。这个审美理想形成戏剧的舞台艺术。因此，这个"舞"，而必须是渗透着对传统美学追求的、戏曲化了的"舞"。在戏曲舞台上主要的作用是，用舞蹈性的动作对"言"和

"咏歌"(唱、念)的补充、修饰、夸张、形象化、美化。

4. 集体调度形成各种"场面"是戏曲"舞"的特有功能

戏曲的舞台调度也要依靠戏曲形体表现,文戏中的"站门""挖门""一条边""扯四门""摆队相迎"等都形成了一定的、有规范的具有舞蹈性的调度;在武戏中"走边""起霸"都是有固定舞蹈性的调度。武戏中的两军对垒、兵将对打也是通过兵、将的舞台调动较之文戏更夸张,更有气势,比如"二龙出水""钻烟筒""龙摆尾""蛇蜕皮"等。程式化,当然在传统戏中这些调度是被固定化、规格化的集体性动作,成为戏曲的程式表现了戏曲的不可变性;但是这种组合和舞台调度又具有一定的自由性,这说明程式又具备一定的"自由性""可变性"的特质。只要运用表现得好,则显示出了气势磅礴、酣畅淋漓的舞台美。

5. 鲜明的节奏性

戏曲形体在舞台上的表现节奏性比较强,必须和戏曲的音乐(打击乐或音乐的"牌子")保持一致。戏诀有"一台锣鼓半台戏"之说,对于戏曲之"舞"离开"打击乐"或音乐将无所适从。

京剧打击乐由"单琵(鼓)、大锣、铙、钹、小锣"组成,是器乐中穿透力最强的,它以鲜明著称,有上百种"程式",但特点是根据戏和人物不同它的程式都是自由组合。它是戏曲"舞"——形体动作最直接的结合者。形体动作的快、慢、强、弱、张、弛都在打击乐制约之下,因此在形体动作概念中,不可离开节奏,人物形象的鲜明感,美感都在节奏把握中形成。前面五点我们是从戏曲形体的内涵方面作了一些简述,然而有一点不可忽略就是戏曲中的各种艺术元素,包括我们的戏曲形体,它最突出的特征就是带有固定性质的"程式化",种种"程式化"在风格的统一和谐中稳定,并将这些丰富的、多层次的艺术元素,排列成有序的艺术结构系统。这就是戏曲的总体特征。戏曲的形体动作当然不可以离开这一特征。从美学的角度上来看,"需要对事物的特征从稳定性程度上作出等级划分，并找出它们各自的价值取向"。① 戏曲的"舞"——戏曲形体动作已经稳定几百年了，被世界公认了的中国戏曲之美，就在于它"歌舞"的形式，从戏曲"无动不舞、无声不歌"的规律中看"舞"的"价值取向"是重要而积极的。遗憾的是，至今仍然没有看到从美学角度对戏曲舞蹈的研究。

（二）戏曲舞蹈——戏曲形体的类型

1. 造型性舞蹈：行、立、走、坐、礼仪、亮相等，是戏曲表演无时不在的造型形式，在戏曲教学中模仿老师的动作，老师以具象的行动教、纠正；好的老师会有高规格的传授、指点。学生在学习接受训练中"学、耗（每项功都要耗时不动训练）、悟、练"和通过舞台的反复实践，方可掌握。

2. 手语性舞蹈：以手势为主构成语汇的舞蹈，比如：掌、指、拳、手臂的运动，等等，是为戏曲最常见的舞蹈，往往和文戏唱、念融为一体；在戏曲教学中"模仿式"老师的教、纠正，高规格的传授、指点，以及学生的学、动、悟、练，通过舞台的反复实践，方可掌握。

3. 肢体性舞蹈：肢体——手、眼、身、法、步各种戏曲形体。这种类型的舞蹈往往要通过学戏，表演一个角色来掌握。在戏曲剧目中可分：程式表现型、行动表现型、与唱结合型，有较高的技巧含量构成语汇的单独段落。在戏曲教学中主要属于戏曲剧目教学"口传心授"。老师的教戏中不仅示范、纠正，还要讲解手、眼、身、法、步在这一剧中的规格和分寸把握。最好能够有名师高规格的传授、指点，以及学生的学、练、悟。通过舞台的反复实践，方可掌握。

4. 戏曲形体借助服饰、道具类型舞蹈：以夸张的服饰和道具构成的舞蹈，在戏曲教学中也是属于戏曲剧目教学"口传心授"。老师的教戏中不仅示范、纠正，还要讲解手、眼、身、法、步在不同行当不同

---

① 苏国荣：《戏曲美学》，文化艺术出版社1999年版，第49页。

剧目中，遇到的胡须、水袖、长靠、翎子等技法的运用和要领、规格和分寸把握，尤其要讲解表演使用技巧和道具之间的方法和窍门。最好能够有名师高规格的传授、指点，以及学生的学、练、悟。通过舞台的反复实践，方可掌握。

5. 对打型舞蹈：古代防身、战斗的武术的戏曲化，技巧含量高；在戏曲教学中也是属于"模仿式"教学，戏曲的"对打"来自武术。由于功能的不同（武术功能是防范对方与打倒对方，所以是真杀真打；戏曲是用来表演，把武术的对打变成舞蹈式的表现，把武器当中的刀、枪、剑、戟、斧、钺、钩、叉等的各种对打变成舞蹈式的"套路"，这种套路又是戏曲"程式化"的套路），老师在教学中要将对打二者的关系讲清楚。应有两位老师领教，学生模仿，逐一纠正。高规格的传授、指点主要围绕对打的"神"与"美"的结合，以及学生的学、动、悟、练，通过舞台的反复实践，方可掌握。

6. 肢体技巧型舞蹈：这里指的主要是戏曲的"基本功"和"武功"的翻打技巧。它的历史可以追溯到汉代"百戏"中的杂技。但是汉代"百戏"我们只有在出土文物和古代绘画中见过，这种肢体性的翻打技巧则是动态的。在戏曲教学中"基本功"（腿功）和"武功"（跟头功）技术含量很高，要求老师要循序渐进、讲清要领，还要坚持付出大量的体力抄、举、拎……学生武戏继承传统就要有吃苦的心理准备，学习就要坚持吃苦的精神，寻求动作规律，层层递进。常年勤学苦练，再通过反复舞台实践，才能掌握自如。

戏曲舞蹈基本上可以分为以上六类，凡投入专业训练者对于戏曲各种元素都要全面掌握，其中包括演员对剧中人物的要求和理解，或根据这一剧目武打、舞蹈方面的要求来设计。而在戏曲教学中，不管文戏和武戏，从开始训练时都离不开这六类的训练，好的演员将从这训练过程中脱颖而出。

上面对戏曲形体的分类和性质的论述属于戏曲形体规范后的总结。

（三）京剧形成后对戏曲形体规范的促进

18世纪中叶，"昆剧"（昆曲）一统天下的局面衰落了，取而代之的是"板腔体"的各种地方戏。清代乾隆年间川剧、秦腔相继进京，竞争领军地位，然而都没有成功；1790年为庆祝乾隆皇帝八十大寿，"四大徽班"进京，吸取了川剧、秦腔的教训，对徽剧进行了积极的改革。"清代地方戏曲声腔在它的发展过程中，形成了最强劲的一支，人们称之为皮黄腔。皮黄腔逐渐流播到全国各地，成为全国范围的大的声腔系统，同时有一支进入北京，取得了北京剧坛的统治地位。以后这一支就被人们称为京剧，京剧成为近代以后中国影响最大的剧种。"[①]这说明到了一定的历史时期，全国的观众越来越需要出现共同欣赏的艺术。"继昆曲而起成为全国性剧种的是直到今天还活着的京剧，它之所以称得起全国性的剧种，其特点之一，也和昆曲相同，并且比昆曲更稳定，就是由于它本身不再地方化，而以比较标准的风格，流行于全国各地。"[②]京剧的形成，其实在中国最没落的晚清时代，表演艺术家们的名声鹊起由京剧形成而产生了，如同魏良辅创作的昆曲一样名享殊荣。清光绪年间，画师沈容圃以彩色绘制同治、光绪时期的十三名昆曲、京剧著名演员的剧装画像，传世以后，称为"同光十三绝"。画中绘程长庚、卢胜奎、张胜奎、杨月楼、谭鑫培、徐小香、梅巧玲（梅兰芳祖父）、时小福、余紫云、朱莲芬、郝兰田、刘赶三、杨鸣玉，说明京剧产生后，以名演员占据中心的时代到来了。后又有"前""后"三鼎甲余三胜、程长庚、张二奎、孙菊仙、谭鑫培、汪桂芬的流派竞争等，一直延续到今天。

京剧的形成不过近二百年的历史，它虽然以"皮黄腔"为主要特色，但在它的演出剧目中却吸收了大量的昆曲剧目，而且当时京剧的

[①] 刘彦君：《东西方戏剧进程》，文化艺术出版社1997年版，第394页。

[②] 张庚、郭汉城主编：《中国戏曲通论》，上海文艺出版社1989年版，第30页。

科班学戏都是一般先学昆曲再学京剧，或补学昆曲。梅兰芳先生说："为什么从前学戏，要从昆曲入手呢？这有两种缘故：（一）昆曲的历史是最悠远的。在皮黄没有创制以前，早就在北京城里流行了。观众看惯了它，一下子还变不过来。（二）昆曲的身段、表情、曲调非常严格。这种基本技术的底子打好了，再学皮黄，就省事得多，因为皮黄里有许多玩艺，就是打昆曲里吸收过来的。"[①]梅先生的话讲得很清楚。所谓"昆曲的身段、表情、曲调非常严格。这种基本技术的底子打好了，再学皮黄就省事得多"，京剧的舞蹈形态，身段、表情——"做"是从昆曲里脱胎而来的。然而京剧的皮黄腔演出样式给演员的表演带来了更大的发展空间。"以表演为中心"的特质，也把戏曲舞蹈的规格和规范提到重要的位置，使得戏曲形体和身段有了"上乘""官中""下乘"之分。"上乘"者表演艺术家是也（旧时称能够"挑班儿"的"好角儿"），武生演员杨小楼是其中著名代表；"官中"的水平是不能"挑班儿"的"主要配演"，戏曲舞台剧目中"二路活"是也，能应付各个"好角儿"的配演，形体和身段永远处在一般的水平；"下乘"只能做一般的"配演"和舞台剧演出中的龙套、上下手、狮子、老虎、狗等。

但是在旧时代，入了"梨园行"，谁不愿成为"好角儿"呢？这就不单需要好天赋（灵气），勤学苦练，还有一项重要的就是名师指点。这种点拨体现在对出色的好的"艺诀"（戏谚）的运用上。旧时代由于演员属于下九流的底层身份，经自己实践的、积年累月的苦思中"悟"出来的"道"（得到的经验），自视悟到艺之精髓，可以在办"科班"收徒弟教戏时"露"一两招，足以养家糊口，因此大多艺人视为家宝不外传。那个历史时代"宁给一亩田，不指一条路""家传者不授外人""持'秘诀'若传人，必收高价"无可厚非。杨非先生在《梨

[①] 梅兰芳述，许姬传记：《舞台生活四十年》，中国戏剧出版社1961年版，第27页。

园谚诀辑要》的序中说："由于历史原因，昔日穷苦艺人地位低下，少有文化，加之中国戏曲口传心授的特殊教授与训练方法以及表演形式的程式性，就造成了多数艺人不具备将这些实践中得出的真知见诸文字……这些实践经验多少年来一直属于艺术家个人所私有，不为世人所公知，散见于广大艺人的心中和身上。于是，集一人一生之努力摸索出的经验，只得自生自灭，传存寥寥。这确实是一大憾事。"①的确，这是旧时代"私有制"的必然反映。

旧时代也并非完全没有关于戏曲形体指导的著作，如清代黄旛绰的《梨园原》，民国时期齐如山的《国剧身段谱》，但这些名人是以理论家的角度叙述的，对于戏曲身段的指导并不全面，却有一定的意义。

中华人民共和国建立后，艺人由"下九流"的地位提高到"新文艺工作者"、人民艺术家的地位，于是许多艺术家把这些"秘诀"公之于众。新中国的戏曲学校为了培养祖国的花朵，艺术家传艺也不再"保密"。20世纪50年代末起，钱宝森先生的《京剧表演艺术杂谈》、于连泉先生的《京剧花旦表演艺术》、侯喜瑞先生的《学戏和演戏》、郑法祥先生的《谈悟空戏表演艺术》、邹慧兰先生的《身段谱口诀论》的出版如百花齐放竞放异彩。于是"艺诀""戏谚"终于浮出水面。

这些"艺诀""戏谚"在业内愿意钻研和学习艺术的人来说的确视为珍宝，因为它可以直接指导演员在表演实践中的训练。但是遗憾的是，"艺诀""戏谚"在戏剧理论家、评论家们的眼中有的被认为简单、浅显。理论家没经过舞台实践，不懂得这些"艺诀""戏谚"对于演员提高艺术修养、提高戏曲美学层次有多么重要。

---

① 杨非：《梨园谚诀辑要》，中国戏剧出版社2002年版，第2页。

第五章 "艺诀"——大道至简的"戏曲形体理论" >>>

第四节　艺诀（戏谚）对戏曲形体的指导

　　本文旨在研究戏曲形体动作的特质和美学品位。为什么开头却从戏曲的产生和文本上论述呢？按照美学的研究方法，一种事物的美是有特征和等级价值的。然而，"任何事物都有一个系统的结构层次，一般来说可分为母系统、子系统、次子系统（还可以分出更多）。戏曲的特征，也是一个由不同层次所构成的系统网络，他们由母系统特征，子系统特征，次子系统特征所构成"[①]。按照一般的认识：戏曲文本的发展，是对戏曲母系统特征的研究。戏曲音乐唱腔、戏曲形体身段的产生、发展、分散、集中，是对戏曲子系统特征的研究。戏曲舞台其他方面的艺术元素则是次子系统。我曾经是一个武生演员，从向茹富兰老师学"开蒙戏"到后来多年跟随茹富兰老师学戏，却又感到戏曲的唱、念、做、打（构成戏曲的"歌舞"）是美学中的母系统；为唱、念、做、打的形式而组成的剧本是戏曲美学中第二母系统；戏曲中表演创作人物是美学中的子系统；戏曲舞台其他方面的艺术元素则是次子系统。为什么会产生这样的看法？因为学戏开始学的就是唱、念、做、打，观众看戏看的也是这个演员对唱、念、做、打的把握究竟到了什么层次。从美学的角度，审美者首先关注的、最直接感受的是美的形式，内容则在其次的位置，否则我们无法解释为什么传统剧目至今占据舞台的主要位置（这种看法是否偏颇，有待讨论）。由此我就更深切地感到戏曲形体身段在美学意义的重要。在理论的研究上我经常

---

① 苏国荣：《戏曲美学》，文化艺术出版社1999年版，第49—50页。

看到"论述戏曲身段、戏曲形体"的表面评论文章。比如《中国戏曲通论》的"第七章戏曲表演"第一节"独具品格的表演艺术"的"一、一种独特的歌舞表演"中说"做指做功，泛指各种节奏化、舞蹈化的表演动作，包括各种神情、意态、身段、功架，以及成套的独舞和群舞，乃至运用翎子、甩发、帽翅、水袖等物质材料创造的特技等等。打，是武艺、竞技和战斗场面的艺术表现，是武术和杂技的舞蹈化"[①]。"由此可见，戏曲表演是一种充满音乐精神和富于音乐美的艺术，这就决定了它的形体动作不能是处于生活表层的、自然形态的再现，作为对音乐的应和，戏曲把一切形体动作都化作了舞蹈，于是而有种种舞蹈美和雕塑美的身段、功架和武打。在戏曲舞台上，大致两军对垒的龙腾虎跃，小如穿针引线的生活情趣，都是由舞蹈意味很浓的动作组成的；凡一招一式、一坐一站，都要合规矩而应节奏，带有舞蹈的性质。"[②]这两段话，前者如果作为对于戏曲形体和身段的解释，尚可；后者如果作为对戏曲形体、身段的形容，亦可。然而如果问各种神情、意态、身段、功架怎样是一般的？怎样才是独特的？再问："要合规矩而应节奏"，"带有舞蹈的性质"是怎样的规矩？应什么样的节奏？怎么叫作带有舞蹈的性质？有没有上乘、官中、下乘之分？他们对一出戏曲剧目的评价占有多大的比重？怎样才是戏曲的最高层次的"美"？不仅这里没有回答，几乎后来所有的理论文章中都是《中国戏曲通论》这两种解释和形容的延伸。这说明我们的理论被一种思维束缚了，它和实践还有距离。

这方面的理论并不是没有人涉及，比如中国戏曲学院杨非教授在《梨园谚诀辑要》中就意识到了打开这扇门的重要："自来创业艰难，各人所感不同。见仁见智均积一得之言，记于心，流于口，祖辈

[①] 张庚、郭汉城主编：《中国戏曲通论》，上海文艺出版社1989年版，第388页。
[②] 张庚、郭汉城主编：《中国戏曲通论》，上海文艺出版社1989年版，第394页。

第五章 "艺诀"——大道至简的"戏曲形体理论"

相传,奉之为诀。它既形象又具体,听来悦耳,念来顺嘴,词简意深,见解精辟,哲理性强。每则谚诀可以说都'包含着可以写出整部书来的智慧和情感'(高尔基语)"[1]。只有经过戏曲表演艺术学习和舞台实践的人,才会懂得戏曲的"歌舞",不是信手拈来那么轻松,天天学、天天练、月月学、月月练、年年学、年年练,历经七个寒暑才懂得戏曲的"歌""舞"。我在1959年上中国戏曲学校时,赶上了著名教师茹富兰的教学,从启蒙到深入。他也是"口传心授"模仿式教学,但是在他的教学中多了一种"艺诀"。这在过去教学中大多秘不外传,茹富兰老师在教学中却从不保守,几乎"艺诀"不离口。戏曲学习是动态的,一个动作接一个动作很难记,但是有了"艺诀"就让我们掌握了打开戏曲形体魔瓶神锁的钥匙。

我自入上海戏剧学院教学以来,有不少专家曾经以商量的口吻对我说:"'口传心授'的教学方法是不是比较落后,可不可以有所改变呢?尤其是大学教学。"我回答说:"在戏曲表演教学上,'口传心授'确实是不可以改变的。因为戏曲的表演教学是动态的,戏曲的传统只有老师动起来,学生看;学生动起来,老师纠正,戏曲才可以传承下去。"

"口传心授"是中国戏曲传承的传统,需要继承,如果离开对传统的敬畏、尊重,就谈不上继承。

一是戏曲表演教学,须从10岁左右的幼年开始,跨过这个年龄段,他们身体发育了,基本功、武功、戏曲形体训练(戏曲舞蹈的基础)都不可能达到专业水平。学戏也必须与练功同时进行。因为戏曲的形成已经成为一个不可打破的美学板块。对于经过千百年实践检验依然鲜活的戏曲,在传承教学的工作中,模仿成为必然的手段,在模仿中把先辈创作的唱、念、做、打(舞),手、眼、身、法、步融合到一起创作出的人物学下来,到有了自己的戏剧观念,充分理解戏曲的

---

[1] 杨非:《梨园谚诀辑要》(序),中国戏剧出版社2002年版。

创作年龄的阶段，再以自己的艺术风格进入创作，这就是戏曲传承的必然过程。

二是中国戏曲表演形式包含着"四功五法"。每一项传承和教学，都是动态的，必须是一对一的。学生在模仿过程中只有通过老师逐一地纠正，才能引入正轨。

在我国这种经过几千年形成的表现主义艺术的传承，都要遵循这个传统。书法学习必须要从描红模子开始；中国的绘画必须要从持笔、勾勒线条、临摹开始；学习戏曲编剧必须要从背诗、背词、背曲开始。在西方凡表现主义艺术也要遵循这个传统，比如芭蕾舞、音乐、钢琴、各种西洋乐器，比如油画、雕塑等，和我们戏曲有着异曲同工之妙。这不是艺术上的落后，而是发展文化艺术不可逾越的基础。基础教育是任何文化艺术的根本，戏曲的"口传心授"是传统教学中必须保留的方法。最近教育部在修改中小学教材的工作中明确提出加强"语文学习"，在教材修改上加大了"古诗词"的比例，在教学内容上加入了"朗读古诗词""书法训练"，等等，都说明我们已经发现了传统教育中优秀价值的部分。

那么在戏曲基础形体训练、身段教学和进入"上乘"——具备美学价值的戏曲形体、身段怎样进行？其中"艺诀""戏谚"体现了无可替代的价值。我们仅举最有普遍性的形体为实例来说明。

一、从"云手"说起

戏曲里"云手"几乎无处不在。因此，学习戏曲形体基本上是从"云手"开始。"云手"是一个动态的戏曲形体动作，也需要"口传心授"，老师讲解时一般分为七个基本动作，然后在老师的带领下学生模仿老师，老师再逐一纠正每个学生的动作，形成最基本的"云手"。

（一）最基本的"云手"

1. 准备动作：左手掌心向上放在左肋间前，右手是拉开的山膀。

2. 左手沿左肋下，向右方推动。

3. 同时右手由横平肩（山膀）处推向眉上方，和左手形成上下合对式。

4. 接着是左右手由形成上下合对式，推为两个手掌都向上的右顺风旗式，眼向左上看。

5. 然后右手和左手同时由右举向上方，形成"双手托天掌式"，眼看右掌。

6. 接着双手顺时针大缓手，缓到左方与左肩平时，左手握拳，右手在左拳的前方"按掌式"，眼看右掌。

7. 外部的动作是左手握拳不动，右手"拉山膀"至右方与肩平，脚下归为正左"丁字步"，眼随右手走。右手拉开山膀后变脸向前。

这是最基本的云手，要求是"横平竖直"。

如果按照茹富兰老师要求的标准，这只是"官中"云手。茹老师曾经讲："我们的每一个动作都不能离开身法，离开身法就成了白开水。再走也是'官中'，不上'品'。""身法在戏曲武戏的演员身上是最重要的，它负责连接戏曲形体的手、眼、步、颈、头的使用。"

我们看一下茹老师在"云手"上多了哪些规格：

茹老师的身法"艺诀"——"行肩跟臂（读 bei 去声）"。

"行肩跟臂"和"心一想，归于腰，行于肩，跟于臂"有什么不同吗？茹老师说："'心一想，归于腰，行于肩，跟于臂'这是钱先生（宝森）常说的艺诀，和'行肩跟臂'是一回事，钱先生把我说的更细致地讲清楚了。我的说法更简单明了。""行肩跟臂"是贯穿戏曲舞蹈离不开的身法变化中的要领。戏曲的形体舞蹈，无论你是用腿或者是用手、用腰或手臂等动作时，都在身法的运用时展开。

（二）"茹派"云手

1. "云手"的准备动作：起式前左手掌心向上放在左肋间前，右手是拉开的山膀。

2. 左手沿左肋下，向右方推动，这里推的是手，实际动的是肩，意念由心起，传达到腰，腰散发到肩，后臂紧跟肩。这样身体必然随之转向了右侧面。当然此时的右脚要上一步，脚后跟要做轴使用。

3. 右手由横平肩（山膀）处推向眉上方，左手形成上下合对式，此时的身体仍向着右侧面。

4. 接着是左右手由形成上下合对式，推为两个手掌都向上的右顺风旗式，眼向左手上看。

注意，此时推右手仅仅是外在形式，如果用高级的内在的标准说应当说是由意念指挥腰向后肩、臂上方发力，左肩带右肩后背随即跟上，在身体里形成一个逆时针的圆圈，同时右脚跟向左拧，脚下变作左丁字步虚步，而外部看得见的是左手配合右手横着向外，逆时针推到与左肩平、与右手都是掌心向上的"顺风旗式"。

5. 接下去的动作是右手和左手同时向右举向上方，形成"双手托天掌式"，眼转看右掌，而内部则是双肩带动背的小半圈运动。

6. 后面的动作是双手顺时针大缓手，缓到左方与左肩平的地方，然后左手握拳，右手在左拳的前方"按掌式"，眼看右掌。而内部动作恰恰是以肩带动臂"行肩跟臂"：在"双手托天掌式"时已经先由右肩带动背转向右方，接着在左肩带动下做一个下圆圈，转向左方。

7. 外部的动作是左手握拳不动，右手"拉山膀"至右方与肩平，脚下归为正左"丁字步"眼随右手走。右手拉开山膀到胸前要"半拉半抬"，右臂带动身形向右，拉开后，身形变正，迎左胸脯成"子午式"后变脸向前。这才算完成云手的整个外部动作。而内部的动作规范应当是在拉山膀之前就由右肩带左肩和后臂，随着眼看右手拉的动势，整个身形转向右方，随着身形变成左"子午式"。

第五章 "艺诀"——大道至简的"戏曲形体理论" >>>

　　茹老师说："如果只有外部动作也可以叫作'云手'，但只能叫作简单的'比画云手'。只有把内在的'行肩跟臂'与外部动作融合，这一个身段就有神韵了，就有味道了，就美了。"

　　茹老师只"云手"一项，就有多种不同的用法和讲究。如"涮云手""爪云手""跨虎云手""扛云手"等，无一不是"行肩跟臂"即"心一想，归于腰，行于肩，跟于臂"。

　　比如以"扛云手"为例：《林冲夜奔》"走边"的最后一个亮相是"左顺风旗式"，随着打击乐重起"小钹冲头"（崩 嘟 | 才 才 ‖：才 才：‖），"崩"是心想腰，劲头儿的起点；"嘟"劲头头冲向左肩，左肩传到左手腕，随着"才"左手腕画一个顺时针的小圈，手掌向后领，同时带动肩，再由肩带动左背，接着左腿撤半步，右脚跟随之拧向后方，身法则是扛左肩略仰身，又带动全身向后转，右手的山膀由右手掌逆时针的一个小圈带动变向后山膀，脚下"别左腿"。此时，在舞台上实际上是一个面向后的云手的起式。接着上左步，再上右步，右脚跟着地左拧，同时行左肩跟臂，此时的身已经转向前面，左右手向各自的反方向推出去，变左手掌向上的"右手顺风旗式"。注意：就在顺风旗推开之前，左右手交叉时，整个身体是在"行肩跟臂"的要领下身向左前方，一旦变为"顺风旗式"，身形又由右肩带到向正前方，再由"右手顺风旗式"推向"左手顺风旗式"时，身形又由右肩带向右前方，然后顺时针双缓手，身形又由左肩带正，左手握拳，右手由左方拉开山膀，拉开时正好是打击乐"小钹收头"。

　　这个"扛云手"的实例，走好了可以非常突出地表现戏曲形体圆、顺、美。如茹老师在《林冲夜奔》好几个地方都有"扛云手"处理。如唱"顾不得忠和孝"的"顾不得"【折桂令】唱"身逼做聚义红军"的"身逼做"等，这几处戏曲形体动的"扛云手"都是"行肩跟臂"，就是右手领右手肩"转身扛云手"。先抬臂，以肩为轴往后先倾身，右倾身中，用右臂带动转身，云手做好了，真是戏曲高级的大美也。

这里只以"云手"——戏曲最基本的形体开一个头，说明在戏曲形体的等级上有下、中、上之分。懂得了、参透了"艺诀""戏谚"者，就有望走向上乘，真正继承我们中国戏曲的优秀传统。这也是"艺诀""戏谚"存在的价值。

（注："子午相"，或称"子午式"，在戏曲舞台站立时的身法，解释为"子"是时辰中的"子时"，夜中最黑的时刻，"午"是时辰中的"午时"，昼中最亮的时刻。如果平板向观众，无美；根据剧情或三七分，或二八分，美也。这是"太极图"对身法的启示。）

二、"指法"是一个必须讲的实例

"是指，不许指。指先看后指。"这是茹老师遇到形体动作"指"时必讲的"艺诀"，而且亲做示范，然后对每个学生进行纠正。

武生的指法是食指和中指并拢的"双指"，有两个有规格的手法形态：1.预备式：无名指和小拇指并拢弯曲，和大拇指头搭碰在手心处形成圆圈，中指与食指合并成半圆（为指出做准备）；2.指出式：中指和食指合并，距离前胸一尺半左右指出。

"茹派"指法的规格和标准：

茹老师的"指法"要求和规格讲究很多：指的手法和形态基本和前面相同，而步骤则比较复杂。

1."预备式"：手从下面缓缓提到胸口窝外半尺处，脸和眼则向着指的手和不指的手的方向领神。（艺诀："是指非指，不许指"）

2.脸和眼变到要指的方向，指的手往自己的胸窝处拉近，眼要向指的方向和意向的物体"聚神"。（艺诀："先看"）

3.从腰领劲发散到肩、以肩带臂左右晃动一个小斜圈儿。（艺诀："行肩跟臂"）

4.中指和食指并拢压手腕慢慢指出，不可以把臂全伸出去"指"，只能指到大手臂的大弧度前面一点。（艺诀："后指"）

"指"在一个戏里用处很多。比如《石秀探庄》最后一句【新水令】"混入敌地"的"地"字。《林冲夜奔》【点绛唇】"有国难投"的"投"字，"定场诗"的"衡阳路"等。懂得这个指法和不懂这个指法在戏曲舞台行动的运用上就大不一样。前面所述1、2、3、4的行动过程为人物情感的抒发拓展了空间，观众可以从"指"当中感受人物的感情。整个过程是一个具有传统韵律和底蕴的形体，既大气又有美感。

（指法可参考录像《林冲夜奔》唱【点绛唇】"好叫俺有国难投"）

三、步法是戏曲形体的根

戏曲中关于步法的艺诀很多，茹老师常讲的如：

"足是根，腰是轴，头顶虚空""若懂足是根，气往丹田沉""金鸡独立，五趾抓地"

"文站丁，武站八""骑马蹲裆丁不丁，八不八""前弓后箭前腿忌'香炉腿'，后腿忌出脚跟"

"脚步须知挪后跟，高抬、低落、近一点"

"行步走单不走双，单落还要跟半步"

"圆场腰盘坐后足跟，小腿带大腿"

"跨腿如迈毛儿，立腰腿画圈"

"小腿横盘与腰平，起时大腿带小腿""上腿内翻靴底，脚扯三趾"

茹老师对"步"的要求是首要的，哪个人物出场都要知道"站法"。一般茹老师都讲演员要"站如松"，那么怎样才能是"站如松"呢？

茹老师讲人物出场前的"站"要求："足是根，腰是轴，头顶虚空""若懂足是根，气往丹田沉"。

茹老师讲"行当不同站法不同，我们讲'文站丁，武站八'""怎样才能站稳呢，这要懂得'气往丹田沉'，我们演戏从头至尾都要懂

得气的运用,'一出戏练一口气''气沉丹田',丹田就是在你肚脐眼之下小腹的地方,大家先蹲下去放松,再站起来深吸一口气,拍一拍小腹,把气存在这里,脚下左丁字步站好。大家感到小腹中存住气没有?存住了;它通向脚跟没有?感觉通到了,你就站稳了。""想舞台上做什么动作,小腹中都要留有三分气在。否则你的身段和形体就是用拙了。"

"脚步须知挪后跟,高抬、低落、近一点",这是茹老师走脚步艺诀。戏曲的脚步分单步、连步,茹先生说:"脚步的单步不好走,我们的规格是以腰为轴,带动脚下提起脚跟拧半个小圈,找准方向。同时落下立地的脚,迈出前进的脚。我们出台帘的脚步往往是迈左脚,开始的要领是以腰为轴,放松向下有顺时针的半个小圈。同时抬起右足跟稍微拧,看准左脚要迈出的方向右脚跟落地,迈出左脚。如果反过来迈右脚时也是同样的步骤,只是方向相反。""这样的脚步是全身的灵动,不是刻板的一只脚。""高抬、低落、近一点——我们武生的脚步,抬脚时要高,把靴底亮出去,落地时脚要往回收一些,落到近一点的地方。因为舞台的尺寸不是操场那么大。'大步跟'三步走到台口,破坏了我们舞台的美。"

"行步走单不走双,单落还要跟半步",这是一个非常讲究的步法艺诀。戏曲的舞台是一个化方为圆的舞台。但是在戏曲的舞蹈中也有前行后退的直线,比如"走边"的出场。"走边"和"起霸"在台口往后拉,或是背向观众站在九龙口处往台口拉,这都是直线型的步法(当然上身"山膀"是圆的)。前行几步?后行几步?这难道也有规定吗?有的。茹老师在课堂上讲:"'走单不走双'(包括退单不退双)首先要看舞台的大小。舞台小,我们走边时出场是五步,舞台大当然是七步。按照舞台'步法'的规律,一般都是先迈左腿,停时也是左腿在前,这时右腿在后还没跟上,所以要跟半步。""为什么要规定这个步数?因为我们上身是有动作的,必须与步法协调起来。比如我们讲后退'拉山膀',前三步时身体要保持平稳,'山膀'要逐渐拉,到后四步时是'半拉半抬','半拉半抬'时身法'行肩跟臂'就要用上,一般都是右手拉'山膀',所以此时左肩后领右肩前跟,后背也随着向右,拉到最后时,右脚在前面。所以要'跟半步',把右脚撤到后面,脚下变成左丁字步。'半拉半抬'是指上身的动作,眼睛要看着右手。完成这七步之后打击乐正好落在收头收尾。我们在末锣上变脸。""按照'行肩跟臂'的规格,变脸前身是向右侧的。变脸的同时,上身变向正面。当然,我说的正面也必须是'子午式'。"茹老师对这个艺诀讲得十分清晰,课堂上他以身作示范,让我们看到了戏曲形体、舞蹈、身段的规范性和灵动性结合起来的美。对这个看似简单的"艺诀",悟到它的动和静、直线和圆的关系,领略到的是一种凛然的、大气魄的美。可能一般人一时看不出来,但是只要对比不讲究的、没有规格的、随意比画的这组动作,我想无论是谁都能区分"美"中的"高雅"与"粗俗"。

"'骑马蹲裆'丁不丁,八不八""前弓后箭前腿忌'香炉'腿,后腿忌出脚跟"

舞台上的矮相,主要是"骑马蹲裆""前弓后箭",茹先生对这两项的步伐要求十分严格。他说:"'骑马蹲裆'双脚的距离一定与肩齐,双脚着地一定是'丁不丁、八不八','丁字步'一脚横在另一脚的脚踝处。以'丁字步'伸出一脚这样的'骑马蹲裆'必定是斜的,所以应当是在'八字步'基础上伸出一脚。双脚尖各向外侧三分之一,下蹲时是垂直的下蹲。这就是'丁不丁,八不八'。还有就是忌蹲过了,蹲过了就是'香炉腿',破坏了舞台美。"

"前弓后箭步"与"骑马蹲裆"相似。"弓腿"忌"香炉腿",后腿直绷时要保持脚尖在前、脚后跟在后的步法,忌脚后跟用力时着地成了"后跟凸过脚尖",这也破坏了舞台美。茹先生说:"这是我们舞台上的死规格,穿厚底、穿薄底相同。不撇、不怯,始终保持,大气

和美。"

"金鸡独立,五趾抓地"戏曲的形体动作有许多是一腿支撑的技巧,比如"抬腿""盘腿""搬腿""探海""射燕"等,尤其像"三起三落"这样的动作下面一条腿需要站立很长时间,有什么诀窍可以使一条腿能够站稳呢?茹先生讲的"金鸡独立,五趾抓地"就是诀窍。茹老师说:"当需要你一条腿在下面直立的时候,除了说的'沉气''立腰'外,诀窍就是脚的五个脚趾紧紧抓住地面。"

"跨腿如迈毛儿,立腰腿画圈"也是茹先生常讲的"艺诀"。戏曲形体里常有跨腿的动作,这个动作要求腿的高度到大腿根部,小腿随大腿盘腿圆跨落地。这个动作完全是动态的,是全身大圈套小圈中的一个小圈动作。茹老师讲:"这个动作在戏中经常出现,比如跨右腿踢左腿,做得不好的,经常会出现上腰前后晃,跨腿很拙。其实这是着力点错了,也不要使拙劲,就像小孩儿游戏'跨你一个毛',这样就放松了。立住腰不动,左手臂和右腿同时向内画一圈儿。这个动作看起来就很美。"

戏曲里常见的一个舞蹈姿势是"盘腿",茹老师的口诀是"起时大腿带小腿,小腿横盘与腰平""内翻靴底,脚扛三趾"(指盘腿后,外三脚趾用力上扛,靴底才能翻上来)。盘腿在戏曲动作里是经常使用的一个停顿姿势。比如"走边""起霸"的三跨腿,"剁泥""上马"等。小腿横在腰间不动。这是从练腿功就要练的,是把腿盘在桌子上的"耗功"。但在实际使用上,几个着力点初学者经常"眉毛胡子一把抓"。茹老师的艺诀非常清晰地把窍门告诉我们,大腿带小腿这是盘腿开始的着力点,小腿要盘到与腰平的规格,观众看上去最美的是看到靴底是内翻到向斜上方,这个动作的着力点在哪里呢?茹老师说脚的后三脚趾努力上扛。一条腿"盘腿"达到这样的规格,另一条腿在下金鸡独立(腿立直,五趾抓地),一种威武大方的美就显示了。现在舞台上的武生大多盘腿不到位,往往是不知道着力点的转换和内在的方法。茹老师留下的艺诀，就讲明了这个动作的诀窍。

"圆场"是每出武戏都用得着的，大部分人的毛病是晃腰或晃上身。茹老师讲："圆场的诀窍，腰盘要坐在脚后跟上。这就形成了半存腿，跑起来时要小腿带大腿，这样腰就不晃了。扎上靠，靠旗杆也不晃了。但这圆场是一门功，每天要跑一个小时才能练得出来。圆场跑好了，在舞台上是一种流畅的美。"

四、为什么要练好"眼法"

茹老师在表演教学上非常讲究"眼神"的用法，他常讲的关于眼法的"艺诀"有：

"一身之戏在于脸，一脸之戏在于眼"

"眼灵睛用力，面状心中生"

"眼神忌呆板，喜、怒、哀、乐各有法"

"眼神有松紧，用时有散聚"

"武生要忌凝眉立目一出戏"

"松、紧、散、聚，存乎心中戏"

"喜笑眼，脖颈松""武打亮相脖颈挺"

"行未动，情先行。情在于心，眼神领"

茹老师说："唱武生的常常不研究眼睛的运用，一种是眼中无神像庙中的泥胎；一种是只知道凝眉立目。其实我们武生戏中有各种各样的人物，每个人物都有每个人物的戏，'戏'就是表情。老话说，'一身之戏在于脸，一脸之戏在于眼。'可见眼神的重要。所以练眼，先要练眼神。"茹先生在训练我们眼神时说："艺诀叫'眼灵睛用力，面状心中生'，你们要做到这点还早。现在先要练好'睛用力'，因为开蒙戏《石秀探庄》用眼和眼睛变化的地方很多。"

记得当年都是在课间休息时间，茹先生让我们接受眼睛的训练。

他叫我们站在七步开外，看高把杆上（教室配备练功的器材）的钉子，什么时候眼睛酸了，流眼泪了，可以歇一会儿，然后再接着练，并嘱咐我们每天要坚持练3—5次。

所谓"睛用力"，茹先生讲"睛就是黑眼球的中间'眼仁'部分"，这些讲法如果在人体解剖学是说不清楚的。然而我们按照艺诀练过一段时间，用意念用神气凝聚在眼睛的黑眼仁上，确实感觉自己眼睛有神了。梅兰芳先生也用放鸽子的方法来训练自己的眼神，茹先生也给我们讲过梅先生的故事。梅先生幼年时眼睛略微近视，眼皮有些下垂，后来他用养鸽子的方法训练自己的眼睛。用梅先生自己的话说："鸽子飞得高，我在底下要用尽目力来辨别这鸽子是属于我的，还是别家的，你想这是多么难的事。所以眼睛老随着鸽子望，越望越远，仿佛要望到天的尽头，云层的上面去，而且不是一天，天天这样做，才把这对眼睛不知不觉地治过来的。"[1] 梅先生是十分注意眼睛在表演中作用的，他说："演员的眼睛在五官当中，占着极重要的地位。观众常有这样的批评，说谁的脸上有表情，谁的脸上不会做戏，这中间的区别，就在眼睛的好坏。因为脸上只有一双眼睛是活动的，能够传神的。所以许多名演员，都有一对神光四射、精气内涵的好眼睛。"[2] 因为梅、茹两家关系很近，茹先生常用这个故事来启发我们。

的确，在和茹老师学的几出戏中，他对眼睛的要求是很严格的，而且每出戏每个地方对"眼神有不同用法"，比如《石秀探庄》第一个出场亮相，眼虽聚神，但要舒眉展眼。因为石秀是高兴去探庄的，为表现他的机智乐观，茹老师不允许皱眉。在念"打扮巧"的"巧"字

---

[1] 梅兰芳述，许姬传记：《舞台生活四十年》（第一集），中国戏剧出版社1961年版，第72页。

[2] 梅兰芳述，许姬传记：《舞台生活四十年》（第一集），中国戏剧出版社1961年版，第68页。

上，念到"有何不可"的"可"字时都要"含笑眼"加晃头，晃头要逆时针晃一整圈。这就是"喜笑眼，脖颈松"的用法。"脖颈松"也是武生行当中较难掌握的，茹老师说："为什么我们前面说'气沉丹田，头顶虚空'啊？'虚空'两字的关键在于脖颈，我们'做戏'中的摇头晃脑都靠脖子，所以'梨园原'中把'强项'列为表演的十大毛病之一，武生、武小生笑的眼神离不开脖子的晃动。"

"眼神有松紧，用时有散聚"的"艺诀"，在舞台上时时都用得着。比如"走边"第二个"四击头"：划腿踢腿、到后转身、"骑马蹲裆"亮相这个过程，就是眼神放松的过程，放松实际的动作目的是加强后面的提神"亮相"。

"武生要忌：凝眉立目一出戏"这个"艺诀"，是针对一些武生演员不会演戏（死脸子）而说的。比如《林冲夜奔》中林冲出场的眼神，茹先生则要求略低头，表示在看夜路。亮相时要略凝眉，表现英雄遭受迫害的落魄。但是茹先生又说："不要紧锁双眉，愁容满面。表演要有层次，有起有伏。一出场就是这副面孔，以后的戏就不好演了。"又比如《八大锤》，茹老师说："从你一出场的眼神中就要看出小王爷的气势：自满，得意贯穿全剧，没有'凝眉立目'。这是人物性格本身决定的。"

"武打亮相脖颈挺"是指武打之后的亮相。茹老师说："武打最后的四击头亮相，要刚、脆、狠，眼神当然是'聚而神射'。这时候的脖颈就不能松了，要求做到'脖颈挺'。"其实"脖颈挺"也不光是用到武打后面的亮相，有时表现人物凶狠时，比如《石秀探庄》中石秀出了钟离老汉家门，"说出俺的名来，你可不要害怕！"这句台词中的"怕"字，念法上音要延长一些是由上向下"砸"的念法，要露出石秀"拼命三郎"的狠劲，所以要"脖颈挺"、眼露凶光。

"行未动，情先行。情在于心，眼神领。"这也是有"茹派"特色的艺诀。戏曲舞台形体、身段是程式化的，都有一定的规格，茹老师更讲究高级规格。茹老师的高级规格中包含着人物的性格、行动的目

·215·

的。话剧的表演讲究行动的"三要素":做什么?为什么?怎样做?然究竟怎么做是自由的。只有个性,没有稳定性,因而无法涉及"美学"。我们戏曲早就有规定好的"程式",如果只走"程式",在形体动作的组合中不讲情感也可以,但高级规格的训练则是不可以的。茹老师说:"'走边''起霸'有什么情感?如果你不讲人物,可以没有情感。那叫'官中',走出来也不漂亮。我说'行未动,情先行'就是要先讲究你这个人物的气质。《石秀探庄》中石秀的出场'走边'是什么情感?一个动作接一个动作要求的'神情'都不一样。咱们学戏时是一个连一个讲过来的,《林冲夜奔》也如是。""这里要跟你们强调的是,咱们戏曲的情感表现主要是'神'在一段形体过程当中。'神'是有收有放的,'神'要通过眼睛表现出来。咱们戏曲没有布景,你看到什么,然后要做什么动作都要通过'眼神'领先,然后按我们的要求和高规格走好动作,那么你的动作都是有人物的。""形体动作是这样,'唱'更是这样,唱词是有规定的内容的,在唱这个字之前,要把规定内容的'神情'先用眼神表现出来。这个'神情'必须发自内心,否则不是呆板地唱,就是情感被切成一段一段的,咱们戏曲的美就不存在了。""还有一句老话叫'乐而不淫,哀而不伤',对我们京剧表现情感非常有用。讲的是'适度','度'没到观众没看出来,过'度'的表现就把戏曲的美破坏了。"茹老师这么一讲,我们就明白了眼神中的喜、怒、哀、乐有多么重要,"度"的把握有多么重要,更重要的还要把每一"情"的"眼神"都归结到人物性格的发展上。茹老师的这句名言成为我后来从事戏曲导演时的准绳。

五、"身法"在戏曲形体中的重要

在"身法"方面茹老师常用的"艺诀":

"逢左必右""以腰为轴"

"行肩跟臂"

"圆起圆落，线要走直"

"舞台是化方为圆，身段是大圈套小圈，小圈儿归大圈"

"舞台两条大斜线，中间视为中心点，站要子午式，交流不过小扇面"

"一紧一松，身段之灵"

"逢左必右"是茹老师挂在嘴边上的艺诀，其实他在这里只讲了四分之一，后面还应当有"逢右必左，逢前必后，逢后必前"。但当我们问起先生时，他笑了说："你们理解得对，每个身段的'接榫子'都是这样的，但说四句太啰唆了。我在教你们艺诀时，只用这一句。你们自己举一反三。"

"逢左必右"是一个基本身法。讲的是我们戏曲形体当中，当你要往左方向移动的时候，身体要先向右的方向摆动一下，然后再向左；当你要往右方向移动的时候，身体要先向左的方向摆动一下，然后再向右；当你要往前方移动身体，要先向后方向摆动一下，然后再向前；当你要往后方移动时，身体要先向前移动一下，然后再向后。其实这是戏曲形体动作的一个基本定律，掌握了这个定律后，做起来就会非常自然，把有严格规则的程式或形体动作相互衔接，透出自然美的韵律。

比如《石秀探庄》第一个出场的亮相，是左弓箭步的矮相。在连接下一个形体动作时，身体先要微微向左，再微微向右，这时着力点恰恰挪到了右脚上，然后右脚用力，站起来连接下一个动作。

又如《林冲夜奔》"走边"到上场门台口，面向舞台右侧的"三跨腿"，茹老师在"三跨腿"后的动作是不同一般的处理："三跨腿"是向前的，当左腿落地后停顿，下面还是向前扶剑向前亮，但茹老师的过程却上在停顿后左步上前半步，脚跟着地向右拧右臂领身向后，同时左手由上往下滑手重扶宝剑，右手放松向右后下放甩，此时全身向后，接着上半步右步，左手扶剑在左臂带动下，猛向左转，归向台前方，同时举右手到右上方全身向上一拎，一紧，往下蹲为左丁字步点脚，右手"夸赞式"在上亮相。这组前后左右的动作过程都是使用了"逢左必右"包括"逢前必后"的基本身法。如果把内涵的劲头和外部的动作都做到位，如行云流水般的舞台美就呈现给观众了。

"以腰为轴"也是茹先生经常挂在嘴边的一句艺诀，"逢左必右"时他总要提醒一句："想到'腰'没有？没有想到腰，上身就会七扭八歪，我们的什么动作都要'以腰为轴'。"尤其当遇到舞台上的转身，没有长（即"撑"）住腰，很可能会出现站不住的情况。

"圆起圆落，线要走直"是茹老师在教学中遇到上身与下身配合的具体戏曲动作时常用的艺诀。

比如《石秀探庄》在幕后的准备动作：左手叉腰（圆）、右手平肩持扁担（圆）喊过"啊嘿"后的出场动作：右手卷腕子平挽扁担（圆）、左手前掌按扁担（圆）、盘左腿（圆）——这是三圆组成的出场姿势"圆起"；然后往前走七步就是"线要走直"；落地后右手"提柳花"（圆）、略蹦起"小剎泥"变右手平持扁担，左手按掌（圆）、盘左腿（圆）、拉开左山膀（圆）、左脚落地"前弓后箭式"（圆）。这组动作就是"圆起圆落，线要走直"。《林冲夜奔》也如是。几乎所有短打的武生走边都是这个规律。

"一紧一松，身段之灵"，这是茹老师在教学中讲究"身法"的重要要求。当我们学完了一段戏，茹老师就让学生把这一段戏贯穿起来反复地"拉熟"（这是一句行内的话也就是戏曲舞蹈每一个动作规格做对了，必须把这些动作连贯起来变成一段戏曲舞蹈）。他说："戏中一个身段、一组身段和全剧的身段，都是表演的艺术。我在教你们的时候对你们的纠正之所以严格，就是让你们懂得戏曲形体的高级的规格，等你们真正掌握了，在自己舞台上运用时就要强调'一紧一松，身段之灵'了。""'秘诀'做好了就能展现我们戏曲的美。做得不好，不是紧张，就是松懈，美就谈不上了。"在茹老师严格要求下，我们"拉戏"时在他不断地纠正中，我们才"悟"到"一紧一松，身段之灵"的重要。比如《石秀探庄》的一场"走边"：出场"四击头"为紧，拉开亮相之后，"神"不能松，四肢形体动作则不能"紧"，要的是"松弛中的规格"。下面"逢左必右"撤右腿左手搂大带……而下一个"四击头"的身段：跨腿、踢腿，右手持扁担上膀子花，转身向后亮相，这一组动作是"紧"。接着后面又是放"松"，"松"是"有规格的"松弛。整个"走边"就是在这样的"松紧""张弛"中进行，这种"松紧""张弛"既是劲头，又是节奏。"张弛有序"就是"一紧一松，身段之灵"，又是一种劲头。茹老师的这些要求听起来简单，做到难，真正做好了就进入戏曲的"美"。

"表白"是松弛中的美，茹老师在要求上也是高级规格。"定场诗"有松有紧的表白是"松中带紧"，这样美感就出来了。我们武戏里的"表白"绝不是一松到底，中间总有一两下表现有技巧的程式。所以说到底还是"一紧一松，身段之灵"。

在校学习期间我跟茹老师学过几年戏，茹老师教学法中的规律和艺诀在我心中扎下了根。即使后来和别的老师学戏，也以茹老师所教为准绳分辨粗、精。

1981年，我在毕业后没放弃武生戏的情况下又改唱小生行当。因为茹老师过去就是有名的"两门抱"表演艺术家，武生、小生两个行当的戏演得都好。我内心一直很自豪地认为自己能做到"两门抱"是继承了"茹派"的缘分。我的表演也经常得到观众"有光彩、会演戏、文武全能、身段漂亮"的赞誉。有一次我演出《穆柯寨》，被茹元俊老师大加赞赏，认定我"就是'茹派'继承人"的时候，我倍感鼓舞。其实我对表演艺术刻苦钻研的时候（虽然我还受到很多其他名师的指点），茹老师教我戏时候的要求和他的"艺诀"起着决定性的作用，甚至在我成为专职导演执导大戏时，也用这样的高级标准要求演员，还用它整理一整出大戏的节奏。

第五节　为什么说"艺诀"是大道至简的戏曲理论

一、补上戏曲"舞"的理论——戏曲形体理论的空白

我对戏曲形体动作——戏曲"舞"的论述有一些理论探索，这是从事戏曲教育工作二十年的必然。当老师就必须把戏曲艺术的各种元素提炼出来。多问一些为什么，寻求一些理论依据。

中国戏曲从产生以来，理论也伴之发展了。其实从戏曲的主要元素——"歌舞"的理论从《尚书·舜典》记载的理论论述开始就没有间断过。当然对于"歌"——音乐的论述因为可以见诸文字，各种研究的理论始终不断，"舞"则经常是研究音乐的理论后面带上一笔。因为"舞"是动态的，不是"舞者"没有实践的体会，而是很难论述其中的理论。汉朝的傅毅《舞赋》算是空前绝后的了："其始兴也，若俯若仰，若来若往。雍容惆怅，不可为象。其少进也，若翔若行，若竦若倾，兀动赴度，指顾应声，罗衣从风，长袖交横。骆驿飞散，飒擖合并……"以"赋"写"舞"，美不胜收，也充分表达了傅毅独有的舞蹈美学见解，可惜只有形容和描述，只有审美的角度，没有创造美的规律。

自"宋南戏"开始形成了中国戏曲，专门论"舞"也是在记述文中的描述。清代黄旛绰著《梨园原》、民国时期的齐如山著《国剧身段谱》，虽然切实，仍欠全面。但是，他们感觉到了中国戏曲里形体、身段理论缺乏是中国文化艺术的缺欠。

第五章 "艺诀"——大道至简的"戏曲形体理论"

　　自中华人民共和国成立以来的戏曲理论研究，对戏曲当中表现的"舞"没有什么新的进展，基本还是夹杂在戏曲综合艺术中的"四功五法"的描述。对于动态中的"舞"——戏曲形体动作的理论研究，对实践有能动的反作用的实际论述，始终是一个空白点。"艺诀""戏谚"都是艺人们从实践中总结出来的，每一句都含有理论的成分。戏曲人用它再指导教学实践，学生对于戏曲形体的体现和认知，确实得到了飞跃性的提高。它证实了实践是理论的来源、是理论发展的根本动力。因此戏曲人都以得到"艺诀""戏谚"为资本，在它的指导下提高自己戏曲的"舞"——形体动作的能力。我们为什么不可以把"艺诀""戏谚"纳入戏曲理论的研究呢？可能老艺术家从实践中总结"艺诀""戏谚"时所用的语言，经常是白话中掺杂着古文，"没有文学性和理论的档次""这算什么理论？"大约是理论家们不屑的原因。

　　我国对于戏曲形体的理论缺乏主要原因是：自20世纪50年代以来，"戏剧表演"基本上承袭了苏联的斯坦尼斯拉夫斯基体系。在这个体系中对于戏剧行动都有理论的表述，理论家对此是承认的，甚至不少评论戏曲的理论文章都引用"斯氏体系"的"行动说"来论证我们的戏曲形体动作。比如"目的性""情感性""性格性""行动三要素（做什么、为什么、怎么做）"，等等。殊不知"斯氏体系"整个的理论体系是"摹像派艺术"，是属于话剧表演艺术的"再现主义"。

　　《中国戏曲通论》是我国最有权威性，并带有导向性全面研究戏曲理论的书籍。但是书中对于戏曲形体——"舞"，也只有功能性的概括，比如："歌舞化滑稽表演、歌舞，说唱、武术或杂技，作为独立的艺术或技术品种，他们本身都是和谐的，统一的；但放在一起，却是不和谐、不统一的，而艺术美的要素之一是和谐，刘勰说：'异音相从，谓之和。'一位外国理论家也说：'和谐是杂多的统一，用来表现

完整的艺术形象和完整的戏剧情节，不能没有一定的手法。'"①就算这是一个指导性的理论，但是什么手法？没有只言片语的理论指导。更有甚者，《杜式通典·乐》中说："'舞也者，咏歌不足，故手舞之，足蹈之，动其容，象其事。'这段话把舞蹈的功能概括为这样几个方面：第一，舞蹈是补歌咏之不足的，或者说，舞与歌是互为表里、互相补充，用来抒发咏歌的未尽之情的；第二，舞蹈是赋予歌唱（音乐）以形象的；第三，舞蹈又是可以描绘一定的生活情状的。我们不妨把这几种功能称作舞蹈的抒情性、造型性和描绘性。如果说，舞蹈的抒情性属于表现的范围，它的造型性和描绘性就带有再现的性质了。"②难道戏曲中的造型性和描绘性是生活的"再现"吗？我们如果把戏曲舞台上的造型性和描绘性搬到斯坦尼斯拉夫斯基的体系中，我们会得到"斯氏"的创造者的严厉批判。可见著作者对于再现和表现两个概念还没有弄清楚。对于戏曲形体的造型性和描绘性舞蹈也没有弄清楚。相反，对于戏曲中的念白，论述就很清楚："念白就不能保持生活语言的自然音调，而必须使之音乐化，才能同歌唱取得协调。它要求'调音协律''音调铿锵'，讲究字音的美感，音韵的和谐，强调语言音调的韵律和语言节奏的同环跌宕，以突出语音的音乐美，《梨园原》说：'白病数字'要区别'长、短、高、低语，官、私、紧、慢言'，反对数字般的直念，要求念出语言音调的长短、高低和节奏的快慢来。"③这样的理论总结就能够让人心服口服了。中国唐代以来对于"歌"（包括"念"）来自实践和指导实践的理论著作太多了，在《中国戏曲通论》中稍举一两句典型为依据，就完全可以变成指导现代实践的理论。由此我们可以得出结论：半个多世纪的戏曲理论对于"歌"建树不少，

---

① 张庚、郭汉城主编：《中国戏曲通论》，上海文艺出版社1989年版，第392页。
② 张庚、郭汉城主编：《中国戏曲通论》，上海文艺出版社1989年版，第395页。
③ 张庚、郭汉城主编：《中国戏曲通论》，上海文艺出版社1989年版，第393页。

对于戏曲表演的研究成果参照"斯氏体系"多得不胜枚举，而戏曲形体的理论没有被提到重视的地位。

二、"艺诀"对戏曲"舞"——戏曲形体理论建设的启迪

中国戏曲"舞"的理论要以"形而上"的中国传统美学为基础。我们还是用"艺诀""戏谚"举例。

（一）"一套程式，千万性格"

初看这句"戏谚"似乎自相矛盾。"程式"在戏曲中是被规格化锁定了的。"性格"是指在长期的生活中形成的比较稳定的待人处事的表现，它是人的心理特征在对自己、对周围的人、对社会事物的固定性的表现。这是对生活中性格的一般解释，它适用于"再现主义"的话剧和影视表演，也适用于小说。这类艺术的创作，讲究的是"每一个""不同"的性格创作。

而我们戏曲是"表现主义"，首先把人物类型化了。以京剧为例，分出了"生、旦、净、丑"四个行当（戏曲不同的剧种有不同的行当分类法）。每个行当要演千万种人物。而"一套程式"运用到各种行当的不同人物性格时，手、眼、身、法、步就产生了千万种不同的劲头和"神情"。比如，我们前面讲到的云手，它是一种程式。一般的演员就不考虑这个人物是什么性格，在其身上"云手"怎么用才合适。但是优秀的演员和表演艺术家用起来，首先要考虑的是这个人物是什么性格，于是在舞台上表现出来的就有千万种不同的"云手"。同一种"云手"在舞台上会展现出千姿百态的美，这个美的当中就包含着不同人物的性格。"一套"和"千万"放在一个"艺诀"里，绝不是冲突，而是"对立的统一"，表现了前辈艺术家早就领略了戏曲形体动作中的辩证法。戏曲的"舞"离开了这种辩证思维，就没有"戏"，就不能给观众以视觉上的美感。

（二）"心一想，归于腰，行于肩，跟于臂"

这是钱宝森先生在《京剧表演艺术杂谈》中很早就归纳的"艺诀"，茹富兰老师为了课堂教学方便，简化地称为"行肩跟臂"，内涵相同。

不懂这个舞台行动谚诀的人，肯定会想到："这不是武侠小说中写的故弄玄虚的话，或者是练武的带有唯心色彩的玄语吗？"其实这话说对了一半。从传统意义上看，"武术"的形体运行规律和我们戏曲有相通之处，都是道家哲学的反映。至于武侠小说的"故弄玄虚"也来自练武术的生活。而在戏曲的"舞"，也就是我们戏曲形体动作上，如果演员有对表演艺术"美"的追求，这两句话就是难得的"秘诀"。

"心一想"讲的是"心意"为起点，身体的"力"要随着起点游走，"归于腰"告诉我们任何舞台行动都要以腰为轴。"行于肩"告诉我们舞台行动要从腰发力到肩，"跟于臂"说的是只有肩带动臂的动作才可以达到戏曲形体动作的"美"。在戏曲中无论武戏、文戏，只要做身段就要动手臂。动手臂的规律是什么呢？就是"心一想，归于腰，行于肩，跟于臂"。只要遵循这个规律，任何身段都有了"美"的韵律。否则任何动手臂的动作都是"白开水"。戏曲的"舞"——戏曲的一切形体动作，都和中国传统哲学有渊源，是属于"形而上"——"形而上者谓之道"。[①] 用白话说……从"心"起就有了神，按照这个规律你以腰为轴心，依次发力到肩和臂，就有了戏曲动作、身段的美感。

所以茹富兰老师说："我讲的'行肩跟臂'和钱先生讲的是一致的，都是内在发力点的圆圈式的过程。为了教学方便我只用四个字简化，这在我们戏曲的形体舞蹈中至关重要。"茹老师这是指一般演员在形体动作上最容易犯的错是动作时身体"铁板一块"似的僵硬，是不懂腰、肩、臂之间的关系造成的，我们舞台的动作的衔接都是有机的灵动，美就美在"灵动"。所以腰要带动肩，肩要带动臂来回

---

① 《四书五经·周易·系辞传》，黑龙江人民出版社2003年版，第485页。

运动。这样，戏曲表演艺术中"舞"就自然而然地会产生灵动之美。

（三）"舞台是化方为圆，身段是大圈套小圈，小圈儿归大圈"

"舞台是化方为圆"，茹富兰老师在授课时讲过这个"艺诀"，是相对戏曲舞台建筑的"方"和戏曲各种形体动作"圆、顺、美"的辩证关系来说的。自古以来，中国戏曲舞台基本是方形的建筑，清代贵族为"家班"而建筑的舞台，台前面也有过舌形的，但基本使用面积也是方形的。由此可以推想中国戏曲自"宋南戏"及"勾栏瓦舍"的演出场地建筑都是方形的。而我们戏曲的形体动作身段在舞台上的表现都是以"圆、顺"为美。戏曲表演的技艺功夫都是"实在"的，而在舞台上表现讲故事的角色的舞蹈观念却是"虚拟"的。"化方为圆"这一"艺诀"一语道破了我们的戏曲前辈的智慧，而这智慧不是凭空而来的，而是继承了我们古代哲学思维的结果，对于方形的舞台建筑，我们的戏曲前辈并没有视而不见。老子说："古之善为士者，微妙玄通，深不可识。"[1]"致虚极，守静笃，万物并作，吾以观复。夫物芸芸，各复归其根。"[2]中国戏曲的创者，大约是由于"舞蹈"在先，前辈们积累了经验，到产生了戏曲他们又在实践中摸索出规律，不能不说他们是"善为士者，微妙玄通"。方者——舞台也。在戏曲当中怎样运用呢？舞台的"方"经常是由龙套来体现"站门""扯四门""一条边""斜一字"等，在戏曲的舞蹈中"扎四门""四门斗"等都充分利用了舞台的"方"。还有一句艺诀"两条大斜线，一个中心点"，两条大斜线指的是上场门对下场门的台口、下场门对上场门的台口。戏曲中主要角色舞蹈主要的行动路线也是利用了四方舞台的大斜线，比如"走边""起霸"及《挑滑车》《昭君出塞》剧中的一系列舞蹈，但是他们舞蹈的主要形态是以圆为主的。这也不能不说是"致虚极，守静笃，

---

[1]《老子》第15章，陕西旅游出版社2004年版，第45页。

[2]《老子》第16章，陕西旅游出版社2004年版，第50页。

万物并作"。所谓"化方为圆",就前面所举的龙套实例"站门""斜一字"等,下场时也是要"领起圆场"为戏曲的主要角色占据中心铺好路。艺诀"两条大斜线,一个中心点",其中"一个中心点"的"艺诀"后面还有一句"交流小扇面",什么叫"交流小扇面"?就是演员面向观众的交流应如明代兴起16骨的扇面打开的三个点,向左不要超过左乳线,向右不要超过右乳线,再加上中心线,这实际上就是"圆"的概念。茹老师在上人体位置的课时讲过。当然这是基础性的严格规格,真正进入舞台表演是在懂得基础的原理下"存乎一心"灵活运用,目的是让台下所有观众都能看到演员的表演。

"大圈儿套小圈,小圈儿归大圈。"茹老师讲:"我们武生的形体,一个动作连着一个动作,都是'圈套圈',这是秘诀,也是要求。现在你们学的戏少,还体会不出来,将来学多了,演多了,你们就会感觉到其中的美如行云流水。"听茹老师讲这些话时我们还小,感悟不到,后来经过几年的舞台表演才领悟"圈套圈"听起来是白话,其实是内涵深刻的美学原理。

我们举拿道具的两个实例:

1. 持云帚云手转身望月式:右手持"云帚",左手掌

右手的"云帚"打左手的手掌。这是一个极其简单的动作。但是按照高级规格的要求:是用右肩带动右手打左掌,整个臂带动身形带向了左侧,这样起时右手(持云帚)的手腕和左手掌的手腕都有一个小圈。

接着的动作是双手分开,盘右腿。按照简单的动作做,这里没有肩和臂什么事,按照高规格的要求:是用右肩带动右手,这样整个臂也就被带向了正面的右下侧。

接着的动作是用"云帚"在盘着的右腿下面掏一个圆花儿,这在戏曲形体上也不复杂。现在舞台上一般也是这样的一个走法。但是按照高级规格的要求:右肩要带着臂下探到盘腿的下侧,注意臂的下探不是身体整个向下,左肩和左手掌要把左侧的臂拎向左上方,右手的

第五章 "艺诀"——大道至简的"戏曲形体理论" >>>

"掏花"是在这一姿势下进行的。

接下来的动作是左手掌带着手臂从右臂的上方起云手，同时跨左腿转身，转身后左腿放到右腿前，右腿迈出变成右"弓箭步"，右手平举"云帚"，左掌向上推变"望月式"。舞台上经常会看到这个动作。但是按照高级规格的要求：紧接着"下掏花"，臂在左上方边"掏花"边往左拧身，当左腿跨腿落地转身时双肩有一个顺时针的圆圈，举着"云帚"在右肩上，接着右手举"云帚"带着肩和臂向右方稍顿（身体向右），然后右手领着肩和臂再转向左方，变"望月式"。

按着"行肩跟臂"的高级规格和按照普通形体的基本走法都可以完成这个动作，但后者一般的动态呈现出来只能是"白开水""照猫画虎"。按照高级规格的要求做一组简单的动作就含着中国戏曲的韵律，表现出中国戏曲的"圆中之圆、圈中有圈"的形体之美。

2. 背向观众亮相式的大枪下场

这是目前观众经常见到的舞台上武生大枪下场之一。最后亮相落在背向观众。这个下场经常扎大靠角色，枪的用法按行里人说"枪扎一条线"。大枪不同于一般的枪，它是三面开刃，所以在用法上经常是长枪与大刀的交叉。"下场花"在戏曲舞台上用在胜者一方表现非常兴奋的心情。舞动起来是"大圈儿套小圈，小圈儿归大圈"的典型。多种下场都是这个规律。目前舞台上套路被传承下来了，也就是俗话说的什么花接什么花，最后怎么亮相，几乎连熟悉戏曲的观众也能看出路数对不对。现实存在的问题则是枪花对而身法不对。因为整个"下场路数"写起来文字冗长，我们仅就"身法"讲一下最后的"四击头"。

（1）一般的路数：这个下场花到最后一段是下场门对着上场门台口斜方向的，最后的收场是向上场门台口方向砍第二枪，双手右手在前左手在后握住枪攥。脚下呈"左丁字步"，此时身体对着舞台后面，接着右手"倒把"变成虎口朝内拿枪，双手把枪拉开，脚下上右步身体左转向舞台正面，同时右手把枪攥向下场门平推出去，此时"打击乐"的"急急风"收住，接最后的"四击头"：在"大"上，右手借助左手推的力量，用极快的速度把枪拉回右前方，左手倒到右手前。右手往后拉枪。大枪头落在面部前一尺。脚下小跳起变为左脚在前右脚别后的踏步，身体平蹲。此时"四击头"正好开第一锣。在这一锣节奏中，要完成三个动作，首先松开持枪攥的右手，从右上方到枪头右方前内拨枪头，同时向左大"鹞子翻身"，在"四击头"第二锣时，在大"鹞子翻身"站起身的同时左手持枪已背在后背，同时左腿"盖腿"并落地，在"四击头""大八"节奏中，右腿大"片腿"并落在右上场门到左下场门的直线上，接着"四击头"第三锣右臂抬起在面前一个180°的大缓手，"四击头"的饶钹"才"右手接着还手在腰前做勒马前的准备姿势。"四击头"末锣，勒马、抖靠旗，向下场门的右"前弓后箭"下蹲、变脸亮相。这个下场花的最后节奏紧凑，是整个风火轮般"大枪下场"圆中套圆的收式。演出时只要耍得快、"四击头"几个花活走下来、收尾站得住观众一定喝彩叫好。记得在20世纪90年代初，我陪著名表演艺术家王金璐先生看一个年轻演员的《挑滑车》在观众叫好时王老师冲我摇摇头说："都顾了快了、冲了，美呢？味呢？"

（2）戏后我向王金璐先生请教这个"美"和"味"字，王先生说："不管在台上耍什么兵器，不能光看兵器形成的大圈儿，要看身法的美和它透出的'味儿'。"于是王先生就向我讲说了这个"大枪下场"的"四击头"。首先他说大"鹞子翻身"要整翻身，不能半个翻身，"半个翻身'偷手'大了，好玩意儿就被偷走一半，谁不知道整翻身站住难啊，可咱们的功夫讲究'腰里撑、足是根'啊。"王先生又给我讲了"鹞子翻身"后的"盖腿"和"大片腿"。先生说："要是从上往下看，那是个'太极圆'哪，光耍枪不行，这里有身法。"其实"鹞子翻身"起来右腿快速偷撤半步，盖左腿时一定要面向观众一直要盖到背向观众，这是个90°的"大盖腿"，盖腿时身要直，而"骗腿"时右臂要先领，身形要落后一点，右腿从下场门方向开始片起，"骗腿"时把胸脯亮给观众,还是90°的大片,将要落到起"鹞子翻身"的点,但是不能落,要从这个点伸向下场门方向,向观众亮着胸脯的身形,往左倾面朝上走大半个"涮腰",右手紧随"涮腰"有一整圆圈的逆时缓手,然后再接勒马、抖靠旗、向下场门的右"前弓后箭"下蹲、变脸亮相。我按照王先生讲的要领练过多次"盖腿""骗腿""涮腰",真是在舞台上画出了一个太极圆。要想真正成一个大武生,在美学方面不懂、不追求是不行的。

如果招招到位不落空,真是大起大落,大圈、小圈,小圈、大圈,圈圈不断。在舞台上看到的是一个圆接着一个圆,"大圈儿套小圈,小圈儿归大圈"所体现出来的是戏曲快的形体动作表现出来的酣畅淋漓的美。

"艺诀"(戏谚)的好处在于用简单的话说明比较复杂的原理(当然对于"艺诀"也是优劣并存,我们在使用上也要去芜存菁),来源于道家哲学"道生一,一生二,二生三,三生万物。万物负阴而抱阳,冲气以为和"[①]。我们的先辈对于数字的运用,也包含着道家的哲理。

比如茹老师讲:"你们从钱先生的书上看到'三形、六劲、心意八、无意者十',我想你们现在还理解不了。按照我说,你们学戏先要懂得'一意、二形、三劲'。""一意就是心意。我们做什么动作都是心意先想。你们能理解。'二形'就要你们踏下心来跟我学。我怎么做,你怎么学,你做得不对,我就要纠正。'三劲'就是劲头儿,这个很难拿,经常在似与不似之间,劲头儿说的其实就是人物的'神'。"茹老师这些艺诀和教学中对我们的纠正、讲解,都体现了他的艺术思维既符合道家哲学又有中国古代美学的思想。《乐记》说"凡音之起,由人心生也。人心之动,物使之然也。感于物而动……"《易经·系辞传》

[①] 李耳:《老子》,陕西旅游出版社2004年版,第124页。

又说"圣人立象以尽意"①，这就说明了茹先生经自己的实践悟透了中国古典美学以"意"——"心"为本（往往被称为"灵气"，属于主观范畴），且在教学中放到了第一位，而"二形"就是准确地学习前辈创作的"程式"——在生活中提炼有机的、动态的身段、形体和舞蹈来尽"意"。这个"形"体现了最高的美学规格。"三劲"——俗话称"劲头"，如果用文学词语来表现，那就是发力点在什么地方，着力点在什么地方，如何达到高级的规格。茹老师还说过："你们开始学戏先解决我说的'一意、二形、三劲'，这里的规格包括手、眼、身、法、步的结合运用。后者的'心意八'讲的是人物心理变化，'无意者十'说的是一切程式和形体都掌握娴熟了，你怎么用都是'圆、顺、美'，那就达到了我们表演的最高境界了。"

我是茹老师的学生之一。后来在我的表演、导演生涯中，茹老师所教的一切我处处受用，处处实用，犹如种子撒在了心里，无论我演传统戏，还是导演新编戏，都能溅起新的浪花。

但并不是说所有的"艺诀"都可以成为戏曲形体表演的理论。只不过从我自己的学戏、演戏体会中感悟到"艺诀"的作用。中国戏曲学院教授杨非说："记于心、流于口，祖辈相传，奉之为诀。它既形象又具体，听来悦耳，念起来顺嘴，词简意深，见解精辟，哲理性强。每则谚诀可以说都'包含着可以写出整部书来的智慧和感情'（高尔基语）。它是历代戏曲艺术家不断地继承和创造的结果。记得张庚先生曾说过：'要注意老艺人的只言片语，里面有金子、有真理'。因为它是无数艺人一辈子，甚至师徒相传几辈子劳动的结晶。"②我同意杨非老师的见解，更同意高尔基和张庚先生的那两段话。其实我真的感到"艺诀""谚诀"是戏曲界"大道至简"并可以"衍化至繁"的理论。杨非

---

① 《四书五经·易经·系辞传》，黑龙江人民出版社2003年版，第485页。

② 杨非编：《梨园谚诀辑要》，中国戏剧出版社2002年版。

教授2002年出版这部书以来，并没有引起理论界的重视。直到今天，戏曲形体舞蹈动作仍然是戏曲理论上的空白点。而在现在舞台的实践中，对于戏曲形体动作越来越不讲究，只重技艺技巧的出奇，失去传统艺术美的韵律，有些理论家还特别吹捧"民俗、民歌、民间舞蹈"，搬上舞台就是艺术，岂不知我们搬上舞台的戏曲"歌舞"，需要对演员进行多么严格的训练。戏曲演员要吃多大的苦，才换来戏曲的美。

  本文论述的目的是继杨非教授再次呼吁：戏曲"舞"的理论体系亟待建立，现在影视媒体发展了，为戏曲"舞"的理论体系建立带来了更优越的条件。戏曲舞蹈有过它的辉煌，历史上留下了不少著名表演艺术家的珍贵资料。戏曲艺术是我国文化艺术的精粹，我们不希望它被眼前"碎片式""速成式"带向下坡路。期待戏曲艺术继往开来的一代能够高举守正创新的大旗，把戏曲事业推向新时代的高峰。

第六章　戏曲美学系统中的戏曲形体

当前，戏剧评论家凡评论一个戏，或写一篇关于戏曲理论的文章，大多要谈几句美学方面的评论。文艺高等院校教学请来专家做讲座，也都要讲一些美学方面的理论。微信各类公众号对于戏剧美学的探讨，更是数不胜数，然而仍少有对戏曲"舞"的美学点评。

本篇试图在戏曲形体这个范畴做一点美学探索。（注：《现代汉语词典》中关于美学的注释，研究自然界、社会和艺术领域中美的一般规律与原则的科学。主要探讨美的本质，艺术和现实的关系，艺术创作的一般规律等。）

第一节　传统戏曲的"舞"应当融入美学系统研究

传统戏曲的"舞"：泛指戏曲形体动作、戏曲身段，包括戏曲武打。

一、传统戏曲的"舞"应当融入美学系统研究

戏曲舞蹈艺术是早于戏曲而存在的舞蹈性行动，戏曲产生前是配合着"歌"而展示的肢体性的视觉艺术；戏曲产生后又从古代人的礼

仪、生活的习惯动作、武术、汉代百戏中的"筋斗"、杂技和战争中的武打动作中，利用夸张和虚拟的手法融化到戏曲统一风格中，成为戏曲表演的视觉艺术。随着千百年的戏曲发展，它同"歌"并肩而行形成了戏曲化的统一规程范式，即我们今天所说形体的"程式"，业内人士又称"身段"。然而一出戏中的"程式"或"身段"都不是孤立的，它在戏曲舞台表演艺术中是贯穿的、不间断的，或和"唱"结合在一起，或表演出自己的独立语汇。戏曲是"听觉"和"视觉"紧密融合的动态艺术，"形体"的主要功能是展现"视觉"艺术。如果说京剧是中国文化的国粹，表现了中华民族艺术的美，那么，作为展现"视觉"的戏曲形体动作更应该在戏曲美学研究中占有一席之地。

苏国荣先生是我学习戏曲美学的引路人，他说："现实美和艺术美作用于人，就产生一种愉悦的心理快感，引起一种美的感受。人们一般把这种心理现象称之为美感。美学就是研究现实美和美感，艺术美和审美的相互关系、本质、特征、规律的学科。"[①] 我们且不涉及"现实美"及其美感的研究，在我领悟美学精神的时候，就常常想到我在戏曲舞台"舞"的表演上什么地方产生过愉悦的心理快感？什么地方可以引起观众们"美"的感受？我在教学的讲台上也讲《戏曲美学》课程，但在自己概念模糊的地方也讲不了那么清楚。

当下，青年演员在表演方面的条件，比几十年前要好多了，人类自身在进化，个头、扮相、嗓音、本色真是一代强胜一代，但是在舞台上神、形、韵的表达总觉得有些缺斤短两。更有甚者，以舞蹈程式随意化、滥用技巧、动作上咬牙跺脚出怪样换取掌声，尤其反映在主要演员身上。比如，最近看到网上媒体发的《盗仙草》，白素贞盗得仙草之后，在高台上连翻十个"前桥"，然后再从高台上翻下，这是一个典型滥用技巧的实例。夸张虽然是戏曲的特色，但夸张要有限度，不

---

① 苏国荣：《戏曲美学》，文化艺术出版社1999年版，第2页。

能用过度的技术、技巧占用有限的舞台空间和时间，破坏了全剧的戏剧结构和剧情的顺畅发展。戏曲的形体技术、技巧是我们夸张性的表演展现，一旦它影响了全剧的戏剧结构和剧情的顺畅发展，就离开了戏曲的"真"。白素贞到仙山盗草，是为了急于抢救许仙的生命，一旦仙草到了手里，在这里安排拖延时间的技巧，就失去了写意戏曲中的真，纵有技巧，离开了"真"既谈不上善也谈不上美。演员在表演时一头扎进技巧表现，努力把它推到极限，观众虽一时拼命为其喝彩叫好，戏后一定会有反思："盗草那块好像多些什么……"其实就是结构不整、枝蔓未剪之感。凡此种种都是把戏曲美引向邪路的现象，要引起我们重视的原因就是在戏曲理论批评上，忽视了对戏曲"舞"的系统在"美学价值"的定位，偏向了"戏曲美"的正路得不到应有的批评。张云溪先生在20世纪80年代就讲过这样的话："目前的京剧与五十年代的京剧相比，整个水平有差距，何况现今的观众欣赏能力和对演员技艺要求均高于过去，因而今天的演员要力争超越前辈那一流的高水平才具有竞争的实力，才可能重振京剧雄风。"[①] 张云溪先生是著名的武生表演艺术家，距他讲这些话又过去近四十年了，现在的京剧与他讲话时的差距是加大了呢，还是缩小了呢？我认为是加大了。问题出在哪里呢？出在演员的"功法"观念上，不懂得京剧表演艺术最基础的单位——"程式"的"高、低、雅、俗"；掌握不了"四功五法"在舞台上的贯穿运用怎样才是美的，京剧的"美感"光环日渐削弱。我回忆着我的恩师茹富兰老师对于戏曲"功法"的精辟讲解与示范，回忆着自己的舞台实践，切身感受到京剧每一个剧目都有一个完整"美"的追求，反思一下：我们课堂上讲的《戏曲美学》没有和实际紧紧地扣在一起。这也说明许多"戏曲美学"方面的教材或者理论论著仍然存在脱离实践的现象，有些美学家把戏曲"舞"的系列——

---

① 张云溪：《艺苑秋实》，中国广播电视出版社1995年版，第3页。

"功法",列为"末技",认为这是戏曲一般性的理论问题。殊不知这种"末技"既表现为学习戏曲艺术的起源,又表现为戏曲艺术创作的归宿。从我自己的感受中,戏曲"舞"的系列中,每一个"程式"的起始,都包含着美学的追求和意味。

查阅一下历史,虽然"美学"这个词是从国外引进的,但是中华民族的艺术创作从来直接与"追求美"挂钩,已经有着近5000年的历史。如前面引用过的《尚书·舜典》记载的公元前20世纪左右的舜对音乐的要求:"帝曰:'夔!命汝典乐,教胄子,直而温,宽而栗,刚而无虐,简而无傲。诗言志,歌永言,声依永,律和声。八音克谐,无相夺伦,神人以和。'夔曰:'于!予击石拊石,百兽率舞。"[①] 简单地翻译一下,公元前2000多年的时候,舜帝说:"夔!任命你主持乐官,教胄子(胄子:贵族的年轻人)(音乐要)直而温(正直而温和),宽而栗(宽厚而坚韧),刚而无虐(刚毅但不粗俗),简而无傲(简单的音也不能傲慢)。诗言志(表达志向),歌咏言(咏唱的是感情),声依咏(演奏的声音是根据唱而制定),律和声(韵律和声音要统一)。八音克谐(八类乐器演奏相生相克要和谐),无相夺伦(不抢不夺、节奏井然),神人以和(神和人听了由此和谐)。我们仔细看一看括号里的翻译,舜帝在音乐、歌唱上对年轻人都是"愉悦的心理快感"的要求,都是为了使人们得到"美的感受"。我觉得《尚书·舜典》中的这段话,既充满了哲学的辩证,又充满了形象思维,是我国古代传统的美学观。我们搞戏曲教育的就是承袭着这个传统。有的老师说:"艺术的本质就是美"。这话听起来非常直白,但是很直接、明了。当你面对一个孩子教他戏曲"功法"时,你教他模仿,纠正他们肢体上的错误,最有效果的话就是:"只有这样才'美'。"他们很快就领悟,这是最具感性、最有效果的"理论"。

[①]《四书五经》"尚书·舜典",黑龙江人民出版社2003年版,第529—530页。

著名理论家、美学家安葵先生最近出版了《戏曲美学范畴论》一书，这是我国当代的一部研究戏曲美学的著作。我非常高兴书中把"功法论"纳入"戏曲美学"的范畴。这部书使我们对"戏曲美学"之前模糊的地方逐渐清晰起来。"戏曲美学体系的建设从何处入手？我认为需要从范畴概念入手，因为一个理论体系、美学体系是由一系列范畴概念进行表述的。"[①] 安葵先生在著作中主要论述了十对美学范畴（"形神论""虚实论""内外论""功法论""流派论""雅俗论""悲喜论""新陈论""教化论""美丑论"），把"功法论"纳于美学范畴，这非常契合戏曲的实际，"功法论"中引用的梅兰芳、翁偶虹、程砚秋、俞振飞、高盛麟、张云溪、周传英、倪传钺、周慕莲等许多表演艺术家的话，一看就明白，读起来很亲切。安葵先生之所以用这些表演艺术家的话引证自己的论述，是因为他脚踏实地。由于戏曲美学又是在戏曲创作和演出的艺术实践中产生的，因此研究戏曲美学范畴必须紧密结合戏曲创作和演出的实践。因而他说："各行当的表演都要讲'四功五法'，程式是'四功五法'的具体运用……戏曲美学特点，如形神兼备、虚实相生、内外结合等都只有通过讲究'四功五法'的表演才能落到实处。因此'功、法'是戏曲美学的一对重要范畴。"[②] 这些话说得都很中肯。我认为不仅是在戏曲创作和演出艺术实践中"才能落到实处"，还应当包括教学实践。戏曲教学是所有戏曲人学戏的入门，"入门"为"源"，学生应当从源头就知道戏曲的每一个部件、每一个"程式"都是向着"美感"的目标出发的。"美"是最感性的，是形象思维中的最核心部分。从小就以美学引导他们学习戏曲，撒下"美育""美教"的良种，收获还会远吗？

有的人会指出："你们戏曲（主要是指京剧）教学，学来学去就是

[①] 安葵：《戏曲美学范畴论》，文化艺术出版社2020年版，第4页。

[②] 安葵：《戏曲美学范畴论》，文化艺术出版社2020年版，第9、74页。

几百年前留下的传统老戏，戏曲形体的训练也无非是表现封建时代留下来的程式。"是的，这是不可否认的事实。但是一定要看到这些"程式"是大于"封建时代"内容的美的形式，"程式"可以超越时代，脱离旧时代的内容而独立。我们需要继承的是戏曲"歌舞"——戏曲美的表现形式，稳定戏曲美的特征和稳定观众审美的价值取向，新时代优秀的戏曲经典就会不断产生。现在备受观众欢迎的一些剧目如《三岔口》《秋江》《雁荡山》《将相和》《野猪林》《杨门女将》《罢宴》《赤桑镇》《望江亭》《状元媒》《赵氏孤儿》《壮别》等（以上剧目仅就京剧而言），都是我们中华人民共和国成立以来创作的新编历史戏，之所以一直受到观众的欢迎，就是因为它们的表现形式、表现手法没有脱离传统戏曲的美学特征。又有人指责说："京剧千篇一律'程式化'，是僵死的表现形式。"京剧的这些表现形式有将近二百年的历史，这些表现程式还潜在地闪光存在。这不叫"僵死"，而是每一个"程式"的元素都是经过实践的检验凝结成了美学板块，体现了美学的意义和价值。这就要涉及一些关于"美学"的理论。从艺术哲学的高度看，"世界是一个'类'的世界，它由无数个'类'的系列所构成，各个事物的'类'都有各自的个性（特殊性）。""文学艺术也是一个'类'的世界，……文学艺术的分类，'根据的是外部的特征'。"[1]"这些外部特征，就是艺术形式的基本特征，由于它是决定事物的本质规定性，因而'在艺术中形式占第一位，一切都包含在形式中。'"[2]如果从理论上论述中国戏曲这个"类"的基本特征，就是王国维（1877—1927）提出的"以歌舞演故事"。然而"戏曲的基本特征，只是作为事物属性的概括和抽象。艺术特征的具体性、生动性、丰富性和民族性，还是存在于分体特征之中。""特征不仅具有对外界事物的吸收力，也具有排斥力，

---

[1] 别林斯基：《别林斯基选集》第2卷，上海译文出版社1979年版，第81页。

[2] 别林斯基：《别林斯基选集》第3卷，上海译文出版社1979年版，第201页。

没有排斥力就缺乏稳定性,也就不可能形成特征。""在戏曲的特征系统中,以戏曲的基本特征对外界事物的排斥力最强,由于它是区别于其他事物的本质性,与戏曲相始终,所以它的存在是永久的,是特征系统中最高级层次。正因为戏曲基本特征对外界事物具有顽强的抗拒力,它的不可破坏性,才保存了戏曲这一事物。"① 上面列举的一些中华人民共和国成立以来新创作的京剧剧目,没有违背美学提出的"基本特征"和"分体特征"的客观规律,是在继承了戏曲千百年历史、京剧近二百年历史的传统基础上的创新,才得以在目前舞台上展现着传统和时代并存的光辉。

至于在戏曲教学上,当前更离不开传统"程式"和戏曲形体"范式"也是客观规律所决定的。"以下我们要解释为什么某些特征更重要更不容易变化。""一个生物有两个部分:元素与配合。元素在先,配合在后,我们可以推翻配合的方式而不改变元素,但不能变更元素而不推翻配合的方式。所以,应当分出两种特征:一种是深刻的,内在的,先天的,基本的,就是属于元素或材料的特征;另外一种是浮表的,外部的,派生的,交叉在别的特征上面的,就是配合或安排的特征。"② 丹纳是法国著名艺术哲学家和美学家,我们引用了我国乃至世界著名哲学家和美学家的这几段话是为了说明我们戏曲形成是积累了五千年中国文化的结果,它的美学特征本质就是它"歌""舞"的表现形式。在美学中"艺术形式占第一位",戏曲的功法讲的还是艺术形式,它就是戏曲美学中的元素,它的形成在戏曲之先,是不可能轻易改变的,戏曲教学,每个元素都是从形式入门的,所以它应当包含在美学范畴内,这样在不断地完善和继承中就有了更明确的方向,在继承中用现代的观念找出它的规律不仅推动实践,而且可以丰富戏曲美

---

① 苏国荣:《戏曲美学》,文化艺术出版社 1999 年版,第 28—51 页。

② 丹纳:《艺术哲学》,安徽文艺出版社 1998 年版,第 382 页。

学内容。

说到戏曲的"功法"——最基本程式,其中也有"高、低、雅、俗"之分。有句戏谚:"师傅开错蒙,弟子误终生"。"开蒙"是指学生初涉戏曲,对于"美"还缺乏鉴别能力,教师如果在美的研究上存在着错误观念,对于传统的程式把握上有毛病,学生将把这些错误观念、毛病带到自己的身上,以致一生的舞台实践中很难改变。

下面仅就"功法"——最基本程式和形体基础,在"美学"方面做些探讨。

二、戏曲的手、眼、身、法、步浸透了美学内涵

(一)手法

20世纪50年代中国戏曲学校的学生一进校,在没有分行当之前,就有"身段课"("身段课"是全班男生合在一起学习)。教身段的老师不是一般的老师,而是教戏(老生戏)的名师陈斌雨先生。他一上课便开宗明义地说:"我的'身段'课,教的是'老生'——'正生'的身段。现在你们都没有分行当,'正生'的身段是各个行当的基础,要求没有别的,就是圆、顺、美。"后来分行当,我分到了武生,且演了15年,后又改了小生。但我在实践中始终没有忘记入学"身段"第一课陈先生要求的"圆、顺、美"。

1. 挑拇指空心拳

"挑拇指"是用来挑水袖的,"空心拳"是"虚拳"的握法,"握'虚拳'四指要放松,如果紧握拳就会带动整个膀臂都用力,造成两膀僵化。不管什么行当,这都是不允许的。'挑拇指'却要少许用一点实的力量,否则不能挑住水袖。水袖抖上来之后,四指攥住,水袖就固定在手上,否则它左右乱跑,就没有美了。"这里已经渗入了"虚与实"的关系,在用法上,老师要求首先不能夹膀子:"'站立'忌讳夹

膀子，腋下要像夹核桃"。这虽然是个比喻，但它说明我们戏曲身段从开始入门就有"圆之美"的要求。凡是男性行当在双手下垂时，"挑拇指空心拳"都是统一的。注意："虚与实""圆之美"都是美学中的要求。

2. 掌法

手离不开"掌"。关于"掌法"，在戏曲中因为各行当表现了不同类型的人物，因此掌法也有了"开、和、松、紧、撑"的区别。

老生的"掌法"大拇指内扣，手指微并拢，基本上属于"和""松"的对应连接。老生在戏曲的"起霸""山膀""按掌"时掌心要求向下；"顺风旗"时四指仍然微并拢，但是不要太用力撑；在表示打招呼或者"唱"时需要用手装饰唱词时举起的臂膀，肘要略有弯曲，掌心的方向要向斜上方；"整冠"时中指和大拇指略向内突出，双手沿左右乳线慢向"冠"上提，戴方巾离"巾"一寸，戴"官帽"以上者离"冠"二寸。这些是表现古代三四十岁以上年龄人的生活。老师总在要求："要松弛""要有合拢感"，在"程式"起始的标准就是美的感觉。

净（指花脸）的掌：五指撑开，大拇指内扣，手法使用上属于"开""撑"的对应连接。"起霸""山膀""按掌"时掌心都要求五指撑开最大的限度；"顺风旗"时五指撑开，用力上撑到最大限度，臂膀肘要尽量撑，掌心的方向要向斜上方，撑的同时不能忘记"扣腕子"；在表示打招呼或者"唱"时需要用手抬臂（招呼）时大臂要超过肩，"整冠"时在五指撑开基础上稍并，中指和大拇指略向内突出，戴巾帽离"巾帽"三寸，戴"官帽"以上者离"冠"半尺，"开""撑"虽然有些直线条，但是用法上的对应连接离不开物象上的"圆柱形"。如侯喜瑞先生讲到"膀如弓"："弓背是没有棱角的，并且是有力的，演员的膀子张开要像弓背那么圆，那么有劲，形象就好看"[①]"手腕扣不扣和

[①] 侯喜瑞口述，张胤德整理：《学戏和演戏》，北京出版社1961年版，第12页。

膀如弓不如弓有很大关系，因为手腕可以控制肩部。臂抬起来后，如果手握拳往里扣（拳眼），虎口（掌眼）往下斜着对着虎眼（胯骨轴），臂往后去的度数就会受限制，所以手向里扣，对'膀如弓'有关。……另外扣腕也容易收肘，膀圆不圆和收不收肘也有关系，'收肘'是让观众看不见肘关节，臂抬起来看不见肘，膀就圆了。"[1]

小生的掌：大拇指向掌心靠拢，手指尽量并拢，手法使用上属于"紧""撑"的对应连接。"起霸""山膀""按掌"时臂肘圈圆掌心外翻；"顺风旗"时四指仍尽量并拢，但是要用力撑，臂肘保持圈圆，掌心的方向要向斜上方撑；抬臂（招呼）时大臂不可超过肩，大拇指向掌心靠拢；"整冠"时五指要紧并拢，中指和大拇指略向内突出，双手沿左右乳线慢向"冠"上提，戴方巾离"巾"一寸，戴"官帽"以上者离"冠"二寸。

武生的掌：大拇指内扣，手指撑开微张，手法使用上属于"开、和、松、紧、撑"取其中。这来自钱宝森先生对艺诀"老生弓、花脸撑、武生在当中、小生紧、旦角松"的解释："武生行……是介乎老生和花脸之间的一种姿势。它既有老生的'弓'，也有花脸的'撑'；但是，既不能'弓'，也不能'撑'，是要把'弓'和'撑'糅在一起，这两种劲都要有。'在当中'，就是'取乎其中'的意思。"[2]因此"起霸""山膀""按掌"手掌要用力撑开，食、中、无名、小指四指间，要留有空隙，大拇指要内扣。掌心向外斜下；"顺风旗"时四指仍然撑开微张，武生辅助台词时举起的臂膀，肘要直中有圆的弯曲，掌心的方向要向斜上方；抬臂（招呼）时大臂略高过肩，大拇指自然内曲；"整冠"时中指和大拇指略向内突出，双手沿左右乳线慢向"冠"上提，戴软罗帽离"罗帽"二寸，戴"官帽"以上者离"冠"三寸。

---

[1] 侯喜瑞口述，张胤德整理：《学戏和演戏》，北京出版社1961年版，第13页。

[2] 钱宝森口述，潘侠风整理：《京剧表演艺术杂谈》，北京出版社1959年版，第64页。

"掌法"，是来自生活，但表现主义往往是要和生活拉开距离或变形或夸张。然而"以手为势"是表演的一个基本规律。"掌"要辅助念白和唱的内容。或者是在不穿水袖的情况下如扎靠、短打衣、穿箭衣、穿马褂时都是露出手掌的，动作就要运用"掌法"，但运用的时候绝不仅仅是一个简单的"抬掌""出掌"，必从腰发力"行肩跟臂"，从"腰小圈"传到手臂的"大圈"，从内在的"圆"转到外部形体上的"圆"，无圆则无韵，无韵则无美。"虚与实""圆之美"都是美学的观念。

3. 拳法

老生拳法：盖一指，腕内扣。即大拇指外盖食指握拳。

武生拳法：盖二指，腕内扣。即大拇指外盖食指、中指握拳。

净（花脸）拳法：盖一指，腕内扣。即大拇指外盖食指握拳。

小生无拳：小生这个行当，在穿箭衣、穿马褂、穿靠需要握拳时，都以掌代拳。

4. 指法

"指法"：老生一般用单指（拇指搭中指，食指指出），但是凡沾着武的（带兵的元帅类），也用双指（拇指搭无名指，中指、食指并拢指出）。指的方法是手提至胸窝处，先看要指的方向，然后指出，注意老生的指法不能把臂全伸直，而要曲肘圈圆。戏曲的"指法"有"是指非指，先看后指"的戏谚，这个指法是动态的，而且蕴含着美的行动性。

武生指法：一般不用单指，用双指，但比老生力度大（拇指搭无名指，中指、食指并拢指出）。

小生指法：文小生一般用单指，允许小指略弯曲，比老生距离身形近些（拇指搭中指，食指指出）；武小生用双指，比老生距离身形近些（拇指搭无名指，中指、食指并拢指出）。

净行指法：一般不用单指，用双指，双指可略放开一些指缝，拇指搭无名指可以"意搭"（拇指离开搭无名指一些距离）。

无论哪个行当，无论是单指还是双指，发力点都在于腰，以腰的前后动力带动手臂的前后。"指法"有一个重要点是眼神的运用。眼随手走，眼到手到。所谓"先看后指"是也，这就带上了形体动作中辩证的意味，实际上是形象思维中的美学的体现。

以上掌法、拳法各行当程式区分是根据钱宝森先生《京剧表演艺术杂谈》身段谱口诀"老生弓、花脸撑、武生在当中、小生紧、旦角松"及图片的规范。①

5. 摆手法

摆手：表示不同意或阻止某些要发生的事情用的手法。其中有"单摆手""双摆手""前后摆手"，用法上是"掌"（见前面）与肩平，肘略下沉，双手左右摆动，眼睛或直视对方，或向侧方摇头。

武生、小生、净行的摆手，依据自己行当的掌法和"撑、紧、在当中"的动法，与老生的行动路线是相同的。

其实"摆手"是我们戏曲形体中表现"不能""不行"有语汇的行动性的身段。这个身段的用法大多是动态的，戏曲在舞台上凡是动态，必然要运用手、眼、身、法、步同时配合。

这个语汇的表达经常是和打击乐"乱锤"结合。不论是"单摆手"还是"双摆手"，做起来是有规律的，叫做"一看、二吸气、三抬手、四撤步"。"一看"是我们戏曲的基本动作规律，"人未动眼先行"，对于对方提出的不同意的事情（或人或物），眼神先要领到；接着是吸气，有句戏谚"惊者上提，气者沉"，讲的是戏曲里表现"惊"和"气"两者不同感情表现的不同神情，令人吃惊的事，总是会让你倒吸一口气。那么在"摆手"这个动作中，首先听到的是让你吃惊的事，所以先要看，接着是上吸气。但是，这两个动作并不能表达出不同意，

---

① 钱宝森口述，潘侠风整理：《京剧表演艺术杂谈》，北京出版社1959年版，第64页。

于是接着抬起手来摆手,摇手同时摇头,到这里语汇就出来了(有些动作只用到这儿),但是要表现强烈的不同意这还不够,所以就撤回和你举手相对应的另一只脚,另一只手也抬在胸窝处,同时双手摆手,此时的头和眼已经回到了自己的胸前。接着还要强烈地表现"不同意"的做法是:先用眼看一眼对方,吸气。接着胸窝的手伸向前方,前方的手回到胸窝,前脚的位置退到后方,后脚的位置站在前方。脸和眼还是对准自己的胸窝,摇头,双手摆手。一般我们在舞台上运用三番。这三番如果只是做动作,会非常苍白。如果我们带上"戏"和"身法"就会大不一样:第一,先看对方,向观众交代清楚,你不满的人和事。第二,吸气张口、神贯于顶,内心的潜台词是:"这怎么能行?"这一点很重要,这叫"脸上要出戏""眼中要有神",这就是我们戏曲里讲的"形神兼备"的"神"。接着形体就上来了,先是手,不满足情绪再加上腿脚移动,如此连走三番。戏曲舞台重复的动作,一般不超过三次,这组动作就是由三次"起、伏"组成的。这三次起、伏,实际上是用腰带动全身,画了一个顺时针的圈,又画了一个逆时针的圈,再画一个顺时针的圈。这是典型的"太极之美"在舞台的表现。《长坂坡》中的赵云和糜夫人,《三击掌》中的王允和王宝钏,都有这三番摆手,虽然形式是相似的,但演出时有着完全不同的神情和内容,并且表现出完全不同的美感。

6. 拱手

在戏曲表演上,这是礼节的一种表现。中国古代礼节上必须是左手为拳,右手为掌,以掌盖拳。而戏曲中,在左、右云手的基础上,左右手皆可为拳,亦可为掌。因而舞台上的"拱手礼",不以左右拳、掌定对错。但是在"生"行当中凡文戏戴水袖者,要求垂肘掌握拳。一般对待平级者"拱手"于下巴前三寸;见父母,见高官"拱手"于鼻前三寸;见帝王"拱手"于额头前三寸。武生、小生、净行的"拱手",依据自己行当的掌法和"撑、紧、在当中"的动法与老生的行动路线也是相同的。

7. 持扇

艺诀有"老生持扇满把攥",打开扇面"左中指内拉,右拇指外拈"(呈"下弧形")。但实际上也有老生扇柄"端扇式"的拿法;小生的持扇与其他行当反差最大。仅就"持扇式",小生没有"持扇满把攥",但是以扇为"舞"的各种"美"动作繁多,"上下翻花扇""平转扇""抖扇",等等,持扇法随"舞"各不相同,在此不做赘述。

武生、净行的"持扇"大多也根据人物采用"满把攥""端扇式"两种。依据自己行当的掌法和"撑、紧、在当中"的动法,与老生的行动路线是相同的。

"扇子"在戏曲中是比较重要的道具之一,各行当有各种用法,都不尽相同。而在"扇法"的运用上有"艺诀"说:"'文扇胸、武扇肚、僧扇袖、道扇领、女扇鬓、老扇须、盲人扇双眼',注:又有'文扇胸、武扇肚,丑行扇屁股''文胸武肚轿裤裆,瞎目媒肩奶肚旁,道领僧袖役半扇,书臀农背秃光郎'之说,讲不同身份、不同职业、不同性格角色在使用扇子时的一般外形特征。"[①]可见戏曲舞台在"持扇"法的动作上确实与生活比较贴近,但"舞动"起来随意性又较强,甚至用于"武打"当中,因此"扇法"涵盖面很广,这里不作论述。

8. 投袖(抖袖)出袖

戏曲舞台上的"水袖",是生活中没有的。"水袖"是为了戏曲"舞"从生活中的袖口夸张而来。生活中的整理整理袖子,抖抖灰尘就是戏曲舞台中的投袖(抖袖)。这就形成了"水袖"的各种"舞"的"程式",川剧的水袖别具风韵,这里敬而不论。这里只谈京剧的用法。按照传统的程式,九龙口亮相后一定有一个双投袖(抖袖)。走到台口打"引子"前后、转身、入座都用得上投袖(抖袖),最初训练投袖

[①] 苏移编注:《中国京剧剧谚选注》,中国戏剧出版社1999年版,第54页。

（抖袖）的要求是：以肘带手缓缓放于胸前，肘缓走斜线到胯前方，腕用力手心朝前将水袖投出，要抖出行云流水般的美，一般训练抖袖时还有一个回袖，即袖子抖出后回到胯两边略出肘，带动手再现一次流水般的美。

另外，关于小生的"投袖"要多说一点：在我学习小生时，老师曾讲过戏谚的说法："蟒抖臂，官抖肘，'帔'抖前后手，巾抖腕，穷生无抖袖"。"蟒抖臂"这种抖袖是我向茹老师学过的。《八大锤》一剧陆文龙的出场，"整冠"后的"抖袖"，双手举到下巴前同时向下至胸，然后用双臂力向两边"抖袖"，出手要直，手心朝前，大拇指挑起来。茹老师说："我们武小生的抖袖，不管是双袖还是单袖，都是要这个样儿。手臂甩直，手掌朝前，大拇指挑起。这就和身穿的'蟒'形成了相一致的方向。""戏里的'蟒'是大衣箱里最重的服装。穿在身上是有分量的，只用肘或是手腕担不起这个分量，所以要用臂发力。大衣箱管事的叠服装是有规律的，'蟒'从领边起直到袖口和水袖头是一条缝。我们手心朝前挑起大拇哥，大拇哥正好撑起这条缝。这在舞台上抖起来才有分量、有气势，才美、才漂亮。"

"官抖肘"的"官"指的是小生行当中的"官生"，"官生"是昆曲的叫法，昆曲是以小生行当为主的，身法也比较严格。在京剧里所谓"官生"指的就是身穿官衣的小生，"官衣"也代表着人的身份提高。官衣的分量也比一般"褶子"要重，故"抖袖"时"肘"部要带上力。人物的身份就会通过水袖展现出来。

"'帔'抖前后手"是穿"帔"的抖袖法。小生行当，在京剧里穿"帔"的戏很多（"帔"是有一定身份的人在"二堂"或"内室"穿的。样式是尖领朝下，中间起开缝），比如《玉堂春》里的王金龙出场、《四进士》里田伦的出场等。如按照传统程式中小锣打上的出场，"整冠"后是先抖左水袖，后抖右水袖。

"巾抖腕"的"巾"昆曲中是指"巾生"。在京剧里穿"褶子"的角色，一般是秀才身份的读书人，或者是像许仙一样的买卖人，所穿的"褶子"有的是素的，有的是带一些绣活的，穿在身上有一种飘逸的美。因此，在巾生的抖袖中，不要使太大的力气。双抖就是双手往胸中提起。然后慢慢地放到左右胯前，手腕用力将袖抖出，飘逸的美感就和服装结合起来。如果有了表现的具体人物，再和人物的情感结合起来，就更美了。

"穷生无抖袖"，"穷生"在京剧里是指身穿"富贵衣"（就是对浑身打补丁露窟窿的一种服装美化）的角色。穿"富贵衣"了，浑身打补丁露窟窿了，虽然也带水袖，但是并不抖，只是往下一"出溜"，袖子自然落下。

以上所述是小生行当中的五种抖袖程式，既称为"程式"就是在前辈艺术家的实践中被确立下来的。这里没讲更多的人物，只是讲小生行当和服装配合中的程式。第一是行当；第二是服装；第三是着力点。这三点合在一起完成的是一个外部的形式。戏曲的特点就是形式大于内容，戏曲的"歌"和"舞"都是"程式"，把握程式的起点就是心中有美的目的。只有对戏曲舞台行动的一切起点都要求对美的深入探索和研究，我们才能真正把握戏曲美。阿甲先生说："我认为戏曲程式从它的'内涵'来考察，就是表现戏曲生活情节和人物性格的夸张性、鲜明性、规范性三条。夸张就要有所限制，要规范一番；鲜明，是为了表达思想内容更有表现力，又富有形式美。"[1] 著名学者陈多教授也说："当即是使一切动作都带上舞蹈化的节奏、动律、线条和神韵，从而使之具有舞蹈的空间美、动态美、韵律美的成分。"[2] 学者们都在此指出了戏曲动作程式的美，我认为研究美的过程要从它的起点上开始，才能真正搞清楚戏曲的舞蹈美。水袖还有"内外翻花""小

---

[1] 阿甲：《戏曲表演规律再探》，中国戏剧出版社1990年版，第26页。

[2] 陈多：《戏曲美学》，四川人民出版社2001年版，第126页。

云手花""小大刀花"等；旦角还有三尺长水袖、五尺长水袖的各种各样的功法，动起来有较强的语汇，可谓繁花似锦。但是对于戏曲，我们千万不能小看一个基本的程式动作，就"投袖"而言，从开始就不仅是技术面表层，著名表演艺术家张云溪先生的一段话，会给我们带来美学的启示："表演投袖的动作，如果单纯地只用手臂摆动，肯定地说那是一点艺术韵味也不会有的，要做好投袖动作，演员之力需发于衷，始于腰，行于背，传于肩，敏于肘，转于腕，达于手背及指梢，还需神形配合一致，这后者的舞投水袖与前者单纯的摆动手臂的投袖是大有优劣之别的，而艺术韵味就出于这内外连贯、神行交融之中。"①这里我们只列举了男性行当的八种"手法"的基本程式。为什么要讲这些？为的就是让读者清楚，我们戏曲的程式是从生活中提炼和美化了的。它应当属于美学范畴。戏曲程式——戏曲身段和形体动作的开头，就不是一般的末技，而是有着美学的要求。而其他的手法也是同样，"挑拇指空心拳"的起点，首先是双脚站八字，"气沉丹田，头顶虚空""眼神放远而内敛""双手下垂而呈长圆"，这是京剧生行"中正"之始。"惟初太始，道立于一"在这个动作上可以演化出戏曲各种动作，"造分天地，化成万物"这几句话有点道家哲学意味，在我们戏曲形体和身段中道家和儒家的哲学用得是最多的。"气沉丹田，头顶虚空"讲的是分量和形态、"眼神放远而内敛"讲的是气势、"双手下垂而呈长圆"，讲的是道家形体的起始。分量、气势、形体三者合成了京剧诸行当应当具备的中和形态。这是"美"的一个起始。

（二）眼法

"眼法"是戏曲形体中最重要的元素，戏谚说："一身之戏在于脸，一脸之戏在于眼"，可见"眼法"的重要。有人认为对于老生来说似乎在其次，非也！且列举几种供大家讨论。

---

① 张云溪：《艺苑秋实》，中国广播电视出版社1995年版，第41页。

1. "平视内敛"眼

这是老生所扮角色经常用的眼神。毕竟老生是以"唱"为主,当然眼神中应有对唱词的情感和表达。但是由于行当不同,唱时眼神所表达的情感也不相同。他不可能像花旦和小生,遇事便喜形于色,把情感激情直接外化出来。从生活的角度,老生这个行当所表现的人物大多历经过世事。遇事立即喜形于色的年龄已经过去了,激情情感要内收,适合心理年龄。所以老生经常用的眼神是"平视内敛"眼。一般老生的上场,总保持一种平视的眼光,但在表演一个角色的时候,他的内敛眼神也可以较深邃地表现出演员的艺术"分量"。京剧有一个规律:"主演""正生"往往动作不多,眼神也不能乱看。动作多了,业内人士会说:"这个'角儿'毛手毛脚压不住台。"眼神用多了,业内人士会说:"东张西望不像个'角儿'。"老生(正生)在大多数的传统剧目中是正面人物的代表。他的"分量""台风"至关重要。因此,"平视内敛"眼成为这个行当的主要眼神。他是程式的,又是要根据人物变化表现的。所谓"内敛"就是把人物内心的戏收敛于眼睛瞳仁中表现出来。比如,《四郎探母》中的杨延辉和《文昭关》中的伍子胥都有坐在座位上唱大段的"三眼",如果东张西望,乱用眼神,观众的听觉审美就被破坏了。此时,必须把台词唱到哪里,内敛的眼神就要表现出哪里,其次才是辅助动作。正如安葵先生所说:"行当是在戏曲形成时就出现了的,并逐步发展;程式也是在戏曲形成初期即已出现,到近代逐步完善,并作为一个概念提出。行当是对人物的身份、地位、性格、气质等方面的综合概括,程式则是对各种生活的抽象概括。这是戏曲表演以虚写实原则的体现,同时也是以形写神、神形兼备的美学原则的体现,它在形的方面要求是既要像,又要美,而更高的层次则要神似、传神。"[1]

---

[1] 安葵:《戏曲美学范畴论》,文化艺术出版社2020年版,第23页。

2."左右斜看"眼

这种眼神的用法是戏曲里哪个行当都用的。它是一种"程式",是用最简单的眼神动作,表现生活中需要很长时间的思索。当然,这是根据剧情表演的需要而来的,京剧的一大表演特色是"虚实结合""有话则长,无话则短"。比如,京剧《赵氏孤儿》"盘门"一场中韩厥要搜程婴的药箱,程婴打开药箱,里面确实是药。此时剧情冲突已经很紧张了,当程婴把药箱盖上后,突然婴儿哭起来,韩厥逼问:"里面为何有人声在内?"程婴一时语噎不知怎样回答,只念出一个字"……这"后面起打击乐"叫头",马连良先生此时就用了"左右打量眼"表示他在判断怎样说才能救出孤儿。这个"左右打量眼"用得很好,如果不用这样的程式,给程婴加一大段唱,表现他的思考,整个剧情的冲突高峰就被破坏了。而这左右两眼正是以虚写实,就向观众表示程婴经过思考已经打定了主意,说出真情,感动韩厥。这就是"无话则短"的处理,把程婴这个思想过程以虚带过。剧情连贯下去,把矛盾冲突继续推向了高潮。这种实例在传统戏中不胜枚举。又比如,《群英会》中著名表演艺术家叶盛兰饰演的周瑜,在"对火字"一场,当诸葛亮问道:"就请都督限个日期吧。"周瑜回答:"这日期么……"下面就用了"左看右看"眼,就表示周瑜在打主意。如果没有这个程式,那就不知要做多少身段,唱多少句才能表现了,戏的冲突可能就此中断。"由实到虚是一个创作性的飞跃过程。优秀的作家、艺术家能够无中生有,一生二,二生三,三生万物。舞台上呈现出来的人和事,可能与实际生活中的人和事有很大距离,对此则不能以生活是如何如何求之。戏曲的表演程式,也是经过了反复多次创作的产物,它是美化了的、舞蹈化了的生活,不仅有'指事'的功能,而且有抒情的功能。"[①]

---

① 安葵:《戏曲美学范畴论》,文化艺术出版社2020年版,第42页。

3."含笑静观"眼

这是戏曲表演中一种特殊人物的特殊眼神,经常用于运筹帷幄、智谋深远的人物,三国戏中诸葛亮就经常使用这种眼神。比如马连良饰演的诸葛亮。按着小说《三国演义》写出的《群英会》中诸葛亮出场念的"对子"——"不惜一身探虎穴,智高哪怕入龙潭"就念出了规定情境,诸葛亮感到了,周瑜处处不容自己。自己又得对抗曹做出贡献,又得不断化险为夷。这一切都在他自己的运筹帷幄之中。所以看马连良先生创作的诸葛亮,眼中始终不离开"含笑静观"的神韵,使我们感到诸葛亮之美就美在艺术家马连良的表演上,活生生刻画了一个"含笑静观"、左顾右盼、帷幄千里的活诸葛亮。还是以《群英会》为例,著名表演艺术家叶盛兰先生扮演的周瑜听到蒋干过江这一消息"三笑"后,始终保持"含笑静观"眼,因为他心中已经运筹好了一个借刀杀人之计,之后蒋干是步步上钩,"含笑静观"眼在周瑜的脸上也从来没有中止过。

4."忠厚耿直"眼

这种忠厚耿直的眼神也是重要表现手段之一。我们接着《群英会》的实例可以看到"活鲁肃"——谭富英的表演艺术。他给我们留下最深刻的印象是那双忠厚耿直的眼神。唯"眼"可以传神,随着剧情的发展,他对周瑜的尊重,对诸葛亮的敬佩,对孙、刘结盟的忠心,就是用"忠厚耿直"眼神表现出人物的本性。"草船借箭"中既害怕曹操又忠实于对朋友的感情,也从他那双眼神的变化中体现出来。类似这样的戏还有《御碑亭》中的王有道,赶考前对妻子的嘱咐,赶考中对于试卷失落的疑惑,赶考归来后对妻子贞操的怀疑,最后真相大白对妻子的赔罪,真正让我们领悟到京剧喜剧的魅力。但是,表演艺术家谭富英所创造的"鲁肃"和"王有道"绝不是一个人物,一个是可以协助统帅三军的将领,一个是耿直的书生。这正说明了"程式有其无限性。当一个程式孤立存在的时候,它是抽象的、共性的、无意义的。

当它与具体人物、具体情节结合后，就成为具体的、个性的、有益的审美形态"。"所谓'一套程式，千万性格'，这种在同一程式中化出千千万万个不同具体程式的审美形态，也体现了戏曲的'大美'风格。'海纳百川，有容乃大''不同同之之谓大'（《庄子·天地》）。"[1]

5."凝目沉思"眼

这是眼神动作的一种程式。方法是将双眉攒微蹙，眉梢稍上挑，眼神或左顾，或右盼。这也是京剧各行当在舞台上经常运用的一种眼神，既可表现人物的凝重的沉思，又可表现沉思后已经拿定了主意。这是"眉头一皱，计上心来"的一种程式。我们闭目一想，就可以感到这种形象的美感，在京剧舞台上经常运用在诸葛亮、徐庶、邓禹、岳飞、韩世忠等这些有智慧又可以运筹帷幄的人物身上。比如，我们前面举的例子《群英会》，当周瑜想借曹操之刀杀诸葛亮，向诸葛亮描述了战争中粮草的重要性，然后说："此乃各为主人之事，先生幸勿推却。"马连良先生扮演的诸葛亮就是运用了一下"微笑凝目"向左一盼的程式；在"对火字"一场，诸葛亮提出三天造出十万狼牙箭，周瑜逼他立下军令状，马连良先生扮演的诸葛亮也是运用了一下"微笑凝目"向左一盼的程式，这种程式的重复运用，为观众留下鲜明的美的形象，表现了艺术家在创作这个人物时准确地把握了诸葛亮的智慧、对周瑜的认识且又要在孙、吴两家共同抗曹要做出贡献的内心，在外部又要特别注意搞好和周瑜的关系，但是在舞台上只用了这样一个程式，便在诸葛亮完美的形象上添上了一笔。对比来看，这也是把"实"的内容用"美"的程式表现出来，这就是在戏曲表演中虚实关系及程式运用的大美，"程式的发展完善经过了长期的历史过程，它的形成是与戏曲虚实结合，以虚写实，虚实相生的美学原则分不开的"[2]。

---

[1] 苏国荣：《戏曲美学》，文化艺术出版社1999年版，第215页。

[2] 安葵：《戏曲美学范畴论》，文化艺术出版社2020年版，第37页。

6."平和散聚"眼

这也是在戏曲表演中,不可缺少的一种眼神的用法。在戏曲表演艺术中虚虚实实、进进出出(指演员自身和角色之间的转换),是戏曲表演体系的客观规律,后一点可能某些人会反对,但是在舞台实践中,中国的戏曲完全进入角色的体验是不实际的,一种是在"歌舞"技能、技巧发挥的时候,演员的体验一是表现为进入角色行动的体验,二是表现为对"歌""舞"形式运用的体验,尤其是在"舞"的方面,当演员还没有达到"无意者十"境界时,也要注意自己每一种程式和身段贯穿的形体美,业内有一句话叫作"不即不离",就是指表演上的这种进进出出;而在武戏方面,当形体技巧展现时,必须允许演员离开角色去注重演员自身对技巧、技法发挥、使用上。此时是不能去想体验人物的。另外一种情况是一出戏、一场戏,只有一人或两人为主,当他们唱、念占用很多时间的情况下,在场的配演,我们也要求他体验自己的人物,随着主演的唱念内容而去"做戏"吗?在戏曲舞台表演规律上这是不可以的。但是你是一个角色,站在那里或坐在那里,应当怎么样用眼神表现自己既没有出戏,又不是"夺戏"和"搅戏"呢?这就用得上"平和散光"眼。这种眼神是一种"中和"眼神,可以做到似在戏中又没完全在戏中,这种眼神经常是配演会运用到。主演也不例外,比如京剧《四郎探母·坐宫》,当铁镜公主唱慢板时,杨四郎既不可以随着她唱的慢板内容手舞足蹈地做戏,也不可以呆若木鸡,这就用得上"不即不离"的"平和散光"眼。当剧情到了这个角色要入戏交流的时候,"散光"一领神就可以变成"平和聚光"眼,"一散""一聚"其实就是"张弛有度"在眼神方面的表现,但是这种眼神不练是不行的,现在舞台上看戏经常感觉:"这个演员出戏了。""这哪里是'一棵菜'呀?""这个演员怎么这么搅戏呀?"京剧艺术的美也经常因此受到破坏。

以上所述京剧行当中的"眼神法"(可能老生的例子举得多了一

点）都是表现内心活动的程式，《梨园原》中"艺病十种"特别提出"面目板"是戏曲表演的大病之一："凡演戏之时，面目上须分出喜、怒、哀、乐等状。面目一板，则一切情状俱难发挥，不足以感动人心，则观众非但不啼不笑，反生厌恶也。"① 我们列举了一些著名京剧表演艺术家的表演实例，可以看到他们对戏曲程式的运用不仅不是"艺病"，而且有充分的人的性格和内心的依据，这就演活了人物，也启发我们仅从这个"程式"中挖掘戏曲形体的美学含义。

（三）身法

戏曲演员饰角色而上台，总要先有站立。戏谚说"站有站相"，这里所指的并不是饰演的某人物应当怎么站，而是从事这个行当，懂不懂戏曲中这个行当的身法。在《梨园原》的"艺病十种"中所说的"曲踵""强项""扛肩""腰硬"都是针对戏曲演员的身法而言。如果演员不懂身法，"站无站相"，就失去了视觉艺术的一大半光彩。所谓身法，各个行当有不同的要求。随着行当的不同，就有了各个不同行当身法的美的系列，戏曲舞台上就带给观众五彩缤纷的美感。

1. 老生的身法

著名表演艺术家钱宝森老前辈在《京剧表演艺术杂谈》中用了一个"弓"字就把老生行当和其他行当的身法准确地区别开来。他讲的是"起霸"，是武老生的身法，但是对老生的身法有着共同的意义。他说："'老生弓'的'弓'就是弯曲的意思，内行常说：'弓'即是'排'，'排'就是往后贴。老生行的起霸，上身的姿势前胸要空着一点，后背要往后贴着一点儿，要很自然地在'武'的神气里，带出'文'的气质来。'弓'就是指前胸要空着一点儿。"② 前辈艺术家只用了一个"弓"字，就囊括了整个老生行当的身形、身法。我们就从"弓"

---

① [清] 黄旛绰等：《中国古典学论著集成》九卷一《梨园原》，1959年，第16页。

② 钱宝森口述，潘侠风整理：《京剧表演艺术杂谈》，北京出版社1959年版，第64页。

字讲起。

"身形要弓"也需要心领神会。一般在京剧中，三四十岁就归于老生行当了，人到了这个年龄段，性格偏稳重；身形动作也不像年轻的武生或小生那样的强直。因此钱宝森先生以"弓"隐喻老生的身法。"双肩微扣胸自空，后备贴衣自然弓"，我们在中国画中看到的知识分子类的人物，大都是这样一种身形，可见艺不同神同。中国的绘画艺术家也是从生活的角度找准了这一类人物的"弓"的"神态"。"身形要弓"在戏曲老生的表演中，还有一个重要的作用就是老生所挂的"髯口"在"弓"的身法中可以自然地垂直。在行走的时候它可以左右摇摆，夸张而又自然地表现了这个年龄人物飘逸的美感。因此，这个程式的训练，我们也要赋予它美的内涵。

我所见到的老生"弓"法身形，最精彩的莫过于表演艺术家谭元寿先生，他在《打金砖》一剧中饰演刘秀。"上天台"一场中"二黄慢板"唱上时脚踏节奏，双肩略扣，身形呈略"弓"，左右一大步迈出，九龙口略停顿，继续连步，由于腰和肩的发力，身形的左右略摇摆，三绺髯口已在胸前前后飘动，此时台下的"碰头好"轰然响起。仅仅一个出场的行动，俨然一个汉光武帝气质的帝王便呈现在观众面前。另一出戏是《黑水国》的邓伯道，由于这个角色身份是员外，已经年过五旬，挂"黪三"，他出场前双肩扣得比刘秀的大一些，而且他是单步出场，每步前要以腰带肩往前沉一下再立住，念完"引子"后向左转身……略往前沉腰后迈右步只上半步，左步归步时，腰方才立起来……只是一个五十开外，胸怀正直的角色，仅从几步上场的身法就让观众清晰地感受到了，胸前的"黪三"虽不有意卖弄，但自然地飘摆表现另一种"自然"的艺术美。而另一出戏《连环套》饰演黄天霸的上场，则是腆胸叠肚大步连步，双目炯炯有神。仅一个出场就把目空一切，自己是皇家第一侍卫的人物表现出来（当然这是武生行当）。我这里只把三种出场做一对比，说明艺术家在创作人物时对于把什么样的美呈现观众是有深入思索的。著名表演艺术家马长礼曾对我说："谭家是有真传的，你看看元寿，他的每一个戏出场都不一样。我们望尘莫及呀。"这里算一个插曲吧，说的是老生身法不是静止的，而是动态的。所以，我们必须用美学的角度来衡量。

2. 身法和"须发"的结合

讲到"髯口"，也不能仅仅用技法去解释。在京剧的表演中对"髯口"的用法和手法分不开，和身法更分不开。但是只要懂得了身形的"弓"，就为"髯口"的使用找到了空间。19世纪二三十年代著名的戏剧家、理论家齐如山先生所著的《国剧身段谱》是现存的唯一一部对戏曲形体动作即戏曲舞蹈的论著。其中，第四章第一节为京剧的"胡须"，其中说："中国古人以须长为贵，故戏中竞带长须，各角（儿）利用此长须作出许多舞的姿态来，以表现喜、怒、哀、乐，种种情感。且满髯有满髯的特别作法，三髯有三髯的特别作法，以及扎髯、吊搭、丑三等，无不各有其特别作法。"（注："满髯"即胡须从左到右中间无缝，业内称"满"；"三髯"即胡须中间较宽，两边各留空隙，沿鬓又有两缕胡须下来，业内称"三绺"；"扎髯"是净行用的胡须，口下有寸许长短须，露出口型后，长须又延续到底，业内称"扎髯"："吊搭""丑三"，是丑行的三种不同胡须）"致其形式动作，则皆有一准之规定，大至于合乎情理之中，仍须富有美观之姿态，不但美观，仍需合拍，看着容易，其实甚难。"[①] 其中，齐如山先生列了39种京剧胡须的用法。

老生"身法"的运用经常和"须发"分不开。比如齐如山先生谈到的"按须"："表示思索的意思，凡人思想事情，必须用手揉胸膛，但若只稍微一想，则不必揉胸，只一按须，藉以表示便妥，盖须乘在胸际，是按须等于揉胸也。姿势：于思想事情的时候，一低头，用手

---

① 齐如山：《国剧身段谱》，1932年北平国剧学会排印本，第88页。

一按须之中部，再一扬头，便算想起来了。用右手、左手均可，但看坐立的方向耳。"① 齐先生在这里所讲的"按须"是在双肩微扣的形态下，须荡在胸前，不管是用左手还是用右手，都需要起于"腰"，"行肩跟臂"身法根据需要，或向左倾，或向右倾，然后身法居中按须。这样"身法"和"须法"结合就带出了戏曲美的韵律。

3. 净行（花脸）的身法

著名表演艺术家钱宝森老前辈在《京剧表演艺术杂谈》中用了一个"撑"字就把花脸行当和其他行当的身法准确地区别开来。虽然讲的也是"起霸"，但是这个"撑"字确实概括了花脸的身段、身法的形象。"'花脸撑'的'撑'是撑起来的意思。花脸行起霸，前胸既不空，后背也不贴，两只胳膊要撑圆了，要有威武、勇猛的神气。"② 如果我们不做起霸看，心领神会这个"撑"字："前胸既不空，后背也不贴""要有威武、勇猛的神气"就是说比老生的整个身形要夸张地撑起来。

著名表演艺术家侯喜瑞先生说："我在学习时，老先生们常说，架子花脸应该'膀如弓，腰如松，胸要腆，腿起应重落该轻，腕子应该扣，眼睛应该精'。"先生讲的"膀如弓，腰如松，胸要腆"都是和身法的"撑"有关，先生解释"腰如松""胸要腆"说的就是身法。先生说："腰要像松树那么坚实、有力，可不是宁折不弯，到弯时得'软如绵'。腰弯到不管什么程度，也要有力，如果腰上无力，内行形容为'折腰'，走起路来上晃下摇，好像腰折了似的，使什么身段、姿势也好看不了，当然膀也不会如弓的。""胸要腆——胸腆起来，腰自然就直，而膀要弓，更非腆胸不可。"③ 侯喜瑞先生从"膀""腰""胸"阐述了花脸这个行当"撑"的身法。侯喜瑞先生是著名的花脸表演艺术

---

① 齐如山：《国剧身段谱》，1932年北平国剧学会排印本，第90页。

② 钱宝森口述，潘侠风整理：《京剧表演艺术杂谈》，北京出版社1959年版，第64页。

③ 侯喜瑞口述，张胤德整理：《学戏和演戏》，北京出版社1961年版，第13页。

家。他个子不高，但是只要上了舞台，形象各方面都显得非常高大，身段形体漂亮、美。侯先生曾有"活曹操"之称。戏曲中以曹操为代表的"白脸末"的形体、形态、行动又是另外一种程式的表演，侯先生说"有些神气需纵肩缩背耍奸相，那是艺术上的一种处理"。这里就不展开了。

从生活中提炼的粗犷、高大、豪放、凶猛（当然也有大奸）一类人物，在戏曲里面归为"净"，即花脸这个行当，当然在戏曲舞台上身法中的"撑"就是比生行还要放大、夸张，而这种放大夸张后的戏曲行动又有一种突出美的神韵。

"净"，即花脸这个行当身法的运用也经常和"须发"分不开，但比老生对"须发"的运用要夸张，因为在这个行当中没有"三绺髯"，只有"满髯"和"扎髯"。因此花脸的"绺髯"常有"撕髯"法。另外，花脸行当有一种"扎髯"，就是在嘴唇上有寸许的"短髯"，把嘴和下巴露出之后下面又接上长髯，而嘴角两边可以理出两绺"细髯"，花脸绺这两绺"细髯"又生出许多舞蹈性的"绺髯"法，比如"撕扎""耍扎"等，演到张飞、徐世英（青面虎），各种"扎"的用法美不胜收。

（四）步法

在前面章节的论述中，我们曾讲到"步法"中的"高抬、低落、近一点"这个艺诀对哪个行当说来都是有用的，然而"高抬"抬多少尺寸，每个行当有所不同。"概括地说，老生角色的'台步'，是左右涮脚迈八字步涮着走。"茹富兰老师在课堂向我们讲过，他说："老生是站八字步的。脚步的迈法，左右脚要稍有一点涮着走，我们在后面看老生的褶子下摆，是合着你的脚步左右摇摆。"透露出古代人行走的美感。

1. "抬脚型"单步

这种步法适用于"人在壮年，步履如长"[①]类型，开始准备：外部

---

① 张云溪：《艺苑秋实》，中国广播电视出版社1995年版，第35页。

双脚站好"八字步"(相当于45°角),双肩微微内扣,内部仍要强调气沉丹田,头顶虚空,以腰为轴(撑住劲)。第一步抬左脚,向左脚尖所指方向,上抬一尺二三寸左右,勾脚面,亮靴底。然后回收一点,走一个向外涮一小弧度,落在一尺处,左脚跟先着地落稳,右脚跟上,仍归"八字步",此时的"行肩跟臂",是"左步含右胸"。第二步迈右脚,与第一步的要求是一样的:向右脚尖所指方向,上抬一尺二三寸左右,勾脚面,亮靴底。然后回收一点,走一个向外涮一小弧度,落在一尺处,右脚跟先着地落稳,左脚跟上,仍归"八字步",此时的"行肩跟臂",是"右步含左胸"。接着再迈第三步左脚……在《梨园原》"艺病十种"中第一种"曲踵"讲的就是脚步:"无论踢腿、抬腿、坐时、立时,必须将腿伸直,不可曲弯。而行走时更须腿直、身不动,方能合乎台步。万不可如平人随便走路,取之不定也!"[①]练脚步为什么也要强调腰呢?著名表演艺术家高盛麟先生有两句戏谚:"腰腿不合,寸步难挪""足下要轻腰上劲,腰里有劲足下功"。讲的就是在京剧形体动作中,腰腿功在运用时要相互配合,配合不好就不可能做出完美的身段和动作。

　　戏曲脚步的走法也可以算作一个程式,但它的美在什么地方呢?注意前面提到的三点:一是"亮靴底";二是回收脚时,"向外涮一小弧度";三是"行肩跟臂"的身法变为"左步含右胸"(第一步),这三点结合在一起,就形成了这个程式动作在直线的行动中圆内含圆的美的形态。

　　老生、武生行当在"抬脚型"单步上,没有"含胸",只有根据左右部不同的"迎胸脯",根据人物气质尺寸放大、缩小的区别。

　　净行——花脸的"抬脚型"单步,则比老生、武生行当都要放大、夸张,也没有"含胸",只有根据左右部不同的"腆胸"。

[①][清]黄旛绰等:《中国古典学论著集成》九卷一《梨园原》,1959年,第14页。

2. "抬脚型"连步

"抬脚型"单步是脚步的基础,下面要说一下"连步"。连步就是在迈完左脚后不停住,右脚接着迈出去,这里面也有讲究。首先是腰要撑住,但又不能僵化,随着左右步的迈出,腰也有一个左右灵动的前推和摇摆;其次迈出去的脚,脚后跟先着地,脚掌再落地,两只脚的走法全是这样就基本有了"稳"的保证。前辈在向我们讲戏曲形体动作时,总离不开"腰为轴""足是根",这是戏曲形体基本功的"基本","走脚步"也是每天要练的基本功之一。我在做演员时期,每天上午都要练半天的功。北京有位小生名家叫姚玉成,我没有到练功场时,他已经开始"走脚步"了,我练了两个小时的基本功下来后,他仍然在"走脚步"。我好奇地询问过他,他说:"脚步是根哪!咱们小生在台上的身段美不美,全看你脚步的根基怎么样,随意走两步那是不行的,脚步也要走出美感来。"后来他在走脚步时,我就在旁边看,发现他在脚步上有很多变化,比如"连步"加"小趋步""顿步""倒脚转身步""快连突慢步""左顾右盼小横步"等。后来我也在舞台上运用,观众叫好,我自己也有了心理的快感。当然这是"小生行当"的脚步。

老生、武生、花脸、小生行当在"抬脚型"连步上都是根据人物气质作尺寸放大、缩小的区别。茹富兰老师在课堂上讲脚步时说过:"看脚步走得好不好,要看服装的后摆,老生脚步走得好,后摆是左右摇摆;武生脚步走得好,后摆要有个前后左右的摇摆;小生要看后摆的前后摆动,花脸则要看后摆前后左右大摇摆。"我觉得茹富兰老师是从审美的角度反观脚步的走法。这里就包含了脚步走法中的美学追求。

3. "拔脚型"台步

这是老生行当中的重要脚步之一。"如人入老年,步履不便,需满脚拔起,满脚落地的,姑且名为'拔脚型'的台步。"[1]京剧中有许多戴

---

[1] 张云溪:《艺苑秋实》,中国广播电视出版社1995年版,第35页。

"白髯口"的传统剧目，如《走雪山》之曹福、《扫松下书》之张广才、《三娘教子》中的薛保及《赵氏孤儿》后部的程婴等。古稀上下的老年，在生活中走起路来无美可言，而在京剧舞台上"拔脚型"台步竟然显示出老年行走的"美"。

这种脚步又叫"拔步"，准备前演员要站"大八字步"，双膝要稍弯曲，即在八字步的基础上，双脚再分开两拳左右，双膝要稍弯曲，还是要求"气沉丹田，头顶虚空"，行走时以右腰带动左腿，满脚拔起，向前迈半步，落地也是满脚落地，走时右脚要五脚趾抓地站稳，待左脚站稳后再跟上右脚，这就为单步；右脚在左脚站稳后再向前迈半步，左脚接右脚，再往前迈半步……这就为连步。这种"拔脚型"台步美在什么地方呢？就美在右腰带动左脚、左腰带动右脚，上身也随之左右摇摆，"白髯口"随之左右摇摆，衣服的后下摆，也随之左右摇摆。大家看一看《秦香莲》中表演艺术家马连良先生扮演的王延龄，表演艺术家张学津扮演《赵氏孤儿》的程婴（尤其在"打婴"一场魏绛双手搀扶程婴的身段，迎来观众的爆满彩声）都是戏曲形体美的具体体现。台上的美是需要从幼年开始一步一步向着美的方向训练。由此可知，戏曲形体训练的气、形、神、韵的美学元素。

"拔脚型"台步除了带"白髯"的净行可借鉴以外，其他行当是没有的。

4."拖脚型"台步

这种类型的脚步是老生行当独用的。在京剧舞台上用的戏也不多，但是凡人的生活中有的，一旦搬上戏曲舞台，就要让它形成具有中国戏曲美的特色的形体动作。"如人已老迈龙钟，步履也十分艰难，须晃动身子拉着腿、两脚拖地而行的，姑且命名为'拖脚型'台步"。这种"拖脚型"台步比起"拔脚型"台步更要难走、难练。

准备前演员要站的"大八字步"比"拔脚型"的步还要分开大一些，双膝弯曲也要大些，身体也要有些向下弯曲，还得要求"气沉丹

田,头顶虚空",行走时先迈左脚,以右腰稍向后(重心先后移)驱动左腿前迈,然后右腰重心移向左腿,右脚要用脚内侧拖地跟上,向前跟半步,落地后再满脚着地,走时右脚要五脚趾抓地站稳,待左脚站稳后再拖地跟上右脚,身体归正,再迈第二步右脚时,以左腰稍向后(重心先后移)驱动右腿前迈,然后左腰重心移向右腿,左脚要用脚内侧拖地跟上,向前跟半步,落地后再满脚着地,走时左脚要五脚趾抓地站稳,待右脚站稳后再拖地跟上左脚,身体归正,这就为单步。双脚站稳,左脚再向前迈半步,右脚拖跟,再向前迈半步,左脚拖跟前迈……这就为连步。"拖脚型"台步来自耄耋之年的老人行走的生活,在戏曲舞台上的确是被夸张了,但是这个夸张不是丑的夸张,而是一种美的夸张。当然,要达到"美"的标准,就要从训练的时候树立一种寻求表现耄耋老人行走的"美"的观念。

  传统京剧《清风亭》后半出,张元秀将张继宝抚养大后,后几场就是这种步法。拐杖拿开以后,许多的步法都要遵循着这个程式。当然无论是周信芳还是马连良,两位前辈表演艺术家在创作这个角色时,都在这个程式之上,融入了许多如"跟跄步""蹉步""跪步""后仰步"等。再加上"胡须"法的各种运用等这一系列的戏曲形体动作,都具备着戏曲美的形式。当然《清风亭》这出戏是我们传统戏中难得的一个悲剧,张元秀夫妇这对耄耋老人具备了"主人公的行动……全篇的意蕴……具有挣扎、控诉、抗争的精神",中国戏曲表演艺术家们确实用美的形式塑造了这样一个呼唤正义的悲剧艺术形象。这大概就是中国戏曲中表现形式的美与内容的悲剧所形成的二律背反吧。

  我们这一节的内容只从京剧生、净行当训练基础——手、眼、身、法、步做了一点美学的探讨。"手、眼、身、法、步"是一个京剧演员不可跨越的形体训练,我们练的是基础,在舞台上表演的应当是娴熟的"手、眼、身、法、步"并把这些综合糅在一起,才能进入角色的创造。当然融合也是有级别和层次的。钱宝森先生曾在书中引用"三形、六劲、心意八、无意者十"的"艺诀",已经把京剧的手、眼、身、法、步融合后的表演分成了四个等级,只有到了"无意者十"才可以进入京剧美,那是含神韵、高雅于一体的文化境界。

第二节 武戏美——艰难刻苦的追求

在戏曲舞台上能够强烈表现的"视觉"美中,武生行当的武戏大概是最抢眼的。近年在上海、北京、武汉等地相继演出的"京剧武戏大会",不仅火爆异常,而且观众大多是年轻人。可见广大观众对于传统京剧的武戏至今还有极大的期盼。

在武戏中"武生"是主要行当,还包括"武净"和"武丑"。

本书前几章中茹富兰先生传授的《石秀探庄》《林冲夜奔》都是武生的基础戏,对于戏曲武戏的基本动作"美"的起点重要性做了不少论述。武戏最能展现"视觉美",主要表现戏曲以肢体为主的"舞蹈"和"翻打"而呈现的"形式美"。上海戏剧学院的陈多教授说:"为什么不论中、外对美的探求都是由事物外在的形式美的研究开始呢?这不是出于偶然的主观机缘巧合,而反映着一个由审美心理活动过程决定的符合规律的现象。""中西各国对美的探求都不例外地由其外在形式入手,也正从认识发展过程上说明了形式美的美学价值是不容忽视或抹杀的。""……对形式美的研究,不仅说明了事物外在形式的合比例、合规律的和谐完整的组织结构……并且也证明了形式美及其规范并不是强加于人的唯心的、随心所欲的规定,而有其客观物质属性。"[1] 陈多先生是戏剧、戏曲学学术丰厚的一位资深教授,我理解他所说戏

---

[1] 陈多:《戏曲美学》,四川人民出版社2001年版,第340页。

曲形体的形式美"反映着一个由审美心理活动过程决定的符合规律的现象",是从教学意义上讲开始就要引导学生重视对形式美的学习和研究。这是我非常赞同的。"形式美的美学价值是不容忽视或抹杀的"。只有经过戏曲形体训练的人才知道这句话的分量。

一、基本功的启蒙阶段

"基本功"是每一个行当都必须投入的训练,这里对武生、武净、武丑的要求更加严苛。武生、武净、武丑的武戏演员在舞台上展示的"美"是在和自身生理艰苦搏斗中得来的。

(一)基本身段的要求

横平竖直、圆中求美:包括"子午相""云手""山膀""栽锤""顺风旗""提甲""按掌""拱手"等。因为学戏曲都是从幼年开始,理解力不深,模仿老师的动作是主要的,但是对"美"的追求的目标要明确。

(二)脚步的训练——"圆场"

要按照程式规格的要求,避免走偏(前有所述不另赘言)。

(三)腿功

1.左右压腿正腿:把一只脚放在与腰平的把杆上,上身用力压下,双手抱住把杆上的脚,按照老师要求的时间起身(一般是压2分钟,缓口气;5分钟缓口气;10分钟缓口气……)

斜腿:压左腿时要求右手抱住左脚,脚尖紧贴右耳旁,按照老师要求的时间起身。(另一条腿是反方向,时间同上。)

旁腿:压左腿时右掌左栽锤式,压几下后用右手抱住左脚,头部紧贴左脚脚面。按照老师要求的时间起身。(时间同上。)

2.悠腿:凡"悠腿"是指离手扶把杆。

左右正腿:左右各36腿,踢上脑门为标准。

斜腿：左右各36腿，左腿踢到右耳为标准，右腿踢到左耳为标准。

旁腿：左右各36腿，左腿踢到左耳后、右腿踢到右耳后为标准。

片腿：左右各36腿，踢左右腿时，不同的腿举起不同的手面向前方，腿则由斜腿方向，动态地转到正中方向，再转到旁腿方向，拍到手掌为标准。

3. 踢腿：凡"踢腿"都是以独自站稳的"踢腿"。左右正腿：一般是一起云手拉开上身不动为基本条件。左右腿轮流踢，踢得要快，放要轻，上身不能下勾，山膀不能晃动，双脚都要踢到脑门为标准。一般每排15腿，共踢4排。

十字腿：双手起云手后拉开，左右腿交叉踢。踢左腿时，右手领，踢到右耳为标准，踢右腿时，左手领，踢到左耳为标准，一般每排15腿，共踢4排。

旁腿：双手起云手后拉开。踢左腿时右手托天掌左手栽锤，踢右腿时左手托天掌右手栽锤，双腿轮流踢。一般每排15腿，共踢4排。

4. 老师给学生扳腿。左右正腿：一般由同学压住下腿，老师将另一腿往正面扳过头顶压在地下。一般为10分钟。

斜腿：同学压住下腿，老师往斜面，左腿扳向右耳，右腿扳向左耳，每腿一般为5分钟。

旁腿：同学压住下腿，老师往侧面扳，左腿扳向左侧，自己用右手拉住；右腿扳向右侧，自己用左手拉住；每腿一般为10分钟。

5. 吊腿。左右正腿：这是一种"私功"。身靠墙壁，上有吊环，自己把腿拉起。每腿一般为半小时左右。

旁腿：同上。

6. 撕腿：学生坐在墙壁前面对墙壁，劈开双腿，老师把学生的屁股推向墙壁，推到与墙面平为止。

7. 自己扳腿：左右正、旁、斜，各种腿扳起、下蹲三起三落。

8. 自己控腿：左右正、旁、斜，各种腿抬起自动控制，越高越好。

以上八种腿的练习，谈不上美，每一种练法都是艰苦的过程（记得我小时候从压腿开始，很多同学疼得喊爹妈），尤其是到了扳腿（身体在地上躺平，由一个学生按住下腿，老师持上腿，扳到头顶上的地面，耗住；旁腿则腿贴地面扳到头顶，耗住，最初的疼痛真的无法忍受。我小的时候就在老师给我扳腿的时候，痛得打老师一个大嘴巴）。吊腿（用吊环把腿悬空，吊到相应的方向，以20分钟为起点，没有吊环的条件，老师则让学生躺在椅子上把腿捆在相对的方向，对于学生来说也是异常痛苦）、撕腿的训练，也是近于酷刑。为什么学戏曲的学生要从10岁以前就开始练功？因为只有此时的韧带是可以被调整的。

（四）基本功中的技巧

接下来的飞脚、旋子、翻身、蹉步、跪搓等，成系列的以腿为基础的技巧，都要在基本功训练上解决。

我们看到舞台上的武生，轻巧地扳起双腿，而且可以把腿自由地抬在头的旁边以及轻而易举地飞脚、旋子、做各种各样的精彩翻身，都是经过这样艰苦的训练而得来的。因此，戏曲艺术的美（包括舞蹈、杂技、武术）离不开训练的痛苦过程。

二、武功的训练

戏曲的武功，每个行当都需要练。只是到了翻跟头的高难技巧时，除了武生、武净、武丑以外，其他行当逐渐撤下来。

武功训练的项目是繁多的，从"拿顶"开始到"下腰""甩腰"，各种各样的"跟头"练习的方法是循序渐进的。每天都不能放弃练功，比起基本功，武功更是全身体的训练。身体的各个部位，只要"练功"就承担着一定的风险，老师在武功课的课堂上付出的就更多了。

练"基本功""武功"对于刚刚入校的学生，真是近于酷刑。10岁左右的学生都强忍着比谁的忍耐力强。一节课下来每个学生的练功服都能够拧出半盆汗水来。直到五六年后，自己在舞台上抬腿、踢腿、翻跟头得到观众的掌声，此时才获得了小小的成就感。

三、把子的训练

所谓"把子"，指的是刀、枪、棍、棒一类的古代兵器的对打。这是戏曲前辈艺术家吸取武术的对打，提炼为舞蹈式的对打。但是每样兵器的打法、用法上和武术又是相一致的，戏曲的原则是规定好套路、要舞蹈化、要美化。记得我的老师有打油诗云："看似假打要逼真，下下见响也惊心；大刀削头看头尾，枪扎如线棍看抢。"又如"单刀看手，双刀看肘"等，各种兵器的使用都有口诀。不管是打油诗还是口诀，都是告诉我们在舞台上的武打要逼真，但更需要的是美。

武生的"把子"则要求更严格，老师对于学生使用每种兵器的每一个出手姿势、转身姿势、亮相姿势要求极严，对于前辈艺术家留下的艺诀，要在实践中体会一下。比如现在舞台上有些"把子"打得很快，但是互相打不着，相碰不见响。艺诀"兵器开打下下响"讲的是开打的"真"，又如"单刀看手，双刀看肘"说的是在使用单刀的时候，不要忘记左手的开合；在使用双刀的时候用"肘"带动双刀的刀头，这样刀的分、合、削、花，就有了戏曲武打的"美"。还有一点要讲的"武术"是从你死我活为目的（不是讲现在的健身武术和武术表现），"把子"是从以舞台表演为目的，在每套把子的形态中，我们都可以看到二人"抱团"的"圆"，但基本招式又不脱离武术的"本"，可见由武术到"把子"的艺术提炼的艰辛，是为了在舞台上呈现戏曲的武打美。如果有机会看看表演艺术家厉慧良先生、钱浩梁先生的《艳阳楼》，所有开打，既"真"又"美"，钱浩梁先生对厉慧良先生的继承，就是我们今天应当有的态度。

四、学戏的层次

在戏曲传统教学上，对学戏是十分讲究的。学生学的第一出戏为"开蒙戏"，在武生行当中，要选择既简单又有实质的功架、技巧，又不会落下毛病的剧目如《石秀探庄》《乾元山》《武文华》等；随着年级增长，一些技巧复杂、人物复杂的戏就逐渐跟上来，如《林冲夜奔》《蜈蚣岭》《八大锤》等；有了这些戏的基础，一些各方面繁重的武戏就会随之而来，如《四杰村》《战马超》《界牌关》等。武生行当分"长靠"（扎靠的将军）、"箭衣"（有一定身份的人物）、"短打"（侠客义士），好的武生这三类戏都要演得好，演得美。有的武生仅就自己的长处动，重点动某一类的戏，舍去另一类的戏，这都是可以的。但是不管演什么戏，有些要求是统一的。

（一）武戏演员也要重视唱、念

唱、念是对每一行当戏曲演员的最基本要求，即使是以武戏为主的武生。"没嗓子"（指嗓音发育变声后达不到京剧演员的高度）也不能落下。"嘴里还拌着蒜呢！"（指念白不清楚）念不清楚不能算完整的"武生"，因此我的开蒙老师茹富兰先生在教"开蒙戏"，花很大的功夫教学生"念大字"，教学生"用气""发声"。

（二）武生"念"的特点

武生的韵白，上韵后刚音要多于柔音，"刚音浓，韵味厚，矫揉造作且罢休"。这是前辈老师对于武生念白的要求。

（三）武生戏曲形体的严格训练

身段姿势和规格，"气沉丹田神贯顶"，拉戏"圆、顺、美"，亮相"脆、狠、刚"。这是在武生行当的课堂，老师教戏的要求。所谓"身段姿势和规格"，就是每一个戏曲程式动作要合乎规格，在基本功课堂训练时所学的一系列程式动作，在学戏课堂上，教戏老师要给予加工和提高，把初级的提炼为高级的，而且程式会随着每个戏的不同有所变化。武生行当在学戏的过程中要慢慢悟出这些变化的使用规律和原则。学会"一种程式，千种使用"。

"气沉丹田"是每一个行当的要求，文戏行当经常讲"气沉丹田，头顶虚空"，而武戏当中也有用这句话要求的（比如茹富兰老师在教我们《石秀探庄》时，出场前就要求我们"气沉丹田，头顶虚空"，因为在这出戏中很多地方用到摇头、摆头、点头的动作），但大多武戏老师是要求"气沉丹田，神贯于顶"。比如我在傅德威老师课堂上学《挑滑车》的时候，傅老师就常讲这个艺诀。我想这是由于戏不同，剧中人物的性格不同，老师的要求就不同。不过我的体会"心一想"——"气沉丹田，神贯于顶"，身体立刻就有一种两头抻的感觉。后来这个戏演多了就感觉是丹田气通向了"神"。"神"在武生的气质表现上是那么的重要。当然傅老师对"神"也有各种要求："拿神不许拿劲""神不领，身不动"，"神"是由人物的性格和个性中提炼出来的。后来傅老师教我《艳阳楼》《金钱豹》等戏，对"神"的用法就不一样了。所以武生一切的动作和行动，要把神赋予形，形就活起来。"形"若符合高级的标准，处处造型漂亮、美。再贯入不同人物的"神"，神形兼备的气质就出来了。安葵先生的《戏曲美学范畴论》把"形神论"和"功法论"放到两个美学范畴论述，其实就戏曲实践来说，"功法论"是在学戏基础时的美学追求（但是这个过程是艰苦的），"形神论"既表现为基础又表现为最终。所以，"形与神这一对范畴在中国美学中居于核心的、重要的地位，其他范畴都与它有密切关联，或属于从属的、次要一级的层次。形神范畴在戏曲美学中也是居于核心的重要地位，形神兼备是戏曲艺术追求的首要目标。"[①]

说起来容易，做起来难。回想我在学校四年级时演出京剧《四杰

[①] 安葵：《戏曲美学范畴论》，文化艺术出版社2020年版，第11页。

村》，一出戏换了三次水衣，出的汗水像洗过衣服一样哗啦啦地流。在前面两场走边（技巧很多）后，身上一点体力也没有了，但还要坚持开打，单刀拐和双刀枪打下来，我全身已经麻木，也要咬牙坚持翻打的档子。记得一次演出结束后，我坐在西单剧场台阶上，半个多小时喝了5瓶"北冰洋"汽水才能站得起来。

2001年，我带领北京京剧团赴日演出时，一台三出戏，我自己要担任两出戏的主演。每出戏演下来，水衣都要拧出水。演出结束后还要带领20多人卸台装车，然后自己要喝1000ml的橙汁，才能缓过透支的体力。

在这一节中，我把武生这个行当（包括武花脸、武丑和武戏演员）从开始投入训练一直到学戏上台演出列了一遍大纲，好像要告诉读者艺术的产生是多么艰苦。其实不光是武戏演员，也包括文戏演员，只要是从事艺术创作，想获得艺术上的美，那永远也离不开"艰苦"二字。这有什么美学意义吗？如果戏曲美学只研究事物美的结果，而不关注美是怎样产生的，那就没有意义。我认为对美的研究必须从开始的环节就关注，才能形成有完整系统的真正的"戏曲美学"。"在这里人的主观目的性和对象的客观规律性完全交融在一起，有法表现为无法；规律表现为目的；有目的则表现为无目的（似乎只是合乎规律性），形式从各个有限的具体事物中解放出来，表现为对主体的意味；于是再也看不出目的与规律，形式与内容，需求与感受的区别对峙。形式成了有意味的形式，目的成了无目的的目的性。要达到这一点，无论从人类说，还是从个体说，都需要一个漫长的实践奋斗历程。艺术家要达到'无法之法'就得下长期的苦功夫。所以，自由（人的本质）与自由形式（美的本质）并不是天赐的，也不是主观愿望、意志所能给予的。它是人类和个体通过长期实践自然建立的。就人类说，那是几十万年的功夫；就个体说，也不是一朝一夕的功夫，而自由形式作为美的本质正是这种人类实践的结果。"① 美学家周金环的论述十分清晰地告诉我们对于美学系统研究的起始与终归。因为我有武戏方面的舞台实践，所以以此为例，把它以大纲的形式告诉读者，对于艺术美的追求是与同苦功并存的，完成对戏曲美的系统研究，不能把起始阶段排除在外。

学武生、武花脸、武丑，虽然在舞台表演时，在观众欢迎的掌声、喝彩声中，可以得到心理的快感，但是每个人都知道，对舞台美的保持是需要每天坚持刻苦地练功，"一天不练自己知道，三天不练观众知道"。这是业内人认同的真理，从这个角度上说"美"是与"苦"并存的。戏曲演员在舞台上为观众奉献了"美"，在背后用艰辛坚守着这份文化自信，这永远是值得我们尊重的。

第三节 酣畅淋漓武戏美的呈现

如果一出精彩的武戏，武生、武净、武丑各方面表演都非常到位，全体武戏演员的各种戏曲技巧也非常出色，主演配演配合默契，台下的观众肯定被吸引进去了。他们可以跟着台上的演员表演，同呼吸，共命运。近年来的三次"京武会"都有《雁荡山》一剧，观众以青年人居多，剧场热烈火爆。这是1952年第一届全国戏曲演出观摩大会中由辽宁省京剧院徐菊华编导、表演艺术家张世麟先生主演的一出全国一等奖剧目。这出戏的特点是全剧没有一句台词，所有的情节都是由戏曲表演动作、身段、表情和各种戏曲技巧表现出来的。

1980年7月我所在的北京京剧院组织了赴美演出团。这是中美建

---

① 王向峰：《文艺美学辞典》之"周金环"辞条，辽宁大学出版社1987年版，第62页。

交后国内最大的京剧艺术团体第一次赴美国商演（共三个月零一天）。我在其中担任《三岔口》武生主演、《拾玉镯》小生主演，除此以外还在《雁荡山》中担任一套"夺刀"双人对打。第一站是在美国纽约大都会剧场——5000观众席的大剧院演出。第一出打炮戏就是由著名武生表演艺术家杨少春领衔的《雁荡山》，美国观众欢迎的程度几近疯狂。幕一拉开就鼓掌叫好，每场戏都有欢呼式的喝彩声。泛泛而论"酣畅淋漓的勇猛美"有空谈之嫌，不如就我参加演出的《雁荡山》及我这小小一套"夺刀"谈些感受。

"夺刀"在第二场："陆战"。

第二场开场是由武丑扮演的"号兵"在急速的京剧音乐【风入松】牌子中快速跑上，向贺天龙报告孟海公率领的起义军已经追到了雁荡山上，就在报告刚刚结束之后，义军已经追到，于是两军对战开始。京剧里有一个程式叫"开档子"，一般的规律是缓起，然后步步加急。这场戏的编排，起义军的追上仅用了两个人对四个敌兵，符合京剧"开档子"缓起的规律。打击乐使用的是"急急风"中速打法，后来6个人交上手，打击乐便转入了"马腿儿"，而且是中速度的"马腿儿"。从节奏上是"急"——"缓"——"急"。这种节奏的处理是视觉美与听觉美同步处理的一种方法。虽然观众入了戏，但不能让观赏者总是处于紧张状态。所以，"开档子"的处理是只留四个隋兵对两个义兵（业内称"六股档"），这是一种群打。这种打也是观众审美的需要。但是观众也在期待着，期待着急促的发生，这也是一种审美规律。

什么时候缓打变成急促的打法呢？就是由我和一位著名武净演员张少军担任一套"夺刀"对打开始的，这套"夺刀"是十分精彩的，应当说它在《雁荡山》"陆战"一场起到了点睛的作用。它的特点是：第一，形体程式和"刀法"程式规格高、变化灵活。"刀法"的砍、削、刺、磕、别、卸处处到位，二人的打和防运用鲜明。第二，神形兼备，以神统形。这套"夺刀"首先是敌我双方你死我活的战斗。所以，武生和武净在战斗中杀红双眼的"神"要时刻保持。除此以外，这套"夺刀"的对打，把传统"夺刀"的对打从情节上拉开了，一把刀被别人夺去，又夺回来，都关系到生与死的搏斗，充满着斗智、斗勇。"刀被他夺去了。我怎么防卫？""我把刀夺过来了。怎样快速地杀死他？"两个人之间的这种语汇都要通过"戏"的表演、眼"神"的表现，才能够向观众说明白。在美国演出时，随着刀起刀落，刀被敌人夺去又夺回来。观众都会发出"吁——""啊——"的呼叫或哈哈的笑声，说明观众在审美中接受了我们表演传达的语汇。

这套对打在打击乐的运用上，并不是传统的"急急风""加饳饳"，而是著名鼓师金惠武根据武打情节特别设计的一套"干牌子"。其中有缓有急，缓急相当。我们在他打击乐的配合中，每一锣、每一鼓、每一铙钹，甚至一小锣都没有放过，而且整套打下来，贯穿性很强，并不像木偶那样有断续感，我们对打击乐的使用犹如弦乐的旋律，你死我活的对打，成了京剧和谐流动的美。"一般所谓节奏美，是指这类作品在结构布置及情节安排上的收纵起伏，开合变化的气势及格局。""有规律的错综变化，在人们的心理、情绪上所形成的和谐、流动的美感。"[①]

《雁荡山》演遍了美国东西中部 10 个城市，可以说在每个城市的演出都得到了热烈的欢迎，谢幕经常达五六次之多。我们这套"夺刀"每次打完都得到了呼叫声夹杂着喝彩声、掌声的效果。这套"夺刀"对打，现在已经成为文化部培训戏曲武打的模板和规范性教材。这套"夺刀"虽然只是一段，但我总把它和我其他表演上较成功的戏视为自己在表演上的骄傲。如果有人问：你在这套夺刀上怎样表现武生的"酣畅淋漓的勇猛美"？我可以这样回答："酣畅淋漓的勇猛美"是武生的一种总体美。它由武生戏曲行动的每个高级规格程式为基础。它是

[①] 王向峰主编：《文艺美学词典》之"陈德礼"辞条，辽宁大学出版社 1987 年版，第 278 页。

神形兼备、以神统形表现人物的内外结合。它必须与戏曲的鲜明节奏相一致。至于一套"夺刀",只表现了武生在一段对打中的小美,但它不是一种末技,我对这套打从出场到亮相,都是在和对手一点一滴琢磨又经过舞台实践中成功的。观众在第一场中已经被两个部队不用语言仅用戏曲形体表现的一个撤退、一个追踪的戏曲舞蹈的干净漂亮整齐技巧合理迭出而深深吸引了。观众入戏,就是被中国戏曲的美征服了。真正两军交战仅用场上的"六股档"是不行的,因为这正是编导者用一种由缓渐急的铺垫,说得直白一些,首先是为这套"夺刀"的铺垫,这也正是在展示武戏中短打武生的美。所以,我自己设计饰演的义兵要一个箭步飞快地冲向舞台,在一个隋兵的"滚堂"时,我疾速从他身上跃过。接着要求对手也以最快的速度对着我的头部连砍两刀,而我要用更快的速度准确地用刀划下砍来的两刀。这两刀都要求快速顺时针的180°圆圈,此时打击乐已经变得急促起来。在隋兵向我砍第三刀的时候,被我用左手架住,同时锣鼓也在急速中切住,两个对手同时亮相,急促急停。这就给观众带来一种勇猛中突然停顿的美感。我的姿势是左手架住隋兵的刀,同时吸起左腿,右手紧握住自己的刀柄,怒目圆睁,敌视隋兵。在我的气势下,隋兵持刀的右手又被我握住,不由得亮了一个"败相"。这一组相持亮的是两人的高相,表示的是对手刚刚见面。我在眼神里透出来的是:"看看我怎么收拾你!"这种"对手交锋,胜负未定"的亮相,语汇也被观众接受了。因此掌声也随之而起,而且一直持续。我们也听得出来,观众是盼望着下一步是怎样的打法。我们在表演上配合打击乐催上来的"急急风",我用左腿伸出踹住敌方的胸脯,敌方随之后退。接着我用刀横砍对方持刀的右手,随后跳起来往后一个小垫步,接着一个向前的趱步,用刀猛地向对方头上砍去,这一刀方向要看准,砍得要快猛。但是,对方非常机警地从我的右下腋钻出,我不等转身,反手一刀向他的大腿拍去,对方机警地伸出左腿,用靴底挡住。打击乐从磕靴底即由"急急风"转"四击头","磕靴底"是第一锣;我用刀"缠头过脑"接"鹞子翻身"是第二锣;顺着翻身结束我快速向外耍了一个刀花,接着缓刀藏刀于左腰间,这是第三锣;同时顺时针大缓左手攥拳这是"才",最后变脸亮"握拳藏刀式"。实事求是地说,这一组动作从打敌人靴底的"缓手"——"鹞子翻身"——右手向外刀花——缓刀藏左腰——缓左手攥拳,两手共快缓五个180°的大圆圈,我做得很干净、漂亮,技巧到位,神形兼备。当时作为演员,心中充满了快感。观众中猛然爆发了如雷般热烈的掌声,这就是武生"勇猛美"的体现。

当然在《雁荡山》这出戏中体现"酣畅淋漓的勇猛美","夺刀"仅是一小部分。后面孟海公和贺天龙的直接对战,孟海公一人群战八人,最后在他的"大枪下场"中"大枪"越耍越快,还没有结束时观众掌声已经满堂而起,表现了观众审美当中的酣畅淋漓之美。杨少春真不愧是表演艺术家,他把战胜之后高兴激动的情感表现于炯炯双目的"神"之中,身形漂亮规范到位,使人们相信,这就是当初隋末农民起义的著名将领孟海公。"大枪下场"收住的时候,观众的掌声如雷鸣般轰起。这出戏使观众获得酣畅淋漓勇猛美的感受是很多的。如后面水战的各种"跟头""翻蹿"的使用直到"九毛"掀起的高潮;再后面"攻城"一场城下之战,到义兵的"翻墙过城"都是在观众热烈的掌声和欢呼声裹挟中进行的。这出戏完全是由戏曲形体、身段、戏曲舞蹈组成的戏。以我们1980年在美国巡演的这场戏为例,大到整体结构和节奏的把握,小到每一个姿势、每一个亮相、整齐统一的步伐都是按照美的高规格来要求的。从内容上看,这是1952年新编的、反映中国历史上农民起义军反对隋朝封建统治而英勇作战的戏,所以它不仅被京剧舞台保留下来,而且被许多剧种学习过去。武戏为什么这么受欢迎?当然在国外演出时只有戏曲的舞台动作身段,没有语言的时候,就绕开了语言不通的这堵墙。近年来在国内武戏受到更多观众的欢迎,这表现了人在生理和心理上有一种"尚武"的情感需要,这

种情感转化到武戏的审美上，尤其在舞台上看到戏曲表现的技巧、动作可以把人体的体能发展到极致的时候，就使得心中"尚武"情结得到了释放和发泄，获得了审美上的快感。这就是"酣畅淋漓的勇猛美"带给人们的精神享受。这也就表现了美学在积极内容的基础上"形式美"的无限性，正如著名表演美学家陈幼韩先生所说："通过艺术家的艺术哲思和富于个性的艺术手段精心塑造出来的艺术品——绘画形象、雕塑形象、音乐形象、舞蹈形象、戏剧形象所各自产生的巨大的艺术力量，则可能在精神美的主导下，放射出无穷的魅力，令人无限欣赏，心醉神驰，玩味不尽，珍爱弥深，甚至超越时空，成为人类共同的审美对象而永葆青春……""各种艺术形式美的魅力，在艺术欣赏的时间和空间上，可以是无限的。"[①]

[①] 陈幼韩:《戏曲表演美学探索》，中国戏剧出版社 1985 年版，第 3 页。

第四节　戏曲形体与哲学渊源

论戏曲形体的美应当加入美学研究范畴，有两个问题还需要适当地补充一下。

一、戏曲形体的美来源于中国文化传统的积淀

戏曲形体的美，包括戏曲身段和各种姿势以及各种舞蹈的应用，都来源于中国文化传统的积淀，亦有着较深的中国哲学渊源。

中国的戏曲不同于话剧。话剧表演是我们从西方引进，最基本的要求是生活的再现。而中国戏曲表演的基本要求是把生活经过另一种艺术形式"歌舞"的提炼、升华后来表现生活。中国五千多年的文化史中记载着贯穿的审美趋向。这首先是中国哲学思想的延续。由"歌"到"舞"、到"诗"、到"戏剧"，这个中国哲学思想的根，是脱离不了的。

中华民族文明的产生可以追溯到7000年前的伏羲时期。伏羲观物取向，所做先天八卦图。在古代的关中平原，伏羲看到泾水和渭水，一清一浊，在互相冲击过程中，形成漩涡，感悟到这就是天下万物形成的规律，于是做八卦图——"太极圆"，成了《易经》最早的雏形。这是早于儒家和道家的哲学。"是故，《易》有太极，是生两仪，两仪生四象，四象生八卦"[①]。北宋理学家周敦颐在《太极图说》开篇就解释："无极而太极，太极动而生阳，动极而静，静而生阴，静极复动，

[①]《四书五经·系辞上传》，黑龙江人民出版社2003年版，第483页。

一动一静，互为其根。"① 这就从哲学的角度，把"双鱼合抱"图中"动"和"静"讲得非常清楚了。

戏曲形体的基本构成形态就是我们的祖先循着这个哲学思维之根想象的结果。

（一）"合圆之美"

在茹富兰老师教我戏时，经常说的"化方为圆""我们的戏曲身段就是大圈套小圈，小圈转大圈""不圆、不顺、不为美"等，都是告诉我们在戏曲形体中"圆"的重要性。"圆"不仅仅表现为某一个形体、身段，比如我们前面举过"云手"的例子，"跨腿""三跨腿"等；在戏曲身段组合的一个段落中如《石秀探庄》第二场见钟离老的【折桂令】两句贯穿的形体动作设计的"张、驰、开、合、美、帅、脆"完全在一个"合圆"中进行；又如《挑滑车》的【石榴花】从"一似儿乱绕"直到唱完，一直围绕在圆柱形的舞台中心舞蹈和展现"靠功"的各种技巧。可见我们先辈艺术家在设计这些舞蹈时，在剧中重点的舞蹈设计上自然聚焦了"合圆"的焦点。虽然增加了表演的难度，但它集中了观赏者的视觉焦点，凝聚了观看的审美。另外，我们在观赏京剧武打时，几乎每一对的"对打"都有"抱团"的圆柱形，你来我往，有虚有实。京剧艺术将武术中你死我活的厮杀化作舞台"对打艺术"，只有在"合圆之美"中才能体现出来。

然而"合圆之美"的戏曲形体并不是一味的"圆"。请看"太极圆"的组成，它不是刻板的一刀切的黑与白，而是"双鱼合抱"形。黑鱼中有一白点，白鱼中有一黑点，就像活水冲击的漩涡。这表现了

八卦图

① 转载自哲学网：哲学学术门户网站，Philosophy，哲学家，哲学名言大全。

我们祖先哲学的伟大，历经千年产生的戏曲表演中就以"太极圆"的"合圆之美"包含了"和谐""灵动""线条""变化"融合的美。

"合圆之美"不仅表现在某个形体动作或某段舞蹈上，还表现在整个舞台调度的运用上，比如表现千军万马作战的"二龙出水""绕头会阵""蛇蜕皮"等；在《平贵别窑》一剧中王宝钏拉住薛平贵的三圈圆场，《徐策跑城》一剧中徐策的三圈圆场，《华容道》一剧中关羽的三圈圆场，既是展现演员个人的功力，还表现了"合圆之美"化有限为无限在表演上的辩证关系。哲学是抽象的，有限和无限的对立统一，也是抽象的。中国人自古以来不喜欢在抽象上思辨，"子曰：'圣人立象以尽意'"[1]。太极图自然是古代哲人们的"立象"。而"太极圆"之象就埋下了中国几千年对美追求的根基。中国戏曲前辈艺人，智慧地把它用在舞台上，把生活中的有限变成舞台艺术中的无限。

"合圆之美"实际上也包含了戏曲的"中和之美"。"中和"出自儒家的哲学。"中也者，天下之大本也，和也者，天下之达道也。致中和，天地位焉，万物育焉。"[2] 著名文学家、京剧艺术研究家张伯驹先生曾说："以中正平和为上，不中则偏，不正则邪，不平则险，不和则怪。唱戏也同此理。"这里所说的"邪"，就是指戏曲"歌舞"的妖邪；这里所说的"险"，就是指追求戏曲技术、技巧的"猎奇"；这里所说的"怪"，就是指抛弃戏曲"中和"的怪异刺激。苏国荣先生在《戏曲美学》的"艺术组合的非和弗美"一节中说："'非和弗美'的'中和'意识，在戏曲的艺术组合原则中得到了充分体现，这首先表现在戏曲艺术元素的广泛综合，整体协同上。"[3] 戏曲的艺诀有"哀而不伤，乐而不淫"之说，因此我们的先辈在创作"哀"时运用委婉的唱腔和"哭

---

[1]《四书五经·系辞上传》，黑龙江人民出版社2003年版，第485页。

[2]《四书五经·礼记·中庸》，第1311页。

[3] 苏国荣：《戏曲美学》，文化艺术出版社1999年版，第425页。

头"身段上有各种优美的使用水袖的拭泪;在表现"乐"时创作出各种各样的优美舞蹈。比如,《拾玉镯》中孙玉姣得到了镯子,拍手小圆场接前后"花梆子""抖肩";在《失子惊疯》一剧中胡氏丢了自己的儿子因悲伤致疯,却用各种水袖花的变化,甚至边耍水袖边"三起三落"这些极美的舞蹈动作身段来表现,在《盘肠战》一剧中罗通被王伯超刺肚肠出,京剧却用了"旋子"和"筋斗"技巧的美来表现他的痛苦。(最近在网络媒体上看到某些演员为追求"奇绝"反复不断地使用高超技巧,这就离开了中和之美。)

"中和之美"体现在"合圆之美"之中,也表现在我们中国"道""儒"两种哲学观念的综合,为戏曲美带来了广阔的发展道路。当然"中和之美"在戏曲表现上离不开"合圆之美"。张云溪先生曾说:"演员的功架左右对称要圆,舒展时要圆,收缩时要圆,高姿势长圆,矮姿势扁圆,尤其在运用身段动作时要内外相应而圆,那内心的心意之圆与大圈、小圈环环相套的外形之圆相结合,必须刚柔自如地运用,才能产生出浓郁的艺术韵味。"[1]张云溪先生是我的良师益友,我经常到他家中请教戏曲形体和身段。他在送我《艺苑秋实》一书时,就和我讲过:"你们有文化的底子,要研究一下太极的哲学,就会明白我设计舞台动作和身段为什么要遵循'化方为圆'的规律。"

(二)"平衡之美"

"一阴一阳之谓道。继之者善也,成之者性也。"[2]阴阳之间的变更是古代"道"的概念。这里指出了矛盾的对立、互相转化的哲学观。我们再看一看太极图的黑与白,所占的空间的相等性,鲜明地告诉我们太极哲学中的平衡。北宋的周敦颐在《太极图说》融入了儒家哲学:"优柔平中,德之盛也;天下化中,治之至也,是谓道配天地,古之极

---

[1] 张云溪:《艺苑秋实》,中国广播电视出版社1995年版,第142页。

[2]《四书五经·系辞上传》,黑龙江人民出版社2003年版,第477页。

也。"[1]这句话是针对音乐的力量而言的。梁绍辉在解释中说："惟其在心性的陶冶上能做到优柔平中，所以才能德盛。惟其德盛，所以才能感化天下。"[2]在中国戏曲中，音乐、"歌"和"舞"的比重是相同的。中国戏曲舞台上形体动作几乎处处体现着这种平衡美。在一出戏中，戏曲形体的设计，也是遵循着平衡观念。

比如，茹富兰先生的《林冲夜奔》唱【新水令】"专心投水浒，回首望天朝"。"专心投水浒"前一句是向下场门方向的一组动作。"回首望天朝"这一句一定是向上场门方向的一组动作。"良夜迢迢，良夜迢迢"，也是前一句向下场门，后一句向上场门。动作是相同的（见视频第三章）。它表现了在创作思维中的平衡性。用"对称"来表现"平衡之美"，用形体动作反复强调林冲当时的心情，也反复强调了"一阴一阳之谓道"，相同形体在"阴""阳"两面表现了不同的美感，同时也表现为一种力量。为了展现这种"平衡"和"力量"，学习戏曲从"基本功"开始，所有的身段训练都是"左右开弓"，没有"单边功"。

中国戏曲不仅在形体身段设计上讲究平衡，几乎所有传统的舞台调度也都是平衡思维的结果。"平衡"的对称处理，给观众带来的最大感受是稳定。戏曲遇到要表现场面的时候，大家所熟知的舞台调度就是"站门"。"站门"分"小站门""大站门"，演员是群众演员，业内称"龙套""上下手"（也包含兵士、太监、宫女等）。"小站门"是指两个人由上场门同时出一直走到台口，然后分站两边，后面两个人继续沿着这个路线分站两边。"大站门"一般用在两个两堂龙套（一堂为四人）以上的。从上场门走到九龙口要有一亮相，然后再走到中间再亮相，然后分站到两边。对于站门的走法，在舞台演出时是有要求的，要求两个人上场步伐一致，大站门时亮相都在同一节奏。最后分开的

---

[1] 梁绍辉：《太极图说通书义解》，海南出版社1991年版，第144页。

[2] 梁绍辉：《太极图说通书义解》，海南出版社1991年版，第144页。

点要站满四个犄角。如果说戏曲的舞台"化方为圆",龙套撑满四个犄角就是表现舞台"方"的表现。这种"方"主要的是戏曲"平衡"的气势。在动态表演的状态下,"平衡"最能展现气势。类似"站门"这种程式,京剧舞台上还有"二龙出水"表现战斗场面,战斗的双方从上、下场门同时上,到中间分开,然后站在两旁,观众立刻就感觉到两军对峙,要发生战争的气势。又如京剧《群英会》中曹操"横槊赋诗"一场,舞台左右的最外边各站八个士兵持桨以示船型,士兵内侧各摆两张红桌,每张桌后坐着两位将军。曹操正坐台中红桌后,"横槊赋诗"的戏还没有开始,但是这种"大平衡"的舞台调度就把曹操不可一世的狂傲和稳操胜券的气势表现出来了。

戏曲的"平衡之美"还表现在一个戏的行当搭配上。如《四郎探母》"坐宫"一场,杨四郎和铁镜公主左右各占一边;《拾玉镯》孙玉娇坐场独白后,搬着椅子坐到台左侧,付鹏就从台右侧上,二人再有对应的行动;《断密涧》则是花脸和老生各站左右对唱……在京剧的每一个剧目中,几乎都可以看到这种"平衡之美"的处理。我们如果从七千多年前太极圆的构成,看到今天戏曲舞台,就可以感到"一阴一阳之谓道。继之者善也,成之者性也",引领了我们戏曲创作。"一阴一阳"就是对称或叫对立;统一就是平衡;"继之者善也,成之者性也"因为祖先的哲学思想是科学,所以必然发展,文化艺术以此面貌呈现于舞台,回归了事物的本性,就是我们的骄傲。我们的祖先用最简单的话讲出哲理,它概括出戏曲美学遵循的规律。

关于"平衡之美",西方的哲学家美学家黑格尔也曾经说过:"要有平衡对称,就需要有大小、地位、形状、颜色、音调之类定性方面的差异,而这些差异还要以一致的方式结合起来。具有这种彼此不一致的定性结合为一致的形式,才能产生平衡对称。"[1] 当然,黑格尔在后

---

[1] 王向峰主编:《文艺美学辞典》,辽宁大学出版社1987年版,第111页。

面也列举了戏剧中的话剧，其中谈到了平衡对称的力量，也谈到了打破整齐一律的对称。

二、"灵动之美"是戏曲形体中的最高境界

我们以"太极圆"为形态逐步形成起来的哲学思想非常有意思，"太极圆"黑白鱼的合成，在空间上是相同的，在重量上也是相等的，但并不是中间一刀切成黑白，而是鱼头成圆形，鱼尾呈尖形。这种黑白相等卧在一个圆中，表现了哲学上的对立统一。我们在前面讲了稳定感、对称在戏曲中的作用，而"太极图"鱼头部分黑中有白点，白中有黑点，恰恰告诉了我们平衡的本身并不是一成不变的。"灵动""合圆"中"流线"美又恰恰告诉我们，戏曲只有进入表演灵动韵律，才能达到飘逸隽永的最高境界之美。

本书在前面谈到戏曲形体的训练，特别强调了规范性、程式性、口传心授中的模仿性等。如果因此把戏曲程式性和身段训练都看成僵死的，那就进入了误区。这样的训练模式，是由学生学习戏曲起始的年龄段决定的。如果不向他们展示规范的程式形象，在学习过程中，不让他们模仿戏曲的歌舞性的身段、形体动作，那么他们就永远不知道戏曲是一个什么样的形态。

这种"程式性"的模仿，在凡是以形体训练为主的艺术方面，全世界通用。如《简明牛津芭蕾词典》中"芭蕾"的词条是这样的："Ballet 是法文，来自意大利文的 balletto，这个词是派生意大利文 balle（舞蹈）的小词。西方文化的剧场舞蹈，以艺术性的程式化形式来呈现；演出这种作品的舞蹈团，这个术语仅适用于以学院派舞蹈，即那种程式化、规范化的剧场舞蹈及其合法化的扩展部分为基础的作品……"[①] 欧建平先生又总结说："……将'芭蕾'美学中重要的'艺术性''程式

[①] 欧建平：《舞蹈美学》，东方出版社1997年版，第4页。

化''学院派''规范化'等审美特征提炼出来……整个定义言简意赅，且涵盖面大，实为难得可贵。"①《舞蹈百科全书》论芭蕾这样说："芭蕾在艺术风格上明显区别于其他的剧场舞蹈，如踢踏舞、现代舞等，因为它的美学基础是古典主义。因此尽管芭蕾中的舞蹈会发生变化，但古典主义舞蹈背后潜在的理性原则——将人体动作提炼为纯净的元素，然后升华出实际的内涵，审美理想——'开、绷、直、立'，和技术规范——脚与手的五个位置，却是始终如一的。"②由此看来，动态化、形象化的艺术离开了程式和规范，都是不能起步的，全人类都离不开这个规律。而这些起步也要提高到审美规范。

因此，我们中国戏曲对"程式""规范"的严格训练，是为了对表演艺术的全面继承，我们和西方单纯的舞蹈训练还不一样。（本书对于京剧的"唱念"和表演没有展开论述。）仅就戏曲形体、身段训练而言，绝不是让学者成为一个呆板的傀儡或者是木偶。有"艺诀"说"学死了，用活了"，不无道理。在茹富兰老师教我戏的时候告诉我们，《明心鉴》中特别提出"面目板"是"艺病"。所以在《石秀探庄》第一场特别注意面部喜、怒、哀、乐的训练和表现方法。第二场石秀见到钟离老汉。"实"中做"虚"、见机而行的机智，都表现了戏曲的灵动之美。（见视频 第二章）

茹富兰老师在课堂上经常说的一句艺诀"行肩跟臂"，就是要让我们在基础课上所学的较"刻板"程式灵动起来。茹老师讲："身段都要有一个活泛劲儿。每个身段和动作的衔接都是灵动的，不能变成单纯的耍胳膊。""'腰如盘'就是讲腰里撑住了劲。以腰带动肩和臂。"到了拉戏阶段茹老师总强调："一掌一松，身段之灵。""眼随腰走，不离三条线。"今天再想起来，都是引导学生的身段向"灵动之美"迈进。

---

① 欧建平：《舞蹈美学》，东方出版社1997年版，第46页。

② 欧建平：《舞蹈美学》，东方出版社1997年版，第46页。

茹老师为什么在每一个四击头中总有一个双手放松向下的动作呢？其实就是为了引导学生进入"灵动之美"。

我们再看看《梨园原·明心鉴》中"艺病十种"其中对于身段八要的解释很多，我们不在这里一一引用了。清代中期，就有理论家提出了戏曲形体身段的僵化是表演中的大忌，戏曲的表演是需要灵动的。

在这里我重新引用了茹老师的话和回顾《梨园原》中的"艺种十种"和"身段八要"是说明中国戏曲虽然从训练的程式化、规范化中走过来，但程式化、规范化一旦到了舞台上，进入了人物的刻画，并不是僵化的，而应当是灵动的，而且要显示出灵动的美感。"灵动之美"包含形体身段的运用中戏曲独有的"流线型"，包含了戏曲的表演，包含了表现主义对人物性格的把握。

比如，京剧《挑滑车》进入挑车的最后一场，观众最盼望看的"亮点"是高宠"摔叉"的舞台技巧。如果演员也急于用"技巧"来赢得观众的掌声，忽略了高宠这个人物在前面的表演，就失去了灵动之美。在这场戏中，对马的力量支撑不住滑车的压力，其中有三次不同的"加马"动作点送已经是表演中的灵动。然后在连续挑车的过程中，突然感觉到马似乎立即要倒卧。著名表演艺术家厉慧良先生在"摔叉"前的一个停顿，"下腰勒马"的慢动作，大枪支着地，左手在腰部勒紧马缰绳，但是马勒不起，高宠用尽力气从身体直立到慢慢向后下腰，呈现整个身体向后"弧线型"曲线，他两眼圆睁紧看着马头，这是戏曲中典型慢动作的"灵动之美"突出的运用。紧接着他用大枪猛然支起身体，用大枪花带动身体向右转身，向后再次勒马，接着急切地向左转过身来，用右腿踢起"靠肚子"呈圆弧形被抓在左手，这不能不说是一个由圆变长，由长变圆，而且带动了踢"靠肚子"飘逸抖起多变的"流线型"，用人的舞动来表现骑在马上而马不能支的"灵动之美"。但这仅仅是高超技巧的准备动作，接着演员跳跃而起，双腿空中荡平，直接落地，这个动作在业内称为"摔叉"。接连三次重复的"摔又"技巧表现高宠急于勒起马和自己一起参加战斗，伴随着脸部、眼部无奈又坚强的表演，就把整出戏的戏曲舞蹈高潮淋漓尽致地表现出来了。这是京剧中经典、激烈"灵动之美"的体现，上海京剧院优秀青年演员王玺龙出色地继承了厉慧良先生的这段表演。

　　在文戏的舞蹈中也是同样。程砚秋先生在他的代表剧目《锁麟囊》一剧中有一段非常著名的"上楼找球"的舞蹈。《锁麟囊》虽是一出文戏，但是程砚秋先生根据剧情发展，增加了许多舞蹈性的身段。可惜程砚秋先生没有为我们留下影像资料，好在"程派"的传人张火丁的表演几近炉火纯青。我们以张火丁演出为例。在"上楼找球"这场戏，当卢员外的儿子卢天麟玩球把球落到楼上之后，要挟薛湘灵上楼为他找球时，薛湘灵唱"我只得放大胆四下寻找"的后四字"四下寻找"的"四下"时舞蹈就开始了。薛湘灵右手拉着小卢天麟上楼，运用了戏曲传统的虚拟上楼法，但是薛湘灵把夫人吩咐不准上"东角朱楼"的规定情景放在心中，在小卢天麟的要挟下又不得不上，于是程先生的设计打破了传统上楼的程式，右手拉着小卢天麟上三步台阶一回头，再上两步又一回头，再上一步又一回头。这三次回头拉着小卢天麟三次不同的造型一蓝一红、一高一矮，动中带静，节奏分明。舞蹈刚刚开头不仅给人以平衡、和谐、灵动之美，而且把薛湘灵忐忑不安、被逼上楼的心情在边唱边上楼中交代得十分清楚。接着二黄行弦的过程中，薛湘灵边往下场门走圆场边起一个小云手的水袖花，右手翻水袖在上，把身形和脸部转向了舞台的左侧面，开始了找球的动作。她沿着舞台后边逆时针由慢到快走了一个大圆场，这时上身没有大动作，张火丁的圆场功也十分了得，如风吹白云般飘动足以让观众心里接受这"灵动之美"。圆场走到舞台中心，她足不停步地向上场门"九龙口"起一个水袖花云手，右手顺势搭在左肩上，身体和脸向后下蹲，表示在认真找球。接着很快站起身来，往台中心几步快圆场向左一个大转身，同时右手上绕水袖花，圆场到舞台中间面向观众，双手左上右下一个大抖袖下蹲，此时观众已为张火丁的灵动之美欢呼了。"程派"舞蹈的特点是大蹲大起，水袖大起大落，和薛湘灵越想找球越找不到的心理融合在一起。紧接身向右后拉双手一个反水袖花往右看，身法和水袖法越走越快。观众完全被高低错落的灵动吸引了。薛湘灵没有停步，站起身左转冲向舞台左侧台口，在左侧台口左转、右转都带水袖花和抖袖的开合，眼神随腰灵动地张望的"程式"早已化在无形之中。再往左转时在圆场中向台中心后桌的方向走了一个S的圆场，水袖同时左摆右甩。走到桌子前面，看到了桌子上面挂着的"锁麟囊"一顿，接着后退一个正云，右转身向外，右手一个如白牡丹盘旋的横平水袖花，左转身看锁麟囊停住，亮相。同时"二黄行弦"止住。观众掌声大起……"程派"的水袖用法和别派不同，"水袖花"忽如白菊怒放，忽如玉兰半收，忽如玫瑰滚绣珠，忽如晚香落玉盘……甩出、合进，弧线流动柔中见刚、刚中飘逸，身法、水袖法和步法时时不离太极圆的弧线流动，我们不能不说，这是一个灵动美的经典。这里再多赘一句：程砚秋先生在学戏同时，同学武术，尤其"太极"功法，高人一筹。所以这段戏的形体，不仅展现了戏曲"舞"之美，还渗透了"太极图"内涵之美。

从《系辞》上"圣人立象以尽意"的哲学观念溯源，"太极图"就是中华民族文化为"尽意"而确立之"象"。而黑中有白点，白中有黑点，告诉我们的就是相互将要转换的灵动。"万物负阴而抱阳，充气以为和。"[①]讲的是黑白（阴阳）要在"气"的相互激荡中转换，这个转换在舞台上就是"灵动之美"的表现。掌握了一般的"灵动之美"的规律，但不一定可以达到这种美的境界。

艺诀有"三形、六劲、心意八、无意者十"之说，这个艺诀把演员分成了四个层次。因为本书是写戏曲形体"舞"的，没有把戏曲表

---

① 李耳：《老子》，陕西旅游出版社2004年版，第124页。

演中的其他成分写进来，仅就戏曲"舞"——形体动作（业内习惯称"身段"）而论，形体规范了，"劲头儿"有韵味了，可以进入一个称职演员的行列，可以在新戏中创作角色。一个演员所创造的角色能够由"歌舞"的外进入内——"心意"，那么就是很优秀的演员了。更高层次的演员应当是什么样呢？他必须把戏曲的所有基础，戏曲表演的各种元素的高级规格都化成自身的无形当中，并娴熟地掌握。不论抬手动足、是唱是念是表演，由内而外、由外而内都进入"自由王国"，无处不见蕴藉，无处不见雅致，这才有可能进入"无意者十"的境界。"无意者十"不是不动，而是动中有静，静中有动。"一动一静，互为气根"（周敦颐语）。所谓"互为气根"就是前面说的是融天、地、人气为一体，在气之吐纳中才真正进入"灵动之美"的境界。

从我没有见到过的程长庚、谭鑫培、王瑶卿到我见到过的梅兰芳、周信芳、马连良、谭富英、程砚秋、叶盛兰、高盛麟、裘盛戎、张君秋、陈永玲、李少春等，都是这样的京剧表演艺术家，他们都是带动京剧艺术发展、推动京剧艺术发展的前辈。当前京剧太需要这样的表演人才了。京剧不是一个普通的剧种。它是中国文化艺术的精粹代表。因此，京剧不会走向灭亡，但亟待有这样的引领京剧持续向前发展的出色人才。当然，这不是一个方面力量就可以做到的，它需要社会多方力量协力同心。有志于中国文化艺术发展的新生代，要矢志不移，经得起艰苦磨炼，树立文化自信。我相信在今天的时代，一定会涌现出新生代的京剧领军人物、代表人物。"江山代有才人出，各领风骚数百年"，努力呵，青年们！

第五节　遵循戏曲的规律创新点滴

一、坚持继承传统，树立文化自信，守正创新

创新是时代赋予我们每个戏曲人的使命。我本身就是一个戏曲导演，从剧院团到进入学院办学，创新的剧目也不下百余出，学戏曲、演戏曲、导戏曲也有60余年了。我时刻关注着传统戏曲在现今时代如何发展。从京剧演员的角度不乏唱得好的，更不乏戏曲武功技巧出色的，唯有身段——戏曲形体动态的美，却在削弱。削弱的原因，一是演员不懂戏曲的"舞"——形体、身段也承载着厚重的中华文化艺术之美。二是传承削弱，很少有像茹富兰老师这样技艺精湛、有权威、有威望的名师了！三是戏曲评论、戏曲理论、戏曲美学导向混乱，令人每每思之而叹。

令人愤恨者，有些演员竟然追求戏曲的形体"西洋化"，还冠以美名"中西舞蹈结合的时尚"，要"以此吸引年轻人的眼球走进京剧"，更有人竟以半裸体穿上京剧服装践踏传统，令人不堪入目。网络社交媒体传出的一些视频本就非常，可怕的是有些电视台把它放到综艺节目中播出。正如上海戏剧学院张伟品教授在文章中所说："目下京剧创作，主要所受文化影响，已从西方传统缩小为美国文化传统。在'和世界接轨'以及'市场化'的口号下，当前京剧创作之形式框架日趋百老汇化。本土文化传统，在被拆散为元素后，成为美式框架上的猎

奇性装饰品。"① 其实我并不相信这些所谓的"时尚"，会入侵到戏曲的新戏创作当中，但确实担心它会混淆我们对戏曲美学评价的标准。

有人说："戏曲发展的巅峰时代已经过去了。戏曲能够坚持这么久，已经很了不起了，那它以后一定是下坡路，不管怎么创新，只要它还是戏曲这个艺术形式，不可能比以前的戏曲更好，留着它不过是留一份文化自信而已。"这也是我不能赞同的观点。的确，京剧的巅峰时代是在20世纪30年代左右，如果从新文化在中国兴起的角度上说，"京剧"是在新文化代表人物批判、讽刺之后才出现的巅峰。1949年中华人民共和国成立以来，全国36个省市有近50个京剧团发展起来，一直到20世纪60年代初，包括大部分传统剧目的演出和戏改后排演的新经典剧目的演出（前面已有列举）都不能说明巅峰的跌落，直到1964年京剧现代戏会演中看到的百花齐放、如火如荼……

对于20世纪60年代的"样板戏"，至今争论不一，当然现在都归为"红色经典"了。我经历过这一阶段的演出。当时我是北京京剧团《沙家浜》剧组的成员之一（而且是该剧"编导组"成员之一），因为我传统基础较扎实，1975年曾参加过传统剧目《战樊城》（与著名表演艺术家马长礼合作）、《盗仙草》（与著名表演艺术家刘秀荣合作）的电影、电视的拍摄。

我对"样板戏"的看法是："样板戏"形式和内容的革新有着形式上成功和内容僵化的二重性。其经典之处，一是证实了京剧可以表现现代生活，在表现形式上吸取了戏曲"歌舞"精粹（我们在研究样板戏的戏曲形体使用上，都是用现代生活结合着传统的形体神韵创作的），实践证明这是一个重大突破；二是在音乐表现形式上突破了京剧原有的传统弦乐伴奏，将西洋交响乐拓展到京剧音乐领域，使得京

---

① 张伟品：《本土传统的失落、冷落与没落——京剧与中国文化传统》，《中国京剧》2007年第6期。

剧从唱腔到音乐产生了质的飞跃。我认为这是"古为今用、洋为中用"的典范，是京剧发展的又一突破。但是，样板戏产生年代的僵化的政治观念，不可避免地渗透到剧目的内容和表演形式的创作。由封建意识变种的个人迷信以及由此而来的艺术形象概念化形成了这些剧目京剧表演上的刻板，成为戏曲表演在那个时期的历史局限。

1976年以后，中国经历了改革开放40多年，戏剧舞台上也发生了翻天覆地的变化，这充分说明了中华民族对自己文化的自信。但是，对于京剧来说，停留在靠传统剧目养生，靠排新戏向上要钱总不是我们自身价值的体现。在各种艺术形式演出多元化的时代，想让京剧再恢复到过去的辉煌是不可能的。我同意张伟品教授的观点："商品经济是社会的经济形态，而社会发展非全部，商品经济社会亦有不以市场为标准的评价体系。文化传统的保存即其一例。作为地域文化代表样式，京剧的世界地位必然地寓于本土文化传统之中。唯其有这样的认知，才有可能为京剧争得世界的尊重。再者，本土文化传统的保存与延续，不仅限于京剧界的努力，而必须成为社会及政府的共同而重要的职责。这一点，倒是全球文化发展的共识。"[1]因此，对京剧的传统剧目的保留是不可缺少的，这种保留不能是草率的，而应当是积极的。敬畏传统，扎实继承。首先是要继承京剧的表现形式：一是"歌"，二是"舞"，这都是需要付出艰苦劳动的，也是我们创排新剧目的基础。对于京剧的存亡，留待历史去下结论。即使有一天我们把京剧放到了博物馆，京剧的"歌舞"表演形式也永远熠熠发光。

对于"创新"来说，当你手中牢牢地掌握了戏曲"歌舞"的表现形式，你就有了演出戏曲的资本，你就有了自我价值。人的本性使然，到了一定的程度不让你创新都难，按照正确的观念创造出对时代有益

---

[1] 张伟品：《本土传统的失落、冷落与没落——京剧与中国文化传统》，《中国京剧》2007年第6期。

的作品，为京剧创作出更加鲜活的艺术形象，你才会获得真正精神上的快感。我们京剧老一辈艺术家王瑶卿先生，是京剧旦行创新的开门始祖，京剧"四大名旦""四小名旦"几乎都是他的学生。他鼓励每一个学生练好京剧的"四功五法"，继承传统，演好老戏，并根据自己的个人条件创作新的剧目，走出自己的路来。在创作角色上他说："看看本儿，认认人儿，找找事儿，琢磨琢磨心里劲儿，找俏头，安玩意儿。"只要按照前辈老艺术家总结出的超前的先进经验去做，我相信每一个学习戏曲的青年人都会有所作为。

关于"戏曲导演"不是本书命题的主要内容，因而并没过多论述。但是，针对轻视戏曲导演的演员也必须认识到：当今的时代已是舞台文艺发展的大时代，再突出的京剧领军人物，在创新中也离不开编剧和导演。当然重要的是：要有懂得戏曲"歌舞"规律的编剧和懂得戏曲"歌舞"规律的导演。戏曲导演本身就有许多规律性的东西，是我们演员，尤其是当前的一些演员把握不了的。

"导演"学习重要的是学习戏剧构成法的思维，加上"戏曲"二字，那么就必须承载继承中国传统戏曲的构成法。在教学中没有实践的学习是不行的，所以在我们"戏曲导演"的实践课程中设置一个接一个的小品创作，让学生体会创造结构戏曲的能力。实践课还设置了"戏曲身段""戏曲把子""戏曲片段""戏曲小品""诗词意境小品"等让学生从感性到理性认识继承传统的重要。当然，导演的视野不能完全集中在传统。因此，我们确定"对教学应当确立'东海西海，心理攸同；南学北学，道术未裂'（钱钟书）的教学理念"，"戏曲导演"课程就不在这里赘述。

二、对开拓创新题材的点滴体会

提到创新，大家不约而同地会想到，我们应当选择什么样的剧本？当然，选择剧本往往不是个人的事，这里有两条客观规律是值得我们注意的：一是选择和你所从事的戏曲剧种相适应的题材；二是可以从取之不竭、用之不尽的唐诗、宋词改编或从浩如烟海的"元杂剧""明传奇""清传奇"甚至国外的名剧中筛选。这也是我从教学中得来的经验。我们有一门课程叫"诗词意境小品"，让学生从自己的生活出发，选择最感兴趣的诗词编写出立意清晰、有人物、有情节、有冲突，结构完整的舞台剧。我们真不能小看学生的创作力，一些技、意、情、趣集一身，启、承、转、合完整的作品，都能以各种各样的形式表演出来，并给人以积极的思想启迪。至于从"元杂剧""明传奇""清传奇"中或国外的名剧中筛选，更是创作的捷径，能以文字保留下来的这些剧作，都有一定的社会价值和历史价值。当然也必然存在一定的社会时代的局限，我们把它赋予自己的观念重新改编、重新结构，既继承了传统的中国文化和外国文化中先进的东西，又发扬了这个时代的精神，这难道不是非常好的创作途径吗？因为我们是"戏曲导演"教学，一旦接触戏曲的毕业剧目大戏的时候，没有那么多资金聘请著名的编剧家写原创剧本，因此鼓励学生和老师共同动笔改编历史上的名作。

如2006届毕业剧目的三台大戏《墙头马上》，是在对元代著名作家白朴的元杂剧《墙头马上》研究基础上的再创作，《培尔·金特》是在挪威戏剧大师易卜生名作《培尔·金特》基础上的再创作，《清风亭》是集中研究了传统名剧《清风亭》的各种版本之后的再创作；2007届毕业生创作的毕业剧目京剧《青凤与婴宁》是根据当代剧作家邹平先生的《青凤的笑语法则》(取材《聊斋志异》)的再创造；2009届的毕业剧目《倩女离魂》是对元代著名作家郑光祖《倩女离魂》的再创作，《温莎的风流娘儿们》是在英国戏剧大师莎士比亚名著基础上的再创作；2010届的毕业剧目《南柯梦记》是根据汤显祖的《南柯记》再创作；2011届的毕业剧目是根据著名剧作家姚远的《马蹄声碎》改编和再创作……这是因为传统的、国外的、现代的名著从故事情节、人物关系的设置到剧作结构、唱词、台词都有较丰富的含金量，其中蕴藏了丰富的传统文学底蕴。"戏曲导演"进入文本创作时，既是学习又是提高。

比如，《倩女离魂》一剧中描述倩女的真身因盼不到王生归来的音信而病重，恰又得到张千送来的信，误认为王生得中另娶，郑光祖在这里用了六支"套曲"的"曲牌体"描述倩女的心理，从戏剧结构上正是应当大唱、特唱的抒情，但是放到现代，放到京剧的"板腔体"上，一词不可太多，二要改"平仄"。但是，在修改过程中又不能失去郑光祖的"元曲"神。修改后的唱词和成套的京剧"反二黄"（杨晓辉老师作曲）在演出时收到了很好的效果。

郑光祖的原词：

【哨遍】将往事从头思忆，百年情只落得一口长吁气。为什么把婚聘礼不曾提？恐少年堕落了春闱。想当日在竹边书舍，柳外离亭，有多少徘徊意。争奈匆匆去急，再不见音容潇洒，空留下这词翰清奇。把巫山错认做望夫石，将小简帖联做断肠集。恰微雨初阴，早皓月穿窗，使行云易飞。

【耍孩儿】俺娘把冰绡剪破鸳鸯只，不忍别远送出阳关数里。此时有意送征帆，无计住雕鞍，奈离愁与心事相随。愁萦遍、垂杨古驿丝千缕，泪添满、落日长亭酒一杯。从此去，孤辰限，凄凉日，忆乡关愁云阻隔，着床枕鬼病禁持。

【四煞】都做了一春鱼雁无消息，不甫能一纸音书盼得，我则道春心满纸墨淋漓，原来比休书多了个封皮。气得我痛如泪血流难尽，争些魂逐东风吹不回。秀才每心肠黑，一个个贫儿乍富，一个个饱病难医。

【三煞】这秀才则好谒僧堂三顿斋，则好拨寒炉一夜灰，则好教偷灯光凿透邻家壁，则好教一场雨淹了中庭麦，则好教半夜雷轰了荐福碑。不是我闲淘气，便死呵死而无怨，待悔呵悔之何及！

【二煞】倩女呵病缠身，则愿的天可怜。梅香呵我心事则除是你尽知。望他来表白我真诚意，半年甘分耽疾病，镇日无心扫黛眉。不甫能捱得到今日，头直上打一轮皂盖，马头前列两行朱衣。

【尾煞】并不闻琴边续断弦，倒做了山间滚磨旗。划地接丝鞭别娶了新妻室。这是我弃死忘生落来的！

改编京剧的唱词为：

梅　香：小姐醒来！

倩　女：（唱）百年情只落得长吁气。

　　　　［倩女醒，两眼直瞪瞪看着梅香……

梅　香：小姐，小姐您这是怎么啦？老夫人，老夫人快来呀——（下）

倩　女：（接唱【回龙】）只道是春心满纸墨淋漓，却原来比休书多了
　　　　个封皮，气得我泪涌如血流不尽，魂逐东风吹不回。

　　　　［在激烈的音乐中撕信。

　　　　（接唱）痴情空守三百日！
　　　　空留下词翰联句做成了断肠集；
　　　　只怕他考场折翅堕春闱，
　　　　只怕娘冰绡剪破鸳鸯离；
　　　　可叹我半载为他染沉疴，
　　　　可叹我镇日无心扫黛眉。
　　　　可叹我盼红毡驾彩舆，
　　　　可叹我竟等来划地接丝鞭别娶新妻；
　　　　真是个秀才乍富心肠黑，
　　　　情逐寒风吹不归；
　　　　不闻琴边知音语，

着床鬼病再难医。
梦已成空爱梦毕，
难道说此生甘做了山间滚磨旗。
恍恍惚惚只觉得三魂七魄全归去——
〔倩女不支。李氏、梅香上。

李　氏：倩儿，倩女！你，你不可抛娘而去呀！

梅　香：小姐！
〔倩女强睁眼。

倩　女：（唱）春哪春——争奈匆匆去得急！

　　在把元曲改到京剧舞台的过程中，既学习了传统，又沟通了时代。

　　对于外国文学中揭示人性丰富想象的台词在改编为京剧的文本时，我们不仅注意让它戏曲化，还要保留外国原作的风格和散文诗。这也是一种吸收外国传统文化的学习。

　　莎士比亚原著当中的台词是这样："废话少说，你读一读这封信；你瞧了以后，就可以知道我怎样可以封起爵来。从此以后，只要我长着眼睛，还看得清男人的模样儿，我要永远瞧不起那些胖子。可是他当着我们的面，居然不曾咒天骂地，居然赞美贞洁的女人，居然装出那么正经的样子，自称从此再也不干那种种荒唐的事了……谁知他说的跟他做的根本碰不到一块儿，就像圣洁的赞美诗和下流的小曲儿那样天差地别。是哪一阵暴风把这条肚子里装着许多吨油的鲸鱼吹到了温莎的海岸上来？我应该怎样报复他呢？……直等罪恶的孽火把他熔化在他自己的脂油里。"

　　改编后的京剧唱词是这样的：

福德大娘：（唱）是哪里风暴，吹到了温莎海岸！
　　　　　吹来这臭鲸鱼盘旋沙滩。

培琪大娘：（唱）老色鬼自命风流伸出狗脸，
　　　　　　　　汪汪叫吐出了无耻滥言。
福德大娘：（唱）说什么好风流早应与他相伴，
　　　　　　　　说什么好风流同病相怜。
培琪大娘：（唱）那一天见面时他正襟危坐贞节礼赞，
二　　人：（同唱）背地里肉麻的情书把下流的曲调弹。
　　　　　　　　怎容他对温莎娘儿们肆无忌惮，
　　　　　　　　只可恨男人见色口流馋涎。
　　　　　　　　姐妹们，娘儿们，思一思来，想一想，想一个巧计谋，
　　　　　　　　好办法，就要像突发炮弹，
　　　　　　　　一个个一串串炮火连连击中他罪恶的心田！

在改编莎士比亚原著时，我们就非常注重莎士比亚的诗句的化用，而摒弃传统剧目中演出的半古半白的诗句。这出戏在上海国际莎士比亚研究会上演出时，在唱词方面得到了专家的一致肯定。

再如著名剧作家姚远话剧剧本《马蹄声碎》第十三场（已经接近结束）的对白是这样：

　　　　［汉子从羊皮筏子里取出了一小口袋干粮，交给了冯贵珍。
冯贵珍：不，隽芬，你别这样！
少　枝：隽芬姐，你不能就这样把自己给卖了。这位大哥，你行行好！
隽　芬：少枝你别这样求他。我不是红军了，可你还是红军！
张大脚：隽芬，（哭了）是我不好，我再不跟你嚷嚷了！你跟我们走吧！我们别分开，你要让我后悔一辈子的！
隽　芬：大脚，有你这句话我就一辈子也不后悔了。你们别再劝我，我是情愿的。我不光是为了你们，也是为了我自己。我怕了，我会老是想着田大姐。我怕我走到一半也会倒下来。你们想想，

就算过了河，前面还有草地，要走七天七夜的草地……就在这草地上死了多少人……我们居然来回走了两次，现在还要再走第三回。我好像这一辈子都在路上不停地走，我想歇歇了，大脚！（哭倒在地）

汉　　子：该走的走吧，该留的就留下吧！你们不是还要追上去吗？（扛起羊皮筏子）

〔张大脚扑过来，与隽芬哭成一团。

隽　　芬：（推开张大脚）走吧！让我一个人在这儿坐坐！

张大脚：（一边抹着泪，一边又把所有的东西往身上架着）隽芬，我会想你的，真的，想你！

少　　枝：（轻轻地搂着隽芬，悄悄地）隽芬，我们走了，你不会死吧？

隽　　芬：（抽泣着）不！（更加伤心地哭着）

少　　枝：（轻柔而深情地）隽芬，听我的。咱们都别死，好好地活着。记住，活着。一定要活到革命胜利！（从兜里掏出了两块银元塞进了隽芬的兜里）

冯贵珍：隽芬，我们对不住你！

〔众人随汉子下。

〔隽芬泪眼婆娑地扬起了手。

〔灯渐暗。

〔山谷里回荡着隽芬的歌声

"门外的号子吹响了哎，

当红军的哥哥又要走了哎。

三年五年的不得归来哟，

红旗子越飘越远了哎……"

改编后的京剧本唱词是这样：

〔汉子从羊皮筏子里取出了一小口袋干粮，交给了冯贵珍。

冯贵珍：不，隽芬！

（唱）【散板】

不，不，不！隽芬啊，你别这样……
你怎能典当自己为我们换来粮？

少　枝：（唱）这位大哥你行行好……

隽　芬：（唱）【原板】

少枝啊，不要再求莫悲伤。
虽然我再不是红军战士，
姐妹们头上的红星还要放红光！

张大脚：（唱）怪我怪我都怪我，

我不该成天和你吵吵嚷嚷，
我不该抓你辫子揭你短，
我不该多次动手把你打伤。
好姐妹一起走，
若分开——大脚我后悔……后悔一辈子，九泉下难见爹和娘！

隽　芬：（唱）【散板】

有这话我一辈子也不后悔啊……

【清板】

原谅我常常笑你粗鲁嫌你脏；
（对冯贵珍）原谅我屡犯纪律和你顶撞，
（对少枝）原谅我争风吃醋和你抢做新娘……

【原板】

虽说是姐妹们磕磕绊绊舌根子痒，
那却是一生中最灿烂的时光！
隽芬我以身换粮并无高尚，
走下去真的怕前程渺茫；
我怕像田大姐死得悲壮，

　　　　我怕是挺不住饥饿尸骨倒路旁；

　　　　就算过了滔天浪，

　　　　还要走七天七夜的草地更凄惶。

　　　　人生啊，难道说一辈子都在路上走走走……

　　　　我只想歇歇了，

　　　　就算是为你们换上一袋粮，换上一袋粮。

冯贵珍：(唱)【散板】

　　　　字字和泪淌，

　　　　声声伴凄惶；

　　　　执手真情意，

　　　　愧对一袋粮。

　　　　人生如大海，

　　　　驶出港才知道浩瀚茫茫！

汉　子：(接白)该走的走吧，该留的就留下吧！你们不是还要追上去吗？（扛起羊皮筏子）

　　　［张大脚扑过来，与隽芬哭成一团。

伴　唱：雪皑皑，

　　　　野茫茫。

　　　　高原寒，

　　　　炊断粮。

　　　　上路都是钢铁汉，

　　　　留下也有情意长，情意长！

　　　［伴唱声中她们互相道别。

　　这出戏对话剧的改编，从唱词内容的内涵和情感上丰富了许多，因为戏曲形体"舞"的需要话剧结构也有所改变，演出时取得了极好的效果。

从以上所对比的唱词当中，我们可以看到新剧目创作过程中创作改编中国古老的戏曲、改变外国名著、改编话剧经典都可以丰富京剧的创新剧目。

当然对以京剧"歌舞"的形式演出外国戏，有些专家和观众是不同意的。我却认为，这是对京剧"歌舞"形式的开拓、革新和发展。京剧唱腔的"西皮二黄"固然是固定了的程式，但是一旦熟练地掌握了西皮二黄的规律，也可以和外国的音乐融合起来。做到一种"无缝对接"关键在于作曲者的创作思维开拓。比如，我们根据著名戏剧家易卜生的《培尔·金特》改编的京剧，在音乐方面就是以挪威著名作曲家格里高的世界名曲《索尔维格组曲》为主题并且在唱腔中适当地融入了主题曲的元素。至于"舞"——京剧形体的运用，就看创作者能不能娴熟地掌握戏曲形体的韵律，根据外国的生活融入一些外来舞蹈元素，与我们的戏曲形体主体融合，一旦坐进剧场，观众自然接受我们的融合。这个戏在沪、京各大学巡演收到了非常好的效果，青年学生说音乐好，唱腔好，演得也好，京剧让我们知道了《培尔·金特》，我们也由此喜欢上了京剧。驻上海挪威领事馆特别从挪威请来了"易卜生戏剧研究会"全体成员到上戏大剧场观看，他们说："这是我们在世界上观看所有演出这个戏中最好的《培尔·金特》。"我们改编演出的京剧莎士比亚的《温莎的风流娘们儿》，在上海"国际莎士比亚研究会"演出的时候得到了一致好评，并且该会翻译京剧剧本《温莎的风流娘们儿》在英国研究莎士比亚刊物上发表，一并发表了赞赏京剧演出的评论文章。

我常在想：话剧演国外名剧本身用的是中国翻译过来的中国话，那么话剧可以成立，我们京剧为什么不可以成立？关键还是在于创作者的创作是不是成功。当然，这是教学过程中的实践，但是它给戏曲创作带来了启示。这对于人类优秀传统文化的继承有着相当大的促进作用。

这里要特别提出感谢的著名作曲家杨晓辉先生，他几乎担任了我

们全部毕业剧目的作曲。一旦文本出来，他会根据文本寻找当地的音乐元素，在不脱离京剧的基础上，融入得恰到好处。

坚守传统，不断创新，似乎是一对矛盾，但这矛盾本身也是经过美学验证的。苏国荣先生说："美，也是不能离开特征的，因为'特征始终作为美的起作用的基础而存在着'（英 鲍桑葵《美学史》）。这些非本质特征也在较长的历史时期内形成，具有相对的历史稳定性，并蕴含着鲜明的民族风格。它们本身也是一种正价值。"[1] 京剧"以歌舞演故事"是几千年的文化基础上长期形成的戏曲本质特征，蕴含着鲜明的民族风格，所以现在传统戏的演出也是传统文化的继承，继承不仅包含演出，还包含对戏曲的系统理论研究和美学价值的研究。继承表现在另一方面，是对新剧目的创作。苏国荣先生在《戏曲美学》的论述中也说过："一些古老剧种如形式上趋于僵化，不受观众青睐，不妨在表演艺术中化用一些生活形式，即使一时显得有些紊乱，也会逐步走向统一，从无序走向有序的。……如此循环往复，使事物由一个阶段跃变到一个新的阶段。戏曲的艺术特征，是在较长时期内形成的一种艺术秩序，具有相对的历史稳定性；但戏曲随着时代的发展，还会形成一些新的特征。即使民族特征，也有其时代性，也将随着时代的发展而发展。"[2]

上戏 戏曲学院 戏曲导演专业 毕业剧目集锦

---

[1] 苏国荣：《戏曲美学》，文化艺术出版社1999年版，第59页。

[2] 苏国荣：《戏曲美学》，文化艺术出版社1999年版，第58页。

结　语

　　本书前四章结合《茹富兰教学法》主要叙述了戏曲的"舞"——戏曲身段的动态过程及其规律。茹富兰先生表演艺术之精深非我区区几万字所能叙述清楚的，百花丛中摘取一瓣，在阳光下就可以看到它的灿烂缤纷。它应当成为传统艺术宝库中的明珠。期待后世的青年学子能够继承"茹派"艺术，把戏曲"歌舞"形式推向更高峰。最后一章论述浅薄，目的在于把动态的戏曲行动也就是戏曲的"舞"纳入美学范畴，进一步完善中国戏曲的理论体系和美学体系。我国著名舞蹈家吴晓邦先生在20世纪80年代末就提出了舞蹈学科"是研究人体动作艺术的一门学科；同时也是研究舞蹈美的规律性的学问"。[①]三十多年来，关于舞蹈美学的研究有长足的进步。然而，中国戏曲中的舞蹈美学研究为什么落后呢？我期望对于戏曲美学的全方位系统研究尽快建立起来，促进中国戏曲更健康、更快地发展。限于个人水平，所论述不到之处，望得到读者和专家的指正。

　　谨以此书纪念我的恩师——著名表演艺术家，著名教育家茹富兰先生诞辰120周年。

[①] 吴晓邦：《舞蹈新论》，上海文艺出版社1985年版，第3页。

附录：

1959年，在我学习《石秀探庄》的同年，当时的青年教师奎生老师（后为著名编剧）、陆建荣老师根据茹先生口述，曾整理《茹富兰先生谈〈石秀探庄〉》和《茹富兰先生谈〈林冲夜奔〉》。曾于1959年发表在第四、五期《舞蹈》杂志，后于1981年在《戏曲艺术》第四期再次发表，为让读者更全面了解"茹派"艺术，现附于下：

茹富兰谈《石秀探庄》

昆曲《石秀探庄》（以下简称《探庄》）在京剧中是一出"开蒙戏"。因为该剧比较全面地包括了唱、念、做、舞（打）四个部分，而且富有强烈的表演性，所以凡学武生或小生的，必须先学《探庄》，借以在表演上奠定初步基础。因此它又被称为基础戏。

我从学习《探庄》、演《探庄》到现在教《探庄》，已有四十余年。这里就谈谈我对石秀这一人物的理解和表演。

石秀不同于《蜈蚣岭》中的武松，也不同于《林冲夜奔》中的林冲。武松是刚强勇猛，正直爽快，路见不平拔刀相助，为正义而在所不惜；林冲原是八十万禁军中的教头，因遭受高俅陷害，杀死陆谦黑夜潜行，这是一种英雄落魄，有家难奔、有国难投的心情，应着重表现出他的悲愤情绪。

《探庄》中的石秀，是乔装成樵夫混进祝家庄侦察的。他的表演应该是精明、干练、机警、谨慎、心细而胆壮。因此他除了要具有深入虎穴的胆量，还须要有随机应变、见景生情的智慧。

根据剧情的发展变化，石秀的表演大致可分为四个段落。

第一段是从石秀出场"走边"到唱完【新水令】"好叫俺深入敌地"止。这一段要完全用武生的气魄、风格、功架去表演，以着重表现石秀的胆大无畏和入庄以前的心情变化。如他在四句定场诗中的动作。念"箬笠芒鞋打扮巧"时，先指斗笠后指鞋，然后两手抱肩、扁担竖于怀内，虚点右脚向下点头，表示出"我这个樵夫扮得很巧妙，别人不会识破"的心意。念到"英雄自古付渔樵"时，右手横扁担、急骗左腿、左手赞美式竖于胸前。随着"樵"字的拖音，微微摇转头部，脸上泛出喜色。暗想到古代的许多英雄，不是曾经出自贫寒的渔民、樵夫吗？因而为自己乔装成樵夫感到喜悦。念到"凭俺斗大姜维胆"时，小趟步，两膀向外圆撑，做了一个斗大的动作，随踏左步，由右向左涮腰，左拳高高升起，弓步一亮，表现出英勇无畏的气魄。念到"龙潭虎穴走这遭"时，急向前扑身探海，接着变成翻身射燕，然后右手横扁担，左拳升起，拇指向着斗笠跨抬左腿一亮，充分表达了他不惧艰险深入敌庄的决心。

在动作和舞蹈过程中，一般原则是手、眼、身、法、步紧密结合，但总的来说眼神必须为表演服务，不单纯是为舞蹈美而使用眼神。比如，当他念到"扮作樵夫模样"时，眼睛不是看手，而是从右肩看到左膀，然后看到脚下，将全身巡视一遍。眼神这样使用的意义在于：一、从表演上来说，石秀检查一下自己樵夫的装束是异常必要的；二、使观众视线随着他的眼睛集中注意到他的全身，知道他扮的是樵夫；三、这样不但没破坏舞蹈的美，相反还照顾了表演艺术的真实，使其更有说服力。

再如，当石秀发现自己虽已扮成樵夫，但扁担两端没柴禾，这是大漏洞，随着"这、这、这便怎么处"的独白，焦急地吸了一口气，向后倒退了几步，眼睛不住左顾右盼，然后内转身，左手扁担舞了一个花，跳起后急落成弓箭步，亮了一个矮相，定睛望去。这个动作表现石秀在急切的巡视中，突然发现了什么，而又立即果断地作出决定，有了主意。所以随着一声"呀"急转身子,道出"妙哇!看那旁有户人家,将门半掩半开,内面有柴买他几捆,混进庄去,有何不可"的独白。当念到"有何不可"时,右手撩起大带穗,轻轻地挥舞一个小花,抿着嘴从脸上的颧骨处洋溢出一种微笑,这个动作表现了石秀在思虑中,有把握地肯定了自己的主意是不错的,所以不禁微笑了起来。

再如,石秀复上时,空着的扁担两端,安放了两束很小的特制柴禾(道具),出场行不几步,就是一个小趔步,两脚成骑马式,左肩上的担子向下颠颤了几下,表示出这担柴很有分量,作出与空着的扁担不同的感觉。当他唱完"好叫俺深入敌地"时,看看肩上的柴担,身上的衣着,感到自己俨然像个樵夫了,可以混进庄去,便大声吆唤一声"卖柴",从容而下,表现他坦然地向着祝家庄走去。

第二段表演,是从石秀进庄碰见杨林到见钟离老人以前止。在这段戏里,石秀虽然仍按武生的气度表演,但这时他已经进了祝家庄。作为一个侦察员,他必须时刻谨慎,随时注意观察判断周围环境的变化。所以在这一段动作中,不独要表现石秀的英勇、果敢,还要表现出他的高度机警以及敏锐观察和判断事物的能力。

如杨林化装成魇魔道人,言语间被三儿看出漏洞,把他引进庄内捉拿。粗心的杨林非但没识破三儿预设的圈套,反以为自己回答得很巧妙,心情有些得意。唱到"我应变随机,有何人识破我是真奸细"时,恰好此时石秀破门而入,一眼瞥见杨林。杨林忘记自己的身份和所处的环境,急欲开口与石秀说话,而细心警惕的石秀,感到情况不妙,心里一惊,暗示杨林千万别理他。为了突出这段表演,石秀脸上的动作是急吸气、张嘴、瞪眼、摇头,然后将脸侧过杨林,向左瞟了一眼,装作没瞧见,互不相识的样子;与此同时,右手隐在怀里微微摆动,暗示杨林"你快走,别理我"。因而唤起杨林的警惕,张着的嘴忙闭上,微微点头表示已懂了石秀的意思。虽然这是没有一句话而又转瞬即逝的表演动作,如果不注意刻画,就不足以表现出石秀的机警灵活和杨林的粗心大意两种迥然不同的性格。

石秀在唱到"走巷串街"时的动作是：左肩扛着柴担，急向右偏身趋右步，眼睛向右一瞟，接着是向左偏身趋左步，向左瞟一眼。这个动作中，要表现出石秀进庄后，东张西望注意观察环境的心情。

在下面的念白中："我进得庄来，看——"跟着"看"字的拖音，眼睛要从左扫到右，说明石秀集中精力，把全庄巡视一遍，才得出"家家关门处处闭户，并不曾提起冲锋打仗之事"的独白。面临着这种对侦察不利的境况，石秀皱起眉头，向两旁望了一下，无奈地叹了一口气，"唉！"随着"唉！"字急向下甩右手。这一小小的动作要表达出石秀的焦急、烦恼和矛盾的心理。他接受探庄命令时，并未料到祝家庄的环境是如此难侦察。如果完不成任务将如何回去见宋大哥？所以下面用唱词"哦，呵，枉了俺夸口饶舌，走空回有甚脸色"抒发他的情绪。

当唱到"有甚脸色"时，蓦地向远处天边望了一眼。这一望非同一般，应像是已经燃着的灯光，因受了震荡，几乎要灭，但又立即放出更强烈的光芒一样。因为石秀只顾发愁，盘桓半日没弄到一点情况，不觉现在已时近黄昏，这一眼看到日已落去，夜幕将要降临，心情愕然一惊。这一惊，是通过眼神的一亮来表达的。这时石秀所以一惊，是进庄半天没碰上一个人影，就连一只猫狗都没遇见。天又要黑下来，他预感到这种情况极为不利，便立即决定"看天时不早，不免寻找旧路而回，明日再来打听便了"。念到"寻找旧路而回"时，右手在腹下切动三掌，这时眼睛不是看手，手做手的动作，眼睛要向远处探索，从急切搜索的目光中，要表现出他在焦急地寻路而回。

当他唱着"我且趁早回归，再作端的"时，走了一个反圆场，发现自己并没走出去，又回到了老地方。起初还以为自己看错了路，急塌身向右一望，再塌身向左一望，随后用右手揉揉双眼，才肯定自己是"走了半日，怎么还在此地"。虽然这个动作给观众的是背影，但却

要表现出石秀积极识辨道路的心情。

石秀因"走了半日还在此地"开始深思,表现在面部的动作是:先吸一口气,两眼向上看眉毛尖,然后耷拉眼皮,垂眼看鼻尖,眼睛眨动了两下,似乎若有所得。随着"哦哦是了"的独白,利用后脑海向下干点头,使头上戴着的斗笠连连抖动起来。这表现了石秀在茫然的沉思中想到仿佛听人说过"祝家庄道路难走,这进得来,出不去",又加以他身处在这寥寂无人、家家关门闭户的庄院,不闻鸡啼狗叫,不禁惊吓得打了个寒战,像是芒刺在背,立刻毛骨悚然,害怕起来。

石秀在万分焦急无措之际,从近处一家院落里,传来有人呼喊的声音。石秀听到声音时,敏锐地吸气一惊,然后侧着身子,像把耳朵伸长了似的,仔细地倾听。这里表现了石秀机警和对待事物变化的灵敏反应。在听的刹那间,要表现出他正在判断:如果即将碰到的是祝家军事人物,我将如何对策?当从声音中分辨出对方是个老头,在呼唤他的儿子,断定不是祝家军,紧扣着的心才放下来,脸上现出快意。

第三段表演是从石秀见钟离老到三儿回家后下场止。在这一段戏里,石秀要由武生变成小生的表演。因为他从老人的嘴里探听消息。老人一般都喜欢年轻人有礼貌、老实、端正。石秀这时不过20余岁,为了侦察顺利,必须取得老人的欢心。所以借用小生的方法去表演是合理的。他在老人面前表现出无知、幼稚,一切都要老人告诉他,这种局面会给他"探庄"造成胜利的因素。假使在这一特定的情境中,石秀装成老生的样子,抑或是显出"拼命三郎"的本来面貌,就不合乎他这个侦察员的身份了。石秀在这段戏里的内心情绪,应该是真真假假,假假真真,实中有虚,虚中隐实,变化无常,机警灵活。随机应变要形之于内,而在外表上他要作出是个彬彬有礼而又老实勤快的青年樵夫。

如当钟离老一面开开街门,一面发牢骚:"今日冲锋,明日打仗,连担柴薪都无处去买"时,石秀不觉暗自高兴。半天没一个人,现在出来一个买柴的，正投合他的心意。于是便大喊一声"卖柴！"两手抱肩，虚点左步亮相，显出他是个老练的樵夫样子，引逗着老人的注意。当老人问"喂，樵哥，你那柴敢是卖的么"时，石秀很尊敬地向老人作了一揖，然后才答："公公敢是要买柴。"为了表示他对顾客的殷勤，把柴担挑进老人的院内，不是即刻放下担子，而是略带笑意的眼睛向老人瞧了一下，像是要老人告诉他柴禾置于何处。结果按照老人的示意把柴禾担进后院（走向后台）。再出场时，他的神色显得比刚才轻松和有精神了。这是因为：他一方面卸却了笨重的柴担，另一方面他摆脱了随时都有可能被人盘查的危险之地——大街，暂时找到落脚的地方，而且又是自己的主顾，紧张的心情趋向缓和。为了再度表示他是个很有礼貌的青年，他拂去身上的灰尘，随着"小可与公公拜揖"的念白，又毕恭毕敬地向老人深深地施了一礼。

由于他的殷勤、多礼，引起老人注意地盯他两眼。被这一看，石秀吸气一惊，他的心里立刻打起鼓来，盘算道：他这样盯着我，是否在哪儿见过我？要被他看出破绽怎么办？接着做了背躬的身段。他正在筹策时，听到老人说"看你不像此地人氏，亏你担柴来卖"时，紧张起伏的心，又恢复平静。立刻明白老人这样盯着他，原因是从未见过他。但他又马上想出对策，随着一声"公公"脸上呈现出一副愁苦的可怜相，表示出他生活无着，卖柴无非为了糊口，借以取得老人的同情。

当老人问"你既知卖柴，可晓得路径"时，石秀摇摇头佯装不知。其实他也真的不知道，心里在说：你赶紧告诉我吧，刚才我转了半天都出不去。老人说道"如此说来，你命休矣"时，石秀随着一声"啊"真的惊呆了。这一惊是想着刚才找不着路，实在危险。

老人介绍"我们这里叫作祝家庄，庄主祝朝奉……"一段戏时，石秀明知，却故作全然无知的傻相，而且装作听得很入神。老人讲到"还有个铁棒教师名唤栾廷玉，此人凶勇厉害得很哪"时，石秀竟装作异常激动的神气,向老人问:"他便凶勇,难道胡乱害人不成!"在这里他要抓住老人对祝家的不满,激发老人说出祝家庄的一切情况。老人告诉他这里是军事地点,要走错了路被拿去,"便当做奸细难分说"时,石秀心里骤然一惊,想着自己不知道路,将无法出庄。老人唱到"要想逃生除非是肋生双翅"时,他的心情更是万分紧张了。但他抑制内心的惊恐,作出"可怜我落穷途无见识""卖柴薪为谋食"的神态,向老人苦口求救。当老人答应他"今日就在老汉家中暂住一宵,明日早行"时,石秀又十分感激地拜揖,谢过老人。老人喊着"随我来"时,石秀尾随着老人走去。趁老人不介意时,他急抽身向外作了一指。这一指要表示两种意思:一、要急于把听到的情况报告给即将攻打祝家庄的宋江;二、这些情况对同来探庄的粗心杨林很不利,所以担心他的吉凶。

石秀再次出场时,是闻到急促的战鼓声和厮杀之声。他机警地跑出来,料到必是杨林闯了祸,欲开街门出去看个究竟,突然被老人止住,便向老人问:"这是哪里喊杀之声?"老人答曰:"捉拿奸细……"他急想帮助杨林脱险,两手捶胸,急骗右腿,向前一指,装作要出去帮助捉拿奸细的动作。老人提醒说"你若出去岂不连你也当作奸细了"时,他吸气一惊,脸色苍白,现出可怕的神色。然后左手背躬,右手竖起拇指,暗暗称赞:如果不是老人的提醒,险些鲁莽、冒失。现在还没问明道路,出去不但救不了杨林,连自己的命也难保全。

由于石秀在老人面前表现得忠诚、老实、憨厚而有正义,又加以他苦苦地求救,老人终于把祝家庄盘陀路的秘密向他说破,可以救他一条活命。老人开了街门,向他指着说"出得我家门往东走"时,石秀顺着老人指引的方向望去,仔细看了半天没看出什么。老人念道:"见了白杨树根再往右走,那一带俱是生路了"时,他这才看得集中和入神,其内心独白是:莫怪我刚才绕了半天出不去,敢情没找着白杨树根的记号。这个情况是他探庄中很重要的收获。所以从心底里对老人发出衷心的感激，于是再次向老人施礼拜谢。

随着三儿"咱们这儿出了梁山泊的奸细啦"一嚷，石秀机警地暗暗跑上，向着三儿一指，然后背躬。意思是：这人是谁？没见过。后来又侧转身子倾听三儿和老人的谈话。当听到"来了个魇魔道人……把他拿住了"时，石秀转身一惊，双手摊掌，表示证实杨林已落到敌人手中。听着三儿醉言醉语地说："红灯为号，白翎为记"时，他注意打量了一下三儿头上插着的白翎。然后乘其不防，机智巧妙地盗取过来，插在自己的头上，急转身向内作了个背躬的亮相。表示他盗翎后灵敏地闪躲在一个暗处。

第四段表演，从唱"火扎扎眉下急"起到剧终。在这一段戏里，石秀又恢复了本来面貌，仍用武生的功架表演。因为从剧情上讲，石秀已经无须再隐蔽身份了。这时他不仅得到全部祝家庄的秘密情况，而且有了白翎。关键问题是得赶快把情报传送出去，免得宋江不明敌情，贸然进兵，给山寨造成损失。要着重表现出他的勇敢、坚毅的气魄。由于他出庄心切，老人再阻止时，他很坦率地向老人表明自己的身份。在和祝家庄交锋时，由于他的英勇、坚定，终于以少胜多，从庄里杀出一条生路，安稳地脱离险境。这出戏表彰了梁山好汉石秀英勇无畏，深入险境刺探敌情的事迹，多年来一直活跃在京剧和昆剧舞台上。

（陆建荣 奎生整理，原载《戏曲艺术》1981年第4期）

茹富兰老师口述的这篇文章，无疑是最宝贵的遗产。该文整理于1959年，当时的条件给我们留下了两点遗憾。其一，没有录像设备，学校也没有将茹富兰教学的实况拍摄成电影，成为不可弥补的遗憾。不仅是茹富兰老师，所有前辈的艺术家、教育家都没有留下影像资料。其二，戏曲教育主要是"口传心授"的教育，我们前辈学戏，对于戏曲身段、舞蹈、程式规格上的要求是首先的。然后再讲在不同人物运

用上的区别。20世纪50年代在我学戏的时代，中国戏曲亦受苏联斯坦尼斯拉夫斯基体系影响，因此茹富兰先生没有更多地谈身段、舞蹈、程式规格上的要求。茹先生从20世纪30年代就在表演传统戏中讲究人物。但是我们戏曲的讲究人物与话剧讲究人物是不同的。茹老师在文章中对人物历史、性格、每一句台词的心理和随着剧情发展的变化，都讲得十分清楚、准确。而对于戏曲"武生的气魄、风格、功架"究竟怎么做？茹老师只能在文字上作出概括的说明。后学者如果仅看说明，是不能领悟茹老师表演风范的。弥补这些缺憾是我们这一代人艺术传承的担当。所以我在"茹富兰老师教学法"中，以茹富兰老师这篇文章为纲，将教学的要求、戏曲身段、舞蹈、程式规格以文字、照片、录像三种方式记录下来。

附　录＞＞＞

茹富兰谈《林冲夜奔》

　　昆曲《林冲夜奔》是明人李开先《宝剑记》传奇中的一折，故事略见于《水浒传》第十一回。戏和小说的情节不全相同。小说没有戏上这么多关于林冲内心活动的描写。戏是通过戏曲特有的唱、念、做、舞等形式，从各方面揭示林冲夜奔的心理活动。

　　我演这出戏的扮相是：头戴倒缨盔，身着黑绒箭衣，腰系大带，挎剑，脚穿厚底靴（现在也可穿薄底），这个扮相是适合于曾做过禁军教头的林冲的身份的。根据这个扮相，他的表演应该既不是短打武生，也不是长靠武生，而是近乎短打和长靠之间。

　　京剧《林冲夜奔》是五场"走边"（昆曲《夜奔》原是一场舞）。这五场"走边"都有其不同的表现内容，并不雷同。首先谈第一场"走边"的出场。随"四击头"的头一锣，迈出一步，跨抬左腿，左手扶剑，右手按剑一亮，然后眼睛向下看，身向前冲，快行几步到台中，左手扶剑，右臂上举过顶，手成赞美式，拇指向着右耳，左脚虚点亮相。这个出场动作和其它戏的"走边"或"起霸"完全不同。第一是出场消停以后，即向下看，往前急行几步。京剧演员最忌的就是出场后两眼看地，因为观众要在出场的刹那间，看到角色的一切。所以一般出场要求是头正、眼平。而在《林冲夜奔》特定的环境中仍是头正、眼平就无法表现林冲寻路而逃的意思了。虽然低头看地有其生活依据，但并非把头低得使观众看不见演员的脸，而是略低头，这并不影响观众的欣赏。第二是出场后亮相的姿势，也有别于其他戏的"走边""起霸"。一般"走边"的出场亮相，多是右手提大带，点左脚存右腿亮矮相，"起霸"则是双手成提甲式，足成丁字步亮相。而前面所谈的这个出场亮相，是把短打和长靠的身段糅合在一起了。这样才能突出地表现林冲的身份，使人区别出他不是一般乔装改扮的侠客义士，也非整顿盔甲待命出征的武将，而是一个遭受迫害的落魄英雄。下面的几个亮相在位置和舞台的构图和其它戏"走边""起霸"大同小异，只是动作和舞蹈是比"短打戏"放大一号的身段，但去掉了"短打"中的跳、蹦和涮腰等动作。这除了要结合林冲的扮相之外，则更主要的是从人物出发。虽然现在林冲是处于仓皇而逃的境地，但在形象上不能给人以狼狈不堪的样子，因为他毕竟是个英雄。在这场"走边"中除了要使人知道林冲是在"夜奔"的情景外，还要通过几个亮相，把林冲的身份介绍出来。所以亮相中眼睛要有神，动作要有气魄。先不要紧锁双眉，愁容满面。表演要有层次，有起有伏。一出场就是这副面孔，以后的戏就不好演了。一开始你就做戏，也很难使观众理解是为什么。

"走边"后唱【点绛唇】，词是"数尽更筹，听残银漏。逃秦寇，哎好、好叫俺有国难投！那搭儿相求救？"舞蹈动作是围绕着唱词的内容进行的。如唱"数尽更筹"时，向前上步，双手一恭，手分开起反云手向右后方转身，右拳提起，左手按掌于拳上，吸抬左腿落地成点脚式，目前视亮相。稍停，随着小锣两击"才才"上左步跨右腿目视左前角，立脖颈向右转身，右手拉成单山膀，左手扶握剑柄。"听残银漏"是左手扶剑不动，右手下滑；同时跨抬右腿即落。踢左腿云手左转，前弓左腿，右臂上举，手握拳，拇指向后面稍高一点的方向指。目前视，右耳向右手指着的方面仔细倾听。这一段舞蹈说明林冲在夜行中注意时间的变化。古代都用敲更和银漏报时，他要分辨时间必须注意听着木梆声和滴滴答答的银漏声。唱"好叫俺"右手搂大带,左手握拳,拇指对胸,左脚虚点,存右腿,微微摇头三下。接唱"有国"时,先吸一口气,向右偏脸皱眉,眼里露出凄惨的光芒,缓缓地摇头。这是表示林冲被高俅所害,才落得这步田地,心里冲出一口怨气。唱"难投"时,左手扶剑,跨抬左腿,随着"难"字的拖腔,沿着舞台中心向右缓慢地行一小圆场,开始的两步是足下像坠着石头一样的沉重,同时眼神也要从左向右扫视一周,这一眼要表现出林冲有家难奔、有国难投的心境。而这一切都是高俅迫害所致。唱完"投"字,身向右后角微微摆动几下上身,右手慢而有力地向前指出。要指得高些、远些,因为指的是高俅。高俅又非在眼前,而是在自己来的方向,所以要向后指。动作这样处理,才能增加林冲对高俅愤恨的表现。

在下面的八句诗中,动作和舞是与诗相应的。如头一句"欲送登高千里目",身段是两个小川手向下一缓,虚点左腿,双手握拳,右上左下,目远视亮高相。这个动作说明林冲想登高远瞩,看一下自己的家乡。念"愁云低锁衡阳路"时,起云手,跨右腿踢左腿,落成左弓箭式,右手向下指路,眼顺着手指的方向望去。表示他想眺望家乡,但被低锁的云层遮住视线。念"鱼书不至雁无凭"(古代多用鱼雁传书,信可藏于鱼腹)时,动作是收左腿站起,回身向内,左手按剑,右手叉腰低头摇晃。接念"雁无凭"时,急向外转身撤右步,仰面看天,摆手摇头。表示出鱼雁虽能传书,但对林冲已不起作用,感到失望伤悲。念"几番空作悲秋赋"时,用右手背击左手心,左手掌式伸出,掌心向内,同时跨抬右腿即落,再跨起左腿耗住不动,右手指式举过头顶,反指左手心,立腰,目视左手,上身随头微微晃动。这个动作形容林冲为自身遭遇感到凄凉可悲,虽几次三番奋笔遣怀,但这些都不足以表达他对高俅的愤恨情绪。念"悲秋赋"时,要把左手视成那篇无济于事的诗赋一样感叹才行。念"回首西山日又斜"时起云手,向左跨右腿,转身向后伸腿,向左翻身变腰落成别卧式,双手顺风旗式，眼朝左上方一望。随即前弓右腿，右手前指，目视右前方。这里不是表示林冲回头望见日已西落，夜间不会有太阳，而是表现林冲回首以往，感到现在的凄凉景象，好似夕阳西下一样。念"天涯孤客真难度"时，扬首望天，双手一恭，随后眼视已手，接念"真难度"时，后撤右脚，右手握拳连击左手心三下。这些动作在生活中也是常见的，人在着急时，常会捶胸顿足。《夜奔》中的林冲正像马致远的散曲《天净沙·秋思》中所描写的那样"……夕阳西下，断肠人在天涯"。这些舞蹈动作表现了林冲孤身流落天涯，日子是难捱的。念"丈夫有泪不轻弹"时，是后撤右步，右手撩大带，左手赞美式指自身，虚点左步。这个动作形容：我就是堂堂的"丈夫"。接念"不轻弹"时，先吸气，向右偏脸、摇头。左拳变掌在胸前连忙摆动，眼里显示悲色，把面部颧骨两处的肌肉僵起。这里表现林冲含有满腔悲愤，激动得说不出话而哽咽住了。念"只因未到伤心处"时，是先右手，后左手，再双手作挥泪状，向前弓右腿，双掌摊开，向下砸气向前俯身亮相。这里表明林冲悲愤已极，抑制不住自己，情不自禁地掉下几滴男子轻易不落的泪水。

  下面的动作是配合着独白进行的。如当念"官兵拿俺甚紧，日间不敢行走，我只得黑夜而行"时，动作是两手向两旁摸索，同时由台中退至右后角（虽然这是退步，但应理解为在黑暗中摸索前进才对，因为在生活中人不可能退步行走。这里所以要用退步表示前进，因为下面一段的舞蹈，要占用更大的空间表现前进）。眼睛先向两旁胡乱睒视，然后又像在黑暗中影影绰绰的瞧见什么。随着"呀"止步停立，念"看前面黑洞洞有户人家"时，眼不停地向前张望。随着"待俺急行几步看来"的独白，是向前三跨步接一个飞脚，弓左腿，右手单山膀，左手扶剑亮矮相，眼睛仍向刚才望着的地方仔细观望。因为急赶了一段路程，距离缩短了，更要看清楚那到底是什么地方。看清那确是房屋时，向右行圆场。说明林冲朝着这个方向疾步奔驶，跑到跟前，才发现原来看见的是庙宇。眼睛盯着庙倒退了两步，看了一下地上的雪念道："雪光之下照见匾额"，随着"待俺看来"向前上一步，顺着地面往上移动视线，表现出林冲在黑夜借着白雪的反光，辨认匾额上的"白云庵"字迹。之后目光移向虚掩着的庙门，念"看庙门半掩半开"时，眼睛仍在瞧着门，双手一开一合形容庙门是半张半闭。当念"待俺挨身而进"时，是跨右腿表示上了台阶，抬左腿迈进门槛，重心置于左脚，向前探身，两眼左顾右盼，看看庙内有人与否。接着撤身回来，重心移到右脚，双手作推门状，然后快步进庙，走一个小圆场至台中左右一望。这一段舞说明林冲是被官府四处搜捕的逃犯，他为了维护自身的安全，必须小心翼翼，对于一切都要戒心防备，进庙前后不得不警惕地检查一下环境。但也绝不能因此就失掉林冲的身份，不要演得像一般的蟊贼、盗寇在行窃时一样的贼眉鼠眼，鬼鬼祟祟。这不仅因为他是英雄人物，况且他的落荒而逃，只是遭了不白之冤。

在这一段动作中，演员要在空无一切的舞台上，通过内心视觉看到庙、匾牌、门、雪、台阶以及庙内的神像、供器等一切景物，表演时才会有戏。特别值得注意的是要把假定的环境搞准确。从哪儿进门还要从哪儿出门，上台阶必须下台阶，假使虚构的景物任意移动位置，就会影响到舞台的真实。林冲在沉睡中被"更声"惊醒之后，揉一下双眼，起身念道："朦胧听得已交三鼓，恐有追兵至此。我开了庙门，甩开大步，直奔梁山走遭也。"念"我开了庙门"时，随着"我"字的拖音眼睛一转，然后定睛看门，表示正在无策之际，发现了门，才产生开门快逃的动机。以下的动作是随着"开了庙门"的独白拨插关、作开门状。念"甩开大步"是左手按剑、跳下台阶，"直奔梁山"身体左转，向左后一指，随跨右腿，"走"踢左腿，"遭"踢右腿，"也"再踢左腿，横落左脚成别卧式亮相。以上一段动作，着重表现了林冲犹恐追兵赶到，心忙意乱地开了庙门，用极大的步伐离开庙宇。尽管这些动作是快的，但必须把每个动作都交代准确，要做到忙而不慌、快

而不乱，才是恰到好处。只有这样才能把剧情细致地传达给观众。

在第二场戏中主要描写林冲虽被逼得走投无路，非上梁山不可，但其心情仍不免留恋于过去。他的动作和舞也是表现这些内容的。如念"想俺林冲当日"时，右掌拍击腰部，微微点头，表示出过去我是何等威风。接着念"在那八十万军中呵！"时，是把"八"字音延长。随着"八"字的拖音，右掌缓慢地从左向右摆，同时眼睁开、光放大，也要从左横扫到右。随着"军中呵！"三字念出，得意地摇晃脑袋，连身躯也不禁颠颤起来。这些动作虽然简单，但要有分量。我在做这一段动作时，是把台下的观众，都当成八十万禁军，眼神从左横扫到右时，是把整个的观众都数一遍，像是一个个地检阅他们。非得这样，才能把林冲做"教头"时耀武扬威、发号施令的情景表现出来。

戏曲常用身段叫板起唱，林冲在唱【折桂令】之前，也是用了一个山膀叫板。但这不是一般的程式了，而有其一定的表现内容。譬如一个人在生活中回顾往事，大发感慨时，会情不自禁地舒展一下两臂。这就是拉山膀的缩影和根据。不过这个山膀要拉得四平八稳、眼不看手，这样才能表现林冲得意的心境。唱"俺指望封侯万里班超"时，动作是向右转身，作手式，眼看天。表明林冲自己原想做个保皇帝的班超，将会得到万里侯的封位。当唱完"封侯"时，随着打击乐的"达达"两击，顿跺两足。但不要理解是踩鼓点，这里反映着林冲投奔梁山，原是出于无奈，想到不能实现封侯的愿望了，感到懊丧和失悔。这里用跺脚表现这一心理活动是恰当的。但这两脚要跺得慢些，有力而起、无力而下才合适。当唱"恰便似脱鞲苍鹰"时，动作是五个扫堂腿接连一个飞脚，这表现了林冲在高俅数次设计陷害之下，逃脱性命如同一只脱了鞲绊的苍鹰一样。

在第三场戏中，林冲念念不忘自己的母亲、妻子。唱完"幼妻室今何在？老萱堂恐丧了！劬劳"之后，走了一串掏腿翻身（也称刺翻身）。这里表现林冲想起被高俅害得妻离子散，不但不能夫妻团圆，无法报答母亲的养育之恩，反累她们受害，不知她们吉凶如何。想到这里他的心里像油锅一样地翻滚，所以用几个翻身来表现林冲的内心活动。又如唱"叹英雄气怎消，叹英雄气怎消"时，是跨左腿向右转一圈，待正欲向右翻身时，上体向左倒；控制左腿，少顷再急落左腿，跨右腿向左翻身，趋步亮相。这组动作表现了林冲在行进中，心里想着无法消除满腔怨恨，气愤已极，竟气得跌跌撞撞连手脚都不受自己的支配了。

在第四场戏中，要表现林冲处身于深山之中，不时地听到猿啼虎啸，又加上重雾弥漫，连点星光都不见，心里恐怖异常，加快了行路的步伐。如唱"怎得个明星下照，昏惨惨云迷雾罩"时，动作是山膀拉开，仰面视天，跨右腿踢左腿、再踢右腿不落即向左翻身，右腿后别，上体向右倾斜、翻胸，同时出手，右手反指向天，目向上望。这里充分表达了林冲在黑暗的疾速行进中，想求天上的星辰照亮道路的心情。又如唱"吓得俺魄散魂销"时，动作是右手拍击右腰，同时顿右足；左手拍击左腰，同时顿左足。随着"似龙驹奔槽"的唱词，两臂伸展，前盘左腿，目视右前角，上体向前俯冲，快行几步。这个动作就像盘旋在空中的雄鹰，发现有只鸡可以攫取、猛扑向前。因为只有这样才能确切地表现出林冲穷极奔命，慌不择路的心情。

第五场戏，是天已接近明亮，林冲正从山上向下盘行。所以出场趔步一亮，右手即向下指出，眼顺手指的方向望去。这一眼要望得很深，有俯视之感。接着是一连串的"跨虎蹲转"的动作。每做一个跨虎蹲转，右脚要前跨一步，眼睛要向下看一次。这一连串的跨虎蹲转，要一个赛一个地快，一个比一个低，好像从山上一层层地盘下来，给人以下山之感。至最后击退徐宁之后，被梁山的杜千、宋万引上船来。通过名姓，林冲随着一声"列位请"拉了一个山膀叫板起唱。这个山膀要拉得快而有力，不能像前面【折桂令】起唱那样慢条斯理。一方面，因为林冲这时投奔梁山已再不犹豫了；另一方面，戏到这里接近

煞尾，剧情发展要快。当唱完【尾声】中最后一句"誓把你奸臣扫"时，向杜千、宋万拱手。随着"崩登仓"的锣经，右手成单山膀，内转跨左腿亮相。踏着"急急风"的节奏，一溜烟儿似的跑下。这里所以要用这些快动作结束戏剧，不但能合理地表现林冲上山心切的情绪，而且也使得戏的收尾不拖泥带水、干净利索。

先辈艺术家有很多独创，我拉杂地谈这些，不成其经验，只不过九牛之一毛。在艺术探讨中，我愿抛砖引玉，以期得到更多的学习。

根据1981年《戏曲艺术》第4期附

这两篇文章是1959年，陆建荣、奎生两位老师根据茹富兰先生口述整理的，谈《石秀探庄》概括性多一些，谈《林冲夜奔》形体身段具体一些，所以具体动作和方法要领，仍需要我辈一点一点记录和叙述出来，才能看到茹先生的教学原貌。由于自己的精力及篇幅的关系，在本书中对《林冲夜奔》也只把一场做出"谱式"，在教学上努力为"茹派"神韵立一个标尺。选择第一场还有另外一个原因，就是现在演《林冲夜奔》经常把第一场走边简单化、随意化了。成熟的演员根据《林冲夜奔》林冲的人物感情，提快了节奏，加强了一些技巧。这是允许的。但是在教学中应当敬畏前辈艺术家一招一式的范式。这个基础打好了，戏曲表演上将一生受用。